W0065903

AᵗV

Das öffentliche Bild der rechtsradikalen Szene wird geprägt von jungen, stiernackigen Männern mit radikal kurzgeschorenen Haaren und von ewig gestrigen Altnazis. Daß auch erschreckend viele Frauen und Mädchen zu diesem Umfeld gehören, ist viel zu wenig bekannt.

Franziska Tenner zeigt mit ihren Interviews, daß die Frauen der verschiedensten Altersgruppen, die in dieser Szene anzutreffen sind, durchaus nicht nur Opfer »starker« Männer sind, die sie zu ihren Ansichten und Taten genötigt haben. Ob junge, sich für emanzipiert haltende Frau oder unverbesserliche Rechtsradikale im Rentenalter, alle sind sie für ihre Überzeugungen und Handlungen selbst verantwortlich. Wie erheblich ihre Beteiligung an Umtrieben und schlimmem Wirken der Szene sind, offenbaren diese Frauen in den Gesprächen mit einer, die sie für ihresgleichen halten.

FRANZISKA TENNER (Jahrgang 1966) arbeitet seit Jahren journalistisch über die neue extreme Rechte in Deutschland. Als »Sympathisantin« präsentiert, wurde sie von den unterschiedlichsten Frauen als Gesprächspartnerin akzeptiert und erhielt so Einblicke in eine Szene, von der wir viel zu wenig wissen. Die Ergebnisse erschienen einem Teil der Betroffenen so brisant, daß sie mit allen Mitteln gegen eine erste Version dieses Buches vorgingen. Für die Taschenbuchausgabe wurde der Text neu bearbeitet.

WOLFGANG WIPPERMANN, Professor für Neuere Geschichte an der Freien Universität Berlin und Spezialist für rechtsextreme Bewegungen in Deutschland, skizziert in seinem Vorwort die Rolle der Frau in der Nazi-Ideologie früher und heute und weist auf weibliche Verantwortung hin.

Franziska Tenner

Ehre, Blut und Mutterschaft

Mit einem Vorwort
von Wolfgang Wippermann

Aufbau Taschenbuch Verlag

ISBN 3-7466-7015-2

1. Auflage 1996
Aufbau Taschenbuch Verlag GmbH, Berlin
© Aufbau-Verlag GmbH 1995
Umschlaggestaltung Torsten Lemme
Clausen & Bosse, Leck
Printed in Germany

Inhalt

7 Wolfgang Wippermann: Machen »Nazi-Frauen« Geschichte?

13 Wollt ihr den totalen Krieg?

51 Dr. Ursula Schaffer – Früher oder später kommt der
Nationalismus

103 Anka Hübner – Da habe ich gleich gewußt, das ist es

147 Monika Baginski – ... wäre es geplant gewesen, wäre
es anders gelaufen

197 Lisa W. – ... dreiundzwanzig und schon sechs Jahre dabei

Anhang

256 Auszüge aus dem Verfassungsschutzbericht der Bundesrepublik Deutschland, 1993. Rechtsextremistische
Bestrebungen

271 Anmerkungen

Für Birgit W

Wolfgang Wippermann
Machen »Nazi-Frauen« Geschichte?

»Die Menschen machen ihre Geschichte selber ...« Dieser
Satz stammt zwar von Karl Marx, ist aber dennoch richtig.
Die meisten unserer Rechtsextremismusforscher sehen
dies aber anders. Haben sie sich doch meist auf die organi-
sationsgeschichtliche Analyse einzelner rechtsextremistischer Bewegungen konzentriert. Für sie scheint das Phä-
nomen Rechtsextremismus erst dann zu existieren, wenn
es den Status einer Partei hat oder zumindest im Vereins-
register eingetragen ist. Noch hilfloser agieren die Vertreter der sog. »Extremismus« – »Forschung«, die, ganz
im Banne von Faschismus und Kommunismus identifizie-
renden Totalitarismustheorien, nach Ähnlichkeiten und
Vergleichsmöglichkeiten zwischen »Rechts«- und »Links-
extremisten« suchen. Daber übersehen sie, daß es diesen
»Extremismus« in der Realität gar nicht gibt. Sie beschäftigen sich also mit einem Phantom. Dies erinnert mich an
die Hexenjäger der frühen Neuzeit, die auch viele dicke
Bücher über Hexen schrieben, die es nur in ihrer – meist
krankhaften – Phantasie gab. Eine dritte Gruppe von
Rechtsextremismusforschern macht die Rechtsextremisten zu Opfern der allgemeinen »Modernisierung« und
führt ihre Handlungsweisen auf individuelle Komplexe und
Frustrationen zurück. Nur wenige Forscher sehen in den
Rechtsextremisten keine Opfer, sondern Täter, die »wissen, was sie tun« und die über ein ziemlich geschlossenes
ideologisches Weltbild verfügen, das durch Nationalismus,
Rassismus und die Verherrlichung der NS-Zeit geprägt ist.
Fast allen diesen »Rechtsextremismusforschern« sind
schließlich zwei Dinge gemeinsam: Sie forschen aus der si-

cheren Distanz ihres Schreibtisches und verfügen kaum über reale Kontakte zu ihrem Forschungsobjekt – den Rechtsextremisten, die – und dies ist das zweite Moment – in ihrer Vorstellungswelt alle Männer sind.

Franziska Tenner ist anders vorgegangen: Sie hat sich nicht auf den organisierten Rechtsextremismus konzentriert und ihn schon gar nicht mit dem Linksextremismus gleichgesetzt. Sie weist zwar auch auf soziale Ursachen und gewisse psychische Probleme hin, zeigt jedoch gleichzeitig, daß die von ihr befragten Personen Ausländer hassen und den Nationalsozialismus verherrlichen, d. h. über ein ziemlich geschlossenes ideologisches Weltbild verfügen. Außerdem hat sie nicht nur über den Rechtsextremismus geforscht, sondern mit einzelnen Repräsentanten intensive Gespräche geführt. Dabei handelte es sich ausschließlich um Frauen, die sie »Nazi-Frauen« nennt. Ist diese Bezeichnung berechtigt, machen diese »Nazi-Frauen« wirklich Geschichte und kann man sie als Täterinnen bezeichnen?

Allein die Fragestellung wirkt auf uns provokativ, weil sie mit unserem Bild, das wir (Männer und Frauen) vom alten und neuen Faschismus haben, nicht übereinstimmt. Dies beginnt bereits mit dem Begriff »Nazi-Frauen«. »Nazi« wurde schon von Zeitgenossen verwandt, die damit die Selbstbezeichnung »Nationalsozialisten« verspotten, zugleich aber auch eine gewisse Verbindung zu den »Sozis« herstellen wollten, die übrigens genau wie Kommunisten die Nationalsozialisten meist als »Faschisten« bezeichneten. Doch während sich die Nationalsozialisten selber niemals »Faschisten« nannten, haben sie den Terminus »Nazi« geduldet, ja teilweise selber verwandt. So hat sich der damalige Berliner Gauleiter Goebbels vor 1933 häufig selber ebenso trotzig wie stolz als »Ober-Nazi« tituliert. Mit »Nazis« waren jedoch ausschließlich männliche Angehörige der NSDAP gemeint. Dabei hat die Partei von Anfang an auch Frauen aufgenommen. Sie durften zwar keinerlei Parteiämter bekleiden, gehörten aber unzweifelhaft zur nationalsozialistischen Bewegung. Dennoch wurden sie sowohl von ihren »Parteigenossen« wie von den Antifaschisten (und Antifaschistinnen) kaum wahrgenommen. Ein Indiz dafür ist, daß sich die ebenfalls schon vor 1933 geprägte Bezeichnung »Nazissinnen« niemals richtig durchgesetzt hat.

Im Dritten Reich war es ähnlich. Obwohl Millionen von Frauen freiwillig und gezwungen im BDM, der »Arbeitsgemeinschaft Nationalsozialistischer Studentinnen (ANSt), der »NS Frauenschaft« und dem weiblichen Zweig des Reichsarbeitsdienstes (RAD) organisiert waren, stellten die nationalsozialistischen Propagandisten (die alle männlichen Geschlechts waren) das Dritte Reich als ein ausgesprochen männliches bzw. männlich-soldatisches Regime dar. Den Frauen wurde ihre angeblich »natürliche« Rolle als Hausfrauen und von Müttern möglichst vieler »erbgesunder« und »natürlich« »rassisch reiner« Kinder zugewiesen. Tatsächlich waren die Frauen jedoch nicht nur Mütter und waren auch keineswegs nur im Haushalt tätig. Viele arbeiteten weiterhin im Bereich der Industrie, des Handels und vor allem der Landwirtschaft. Nach der Überwindung der Arbeitslosigkeit (durch Aufrüstung) versuchten Wirtschaft und Regime sogar die, wie sie Statistiker nennen, »weibliche Erwerbsquote« zu erhöhen, wobei dann im Verlauf des Krieges sogar Zwang ausgeübt wurde. Höher qualifizierte Stellen (wie z. B. das Richteramt) wurden ihnen zwar nach wie vor verwehrt, doch von einer allgemeinen Verdrängung der Frauen aus dem Berufsleben kann nicht die Rede sein. Obwohl das Frauenstudium aus ideologischen Gründen nach wie vor nicht gern gesehen wurde, stieg selbst der Anteil der weiblichen Studierenden an, um schließlich – allerdings kriegsbedingt – 1943 mit fast 50 % einen bis heute nicht wieder erreichten Höchststand zu erreichen.

Frauen hielten nicht nur die deutsche Kriegswirtschaft in Schwung, sie verteidigten als Angestellte von Wehrmacht und SS auch ihr Vaterland an der Front und waren in den Reihen von BDM und NS-Frauenschaft bestrebt, daß die sog. »Heimatfront« nicht zusammenbrach. Einige – und keineswegs wenige – waren sogar im Bereich der national-sozialistischen Terrororganisationen Gestapo, SD und SS tätig. Selbst in den Konzentrationslagern gab es Verwal-tungsangestellte, Sekretärinnen und Aufseherinnen, die es an Brutalität mit ihren männlichen »Kollegen« durchaus aufnehmen konnten.

Kurz und in einem Wort: Es gab wirklich »Nazi-Frauen«, von denen einige sogar als (kriminelle) Täterinnen einzu-stufen sind. Doch dies ist nach 1945 verdrängt worden. Maßgebend dafür war einmal das allgemein nicht sehr ausgeprägte Interesse an einer Aufarbeitung dieses Teils unserer Geschichte. Hinzu kam die bei vielen männlichen Historikern anzutreffende mehr als bornierte Ansicht, wo-nach die notorisch »hysterischen« Frauen »ihrem Führer« immer nur zugejubelt, aber sonst nichts getan, auf jeden Fall keinerlei Widerstand geleistet hätten. Hier wirkte sich das nationalsozialistische Propagandabild aus, das »die Frauen« ja ohnehin nur als Objekte der männlichen Politik gezeigt hat. Erstaunlicherweise hat es sich dann auch auf einige wissenschaftliche Darstellungen über »Frauen im Dritten Reich« ausgewirkt, die von einem bewußt femini-stischen Standpunkt geprägt waren. Danach konnten Frauen nur Opfer und keine Täterinnen sein, weil es sich beim Dritten Reich um ein extrem patriarchalisch gepräg-tes Regime gehandelt haben soll.

Erst in den 80er Jahren wurde diese »Frauen-sind-im-mer-die Opfer-These« langsam überwunden. Man er-kannte, daß auch Frauen zu Täterinnen geworden sind. Diese Täterinnen-Opfer-Kontroverse, die auch als »Histo-rikerinnenstreit« bezeichnet worden ist, wurde jedoch nur am Beispiel des vergangenen Faschismus geführt. Auf die Neofaschismus-Forschung hat sie sich zunächst kaum aus-gewirkt. Dies hat sich erst in jüngster Zeit geändert. Dabei kommt der oral-history-Arbeit von Franziska Tenner eine große und, so weit ich sehe, auch allseits anerkannte Be-deutung zu. Kann Franziska Tenner doch zeigen, daß die von ihr interviewten Frauen keineswegs nur Opfer sind, die allenfalls von »den Männern« zu ihren Ansichten und Taten verführt und gezwungen wurden. Man kann sich darüber streiten, ob alle von ihnen als Täterinnen zu bezeichnen sind, überzeugte »Nazi-Frauen« sind sie zweifellos. Sie sind für ihre Anschauungen und Taten selber verantwortlich.

Es mag uns (Männern und Frauen) zwar aus vielerlei Gründen schwerfallen: (Auch) »Nazi-Frauen« machen Geschichte!

Franziska Tenner als Psychologie-Studentin
Foto: Gust/ZENIT

Ich beginne meine Aufzeichnungen an einem warmen Juni-abend des Jahres 1994. Im Radio wurde soeben berichtet, daß Bundeskanzler Helmut Kohl am heutigen Tag den neuen italienischen Ministerpräsidenten Berlusconi in Bonn empfangen hat. Dem rechtskonservativen Liberalen, der für seine Regierungsmehrheit mit den italienischen Neonazis koaliert, werden in Deutschland alle Ehren zuteil. Gibt es anläßlich dieses Besuches keine moralischen Be-denken? Da sitzen deutsche Politiker mit den italienischen an einem Verhandlungstisch. Wie viele Gemeinsamkeiten hat die jüngste Geschichte beider Länder? Und wie viele hatte die ältere in diesem Jahrhundert? Allerdings wurde vermieden, eine Pressekonferenz zu Ehren Berlusconis einzuberufen. Sollten Gast und Gastgebern unangenehme Fragen erspart bleiben?

Wollt ihr den totalen Krieg?

3. Oktober 1990, Berlin-Mitte, Auguststraße. Nächtliches Warten auf einen angekündigten Überfall von rechtsradika-len Skinheads auf unser besetztes Haus. Hier lebe ich: in diesem bunten Haus, gemeinsam mit 15 bunten Menschen. Wir haben Angst. Es wäre nicht das erstemal, daß Rechts radikale es auf ein besetztes Haus abgesehen haben. Erst vor einigen Wochen hatten ungefähr 60 Hooligans und Skinheads das Kunstprojekt Tacheles in der Oranienburger Straße überfallen. Dabei verlor eine junge Frau ihr Augen-licht. Was wird in dieser Nacht mit uns, mit unserem Haus passieren?

Die Zeit scheint stillzustehen in dieser deutschesten Nacht seit langer Zeit. Deutschland feiert seine Wieder-vereinigung. Wir sitzen da und lauschen auf die Geräusche von der Straße. Ab und zu kommt eine Anfrage über das In-fotelefon, ob noch alles in Ordnung sei. Wenn etwas pas-siert, wird über diese Telefonnummer Alarm gegeben, da-mit so schnell wie möglich Verstärkung aus anderen besetzten Häusern und von autonomen Gruppen anrücken kann. Noch ist alles ruhig.

In dieser Nacht ist auch ein Kamerateam anwesend. Ich drehe meinen ersten Film: »Hausbesetzer in Ostberlin«. Seit Wochen »entdecke« ich mit der Kamera die Welt, in der ich lebe. Es hat Kraft und Überzeugungsarbeit gekostet, ehe die Dreharbeiten beginnen konnten. Journalisten sind nicht gerade das, was Hausbesetzer oder andere alternative Gruppen mögen. Ihre Erfahrungen mit den Medien sind nicht die besten. Deshalb hat es für sie bisher wenig Anlaß gegeben, ihnen zu vertrauen. Aber dadurch, daß ich selbst mit ihnen lebte, konnte ich sie schließlich doch für meinen Film gewinnen.

Einige Tage zuvor hatte ich in der Mainzer Straße gedreht. Dort gab es zu dieser Zeit 13 besetzte Häuser, darunter ein Schwulen- und ein Lesbenhaus. Viele Hausbesetzer lebten da mit ihren Kindern. Die Mainzer Straße galt als die Hochburg der Hausbesetzer in Ostberlin. Dort wohnten die Konsequentesten, Kompromißlosesten, Unerbittlichsten von ihnen.

Diejenigen, die sich filmen ließen, hatten sich verkleidet. Sie trugen blaue Perücken, dicke Brillen und geschlossene Kleider, um für Verfassungsschutz oder Bundesnachrichtendienst nicht identifizierbar zu sein. Zuerst hielt ich diese Vorsichtsmaßnahme für übertrieben und mußte darüber lachen. Das Lachen verging mir aber nach einer Wahlveranstaltung im Berliner Friedrichshain, auf der Herr Lummer zum Thema Wohnungsnot im Osten sprechen sollte. Die CDU des Stadtbezirks hatte zu dieser Veranstaltung eingeladen. Ausgerechnet Lummer! Der hatte Anfang der 80er Jahre als Innensenator von Westberlin die brutale Räumung von mehr als zehn besetzten Häusern angeordnet.

Natürlich waren die Besetzer aus Friedrichshain bei der Veranstaltung anwesend, auch die aus der Mainzer Straße. Sie wollten nicht zulassen, daß ausgerechnet Lummer zu diesem Thema ein Podium erhalten sollte. Aber Lummer kam nicht. Dafür kam das Bundeskriminalamt am nächsten

14

Morgen, und zwar zu dem für meinen Film zuständigen Redaktionsleiter. Für Hausbesetzung kann man wegen Landfriedensbruches angeklagt werden.

Wir wurden gezwungen, das gesamte Material dieser Wahlveranstaltung zu überspielen. Bei Verweigerung hätten die Beamten eine gerichtliche Verfügung erwirkt. Das einzige, was noch getan werden konnte, war, beim Überspiel den Lichtpegel etwas herunterzudrehen, so daß man die Gesichter auf dem Double nicht besonders gut erkennen konnte. Ich stellte mir immer wieder vor, daß wegen des Materials irgend jemandem etwas passieren könnte. Sicher, ich wollte zeigen, was wirklich ist, aber ich wollte keine Ermittlungsarbeit für staatliche Institutionen leisten. Und als unfreiwilliger »freier Mitarbeiter« vom Verfassungsschutz oder Bundeskriminalamt betrachtete ich mich schon gar nicht. Ich fühlte mich den Beamten, die an ihrer Macht keinen Zweifel ließen, ausgeliefert. Ein Gefühl, das ich bis dahin nicht gekannt hatte. Noch am gleichen Abend war ich in der Mainzer Straße und erzählte den Bewohnern, was passiert war.

Nun also ist die Nacht des 3. Oktober 1990, in der wir warten … Damit die Zeit erträglicher wird, mache ich Interviews. Sie sind so traurig, wie unsere Stimmung ist. Und es werden zugleich die intimsten Gespräche, die ich für diesen Film führte. Es ist in ihnen von der Sorge um unser Haus die Rede, von der Angst, daß alle Bemühungen zerstört werden könnten in dieser langer Nacht. Gedanken über das Zusammenleben in dieser so ungewöhnlichen Form werden ausgesprochen, Zweifel, ob dieser Weg der richtige sei. Und immer wieder ist da auch der Stolz auf das Geschaffene, und sei es nur darauf, daß wir gerade in einem weiteren Stockwerk neue Fenster eingebaut hatten. Alles in diesem Haus war gemeinsam vollbracht worden: Die Wasserleitungen hatten wir repariert, die Zimmer entrümpelt, die Außenwände bemalt. Kleine Kunstwerke machten das Haus schöner.

Und das alles wollten die Rechten in einer einzigen

Nacht (ausgerechnet in dieser!) zerstören? Zwischen Angst und Wut blieb uns nur das Warten. Gegen Morgen zog wirklich eine Horde grölender Jugendlicher an unserem Haus vorbei. Wir gingen in Bereitschaftsstellung. Die Stimmung war gespannt. Was jetzt? Was werden sie gleich tun? Wann fliegt der erste Stein? Sie zogen, betrunken wie sie waren, vorbei.

In dieser Nacht blieb alles ruhig in der Auguststraße.

Am 1. November 1990 wurde die 30minütige Reportage über die Hausbesetzer gesendet. Am 11. November gab es einen Karnevalsumzug durch Berlin. Viele Bewohner der damals über 100 besetzten Häuser beteiligten sich daran. Es war ein lustiger Zug, der sich durch Berlins Innenstadt bewegte. Wir waren ausgelassen und fröhlich. Berlin war an diesem Tag eine Stadt, die so herzlich schien zu ihren schrägen Vögeln. Das böse Erwachen kam am nächsten Tag. Der 12. November 1990 wurde ein schwarzer Montag, denn es begann die dreitägige Belagerung der Mainzer Straße, die am 15. November mit der Räumung der besetzten Häuser endete.

Wir waren die ganze Zeit mit zwei Kameras dabei. Bis dahin hatte ich noch nie so viel Brutalität der Polizei erlebt. Keiner wußte, wie es begann. Angeblich hatten Hausbesetzer mit Steinen nach Polizeiwannen geworfen, die mehrere Male durch die Straße gefahren waren. Später sah ich die Bilder: Wieder und wieder fuhren ungefähr zehn gepanzerte Polizeiautos durch die Straße. Irgendwann zielte ein Wasserwerfer auf die Fenster der besetzten Häuser. Das war der Anfang.

Erst sehr viel später habe ich erfahren, daß auch Neonazis an den gewalttätigen Auseinandersetzungen in der Mainzer Straße beteiligt gewesen waren. Arnulf Winfried Priem, Nazirocker aus Berlin-Wedding und Chef der Organisation »Wotans Volk«, war, gut getarnt, von Anfang an dabei. Was konnte er denn »Besseres« tun, als sich ein Palästinensertuch umzuhängen und Steine auf Polizeiwagen zu werfen? Heute noch macht mich diese Tatsache zittern vor Wut.

16

Zwei Filme entstanden in diesen drei Tagen, und ich war erstaunt, wie sehr sich Journalisten-Kollegen für diese Straße, für diese Menschen einsetzten. Ich hatte bis dahin immer das Gefühl gehabt, daß mich meine Kollegen, besonders die älteren, mit meinen Ideen und Ansichten nur belächelten. Selbst als ein Kollege bei der Räumung einen Stein ins Gesicht und ein anderer einen Stein zwischen die Beine bekam, blieben ihre Sympathien für die Hausbesetzer ungebrochen. Diese drei Tage mit ihren schmerzlichen Erfahrungen und traurigen Erlebnissen waren für mich und das Verständnis für meinen Job sehr wichtig. Nie wieder habe ich einen solchen Zusammenhalt, solche Einhelligkeit für eine Sache erlebt.

Einige Tage später, am 20. November 1990, fand in Leipzig ein Fußballspiel statt. Dabei wurde ein Berliner Fußballfan von der Polizei erschossen. Mein Redaktionsleiter fragte, ob ich diese Hooligans kennen würde, schließlich seien sie so alt wie ich. Der hatte Vorstellungen! Er schien noch nichts davon gehört zu haben, daß es zwischen Hausbesetzern und Hooligans einen gewaltigen Unterschied gab, vor allem politisch. Gut, ich kannte sie nicht, aber ob ich nicht vielleicht? Natürlich hatte ich in Berlin-Mitte jene Jungs schon oft gesehen, die diesen charakteristischen Kurzhaarschnitt trugen und entsprechend gekleidet waren. Hooligans tragen meistens Diesel-Klamotten, alles nur vom Feinsten. Ich suchte mir halbwegs ordentliche Sachen zusammen und machte mich auf den Weg. Äußerlich wollte ich mich den Leuten ein wenig anpassen, von denen ich bis dahin nur gehört hatte. In meinen abgeschnittenen Lederhosen und den bunten Pullovern brauchte ich bei ihnen sicher nicht aufzutauchen.

Außerdem wollte ich nicht, daß sie erkennen, wo ich herkomme und wer ich wirklich bin. Als Journalist kann man eine gewisse Loyalität voraussetzen, hinter der man sich, wenn es notwendig ist, auch verstecken kann. Andererseits finde ich es wichtig, wem auch immer möglichst unbefangen gegenüberzutreten. Das fiel mir in diesem Fall sehr schwer. Trotzdem wollte ich meine innere Hemmschwelle überwinden und stiefelte mutig los. Mich interessierten diese Leute. Ich wollte wissen, ob die Angst, die ich vor ihnen hatte, begründet war.

Ich traf die Hools im Biergarten der Gaststätte »Sophieneck« in Berlin-Mitte, gleich um die Ecke von unserem Haus. Daß sie so nah waren, hat mich ziemlich erschreckt. Anfangs verhielten sie sich sehr abweisend, nicht aggressiv, aber auch nicht freundlich. Sie wollten einfach nichts mit mir zu tun haben.

Daß ich mich unbedingt wohl gefühlt hätte in ihrer Nähe, kann ich auch nicht sagen. Meistens spielten sie am Automaten oder tranken einfach nur Bier, und das in Unmengen. Sie waren nicht älter als 20, knapp vier Jahre jünger als ich. Obwohl ich nicht richtig »warm« wurde mit ihnen, ging ich weiter in den Biergarten und buhlte um ihr Vertrauen. Anfang Dezember 1990 wollten wir eine Reportage über Hooligans senden, und das war der einzige Grund, warum ich das tat. Schließlich stand der Drehtermin fest, aber ich wußte bis zum letzten Tag nicht, ob es klappen würde. Keiner von den Hooligans hatte sich bis dahin geäußert, ob er mir ein Interview geben würde. Ein Film über Hooligans ohne Hooligans, das ging aber nicht. Ich sagte ihnen, ich käme dann und dann mit einem Team. Sie reagierten überhaupt nicht. Ich machte mir Sorgen wegen der Kamera. Was, wenn sie sie einfach herunterschlugen? Davor hatte ich Angst.

Als wir zum verabredeten Interviewtermin kamen, waren ungefähr 20 Hooligans anwesend. Anscheinend hatten sie ihre ganze Clique aktiviert. Alles schien überhaupt kein Problem. Sie wollten reden, auch vor der Kamera. Trauriger Höhepunkt des Interviews war, als einer der Hooligans seine metallbeschlagene Baseballkeule aus der Bomberjacke zog und drohte: »Ich schlag die Kanaken alle tot. Ist mir wurst, was mit mir passiert. Dann gehe ich eben wieder in den Knast, da komme ich gerade her. Die haben meine Frau schon zweimal vergewaltigt. Wenn ich einen sehe von denen!« Der da so sprach, hatte schon eine riesige Wunde im Gesicht.

Als die Cutterin das Material sah, mußte sie sich übergeben. Ich weiß bis heute nicht, wie ich so ruhig bleiben konnte und dann auch noch weitergefragt habe. Ich glaube, ich habe von Anfang an mehr Mitleid für diese Jungs verspürt, als mir zu der Zeit bewußt war. Aber ich sehe inzwischen auch manches anders, gerade was die Hooligans betrifft.

Heute würde ich nicht mehr den gleichen Film über sie machen wie 1990. Als der Fußballfan Mike P. von der Polizei in Leipzig erschossen wurde, entbrannte in der deutschen Medienlandschaft ein regelrechtes Hooliganfieber. Die Hooligans wurden pauschalisiert, kategorisiert und abgestempelt.

Von Anfang an war klar, das sind Faschisten. Sicher sind sie in ihrem politischen Denken mehr rechts als links, aber was damals in der Öffentlichkeit mit ihnen gemacht wurde, das war keine ehrliche Auseinandersetzung. Sie haben Verbindungen zu Skinheads und Rechtsradikalen schon allein deshalb, weil sie sehr oft zusammen aufgewachsen sind. Sie kennen sich auch vom Fußballstadion. Aber sie sind deshalb nicht alle Neonazis. Es gibt auch den einfachen Fußballfan, so wie Mike P. einer war. Und es gibt Aktionen wie »Hools gegen Rechts«, die in der Öffentlichkeit kaum erwähnt wurden, bis heute nicht. Das darf man, so denke ich inzwischen, nicht vergessen. Niemandem ist damit geholfen, wenn einfach nur abgeurteilt wird. Damit meine ich die Fußballfans ebenso wie die Besetzer in der Mainzer Straße. Es gibt militante Hausbesetzer, aber es gibt auch jene, die nichts als ein Dach über dem Kopf suchen.

Für den Film über die Hooligans ging ich auch in das von Rechten besetzte Haus in der Weitlingstraße in Berlin-Lichtenberg. Ich wollte dort ein Interview über die Verbindung zwischen Neonazis und Hooligans machen. Dahin zu gehen kostete mich große Überwindung. Ich hatte viel über dieses »Führerhauptquartier« gehört. Um mich abzusichern, wartete eine Kollegin an einer Straßenecke. Sollte ich bis zu einem bestimmten Zeitpunkt nicht zurück sein, würde sie die Polizei alarmieren. Ich ging also, wieder entsprechend »zurechtgemacht«, in das Haus Nr. 122 in der Weitlingstraße. Dort stürzten mir zehn Skinheads entgegen. Ich dachte, jetzt ist alles vorbei. Aber sie rannten an mir vorbei, hinaus auf die Straße. Auf der Treppe traf ich Ingo Hasselbach. Ich stotterte etwas über mein Anliegen, woraufhin er mich nach oben lotste. Ich staunte darüber, daß es in diesem besetzten Haus aussah, wie bei uns auch: Wände waren herausgerissen worden, überall lag Handwerkszeug, Schutt und Baumaterial, und irgendwo klopfte und hämmerte es genauso wie bei uns. Ein merkwürdiger Vergleich, über den ich innerlich lachen mußte. Einen großen Unterschied gab es allerdings: An den Wänden des Zimmers, in das mich Hasselbach führte, hingen Waffen und eine Axt. Als ich das sah, wußte ich wieder, wo ich war. Hasselbach hörte sich an, weshalb ich gekommen war, und versprach, mit dem Sozialdiakon Michael Heinisch zu reden. Beide, Hasselbach und Heinisch, waren bei jenem Fußballspiel in Leipzig dabeigewesen. Hasselbach arbeitete zu dieser Zeit im Projekt des Sozialdiakons, das ausschließlich rechte Jugendliche beschäftigte. Hasselbach war nur bereit, mir ein Interview zu geben, wenn Heinisch dabei wäre. Er versteckte sich hinter Heinisch und schien dessen Loyalität für seine eigene Glaubwürdigkeit zu nutzen.

Während ich mit Hasselbach redete, bemerkte ich, daß er die Polizei genausowenig mochte wie ich. Er mochte sie nicht, weil sie ihm dauernd das Spiel verdarb, und ich hatte immer noch die Erlebnisse der Mainzer Straße in Erinnerung.

Wir einigten uns, daß ich in ein paar Tagen noch einmal vorbeikommen sollte, dann hätte er mit Heinisch gesprochen. Als ich aus dem Haus kam, war ich erleichtert, obwohl es nicht so schlimm war, wie ich vorher gedacht hatte. Später erfuhr ich, daß von Hasselbachs Leuten kontrolliert wurde, wo ich hinging und mit wem ich wegfuhr.

Nr. 29   4. Jahrgang   August 1992

INDEX

jung · national · bissig · parteiisch

Diesmal als
SCHWERPUNKT-AUSGABE
zum Thema:

ANTI-
Antifa

Auszüge aus dem Mitteilungsblatt »Anti-Antifa« (August 1992) mit einer Dokumentation »linker« Gaststätten

Mescheder Zeitung

Polizeipräsenz verhindert nennenswerte Zwischenfälle

Von Thomas Günzl

Meschede. (WP) Während die einen auf dem Karstadt-Vorplatz fahnenschwenkend und per Megaphon rechtsradikale Parolen skandierten, saßen die anderen am Kaiser-Otto-Platz. Überall in Meschedes Innenstadt patrouillierten Polizeibeamte und sorgten dafür, daß sich die Demonstranten der linken und rechten Szene (jeweils .120 Teilnehmer) am Samstag nicht zu nahe kamen.

Während im Vorfeld der beiden Demonstrationen noch die Polit-Debatte auf Plakaten tobte, konnten alle, die am Samstag in Meschede etwas zu besorgen hatten, bald mehr als genau erkennen, was da ins Haus stand. Eine „Antifaschistische Aktion" hatte zur Demonstration aufgerufen, und die „Vereinigte Rechte" hatte ihre Ankündigung auf den Plakaten in der letzten Woche wahr gemacht: „Wir kommen auch! Uns sie kamen aus dem Kurbacher Raum, aus Hamburg, dem Ruhrgebiet und dem Hochsauerland.

Die Polizei, dezent präsent, hatte die Demonstrationen fest im Griff. Mehr als 190 Beamte sorgten dafür, daß beide Veranstaltungen ohne nennenswerte Störun-

tung beendet wurde.

Ein Gutteil der Kameraden besuchte danach das in der Region vorbereitete Grillfest. Der ganze Ablauf der Veranstaltung gab tatsächlich Grund zum Feiern!

Mit der unseres Wissens ersten offiziell angemeldeten Anti-Antifa-Kundgebung ist endlich ein Bann gebrochen worden: Sind wir aus der ständigen Defensive aus gebrochen und unsererseits in die politische Offensive gegangen.

Angenehm ruhig verlief daher die Kundgebung, auf der die Kameraden Michael Petri von der Deutschen Alternative, Christian Worch, Ritterkreuzträger Otto Riehs und der NL-Vorsitzende Thomas Wulff sprachen.

Die aus dem Ort stammenden Zuschauer zeigten für uns erkennbar mehr Sympathien als für die Kommune. Beifall und zustimmende Zurufe waren für viele Kameraden "seelische Vitamine", eine wertvolle moralische Unterstützung im politischen Kampf. Auch das Ergebnis einer kleinen Sammlung, um wenigstens einen Teil der hohen Mobilisierungs- und Vorbereitungskosten zu decken, war erfreulich.

Noch immer friedlich und ungestört ging es durch die Innenstadt zurück zum Bahnhof, wo die Veranstal

Die Krönung war indes das politisch blödsinnig Verhalten der Antifa. Kurz nach dem Ende unsere Kundgebung zogen sie durch die Stadt. Ihre Zahl hatte sich inzwischen auf wenig mehr als hundert reduziert. Außer dem sattsam bekannten "Nazi raus!" fiel ihnen an politischer Aussage nichts ein. Dafür bombardierten sie wahllos Polizisten und Passanten mit leeren Flaschen. Spätestens nach diesen sinnlosen Gewaltakten war die Stimmung der Bevölkerung ganz auf unsere Seite!

Wir werden das künftig öfter machen. Immer Nein, aber immer öfter!

Vorwort zur Dokumentation:

Auf den nachfolgenden Seiten wollen wir einen kleinen Überblick darüber geben, wie viele link Objekte und Institutionen es gibt, wie weit verzweigt ihr Netz an Kommunikation, Koordination und Kooperation ist. Und damit auch aufzeigen, wie viel wir noch nachzuholen und aufzubauen haben, bis wir eines Tages auch nur einen vergleichbaren Stand erreicht haben.

Die gezeigten und beschriebenen Treffpunkte, La den, Kneipen etc. sind nur einige (allerdings d wichtigsten). Insgesamt gibt es allein in unsere Stadt noch viel mehr, so daß eine Ausgabe de INDEX gar nicht reichen würde, sie alle aufzuliste und zu beschreiben...

BRAKULA

Bramfelder Chaussee 265, HH 71
Telefon: 6 41 95 96

Schwerpunktmäßig treffen sich hier folgende Gruppen im BRAKULA:

VVN-Bramfeld, Jan Wienecke, Telefon 6 43 61 65, jeden 3. Montag im Monat um 18.00 Uhr.

Afrikanische Union Beratung, Ibini, Telefon 3 9 28 75, jeden Donnerstag 14.00 bis 16.00 Uhr.

Senioren-Arbeitskreis der DKP Wandsbek, Rei hold Schneider, Telefon 6 41 01 49, jeden Donner tag im Monat, 15.00 Uhr.

Antifaschistische Initiative, Bert, Tel: 6 41 95 9

jeden 2. und 4. Donnerstag im Monat, 20.00 Uhr.

DKP-Bramfeld, Wolfgang Runge, Telefon: 6 41 64 22, jeden 2. Donnerstag und jeden 4. Mittwoch im Monat, 20.00 Uhr.

Treffen verschiedener Gruppen zur gleichen Zeit sind möglich, da mehrere Räume zur Verfügung stehen. Außerdem unterhält das BRAKULA eine Kneipe, in der sich ebenfalls Personen aus einschlägigen Kreisen treffen. Öffnungszeiten: Montag bis Donnerstag 19.00 bis 24.00 Uhr, Freitag und Sonnabend bis 1.00 Uhr.

Klausstraße

Klausstr. 12-16, HH 50

Die Häuser in der Klausstraße sind in erster Linie von autonom-antifaschistischen "Häuserkämpfern" besetzt. Über die genaue Zahl der Bewohner lassen sich keine Angaben machen, da sie auch oft wechseln. Die politische Richtung, die hier vertreten wird, ist natürlich von vornherein klar. Die Besetzter haben sich hier schon gut eingerichtet, und der Senat scheint die Sache wohl auch schon abgesegnet zu haben.

No Pasaran

Klausstraße 44-46, HH 50

Das **No Pasaran** ist eine Kneipe für die militante Autonomen-Szene. Es halten sich hier in erster Linie Leute aus dem Stadtteil Altona und von den besetzten Häusern in der Klausstraße 14-16 auf. Außerdem wird das **No Pasaran** auch als Proberaum für Musikbands genutzt.

Chemnitzerstraße 58-60, HH 50

In diesem Haus wohnen sehr viele Linke, Antifas und Alternative.

Es ist ein ehemals besetztes Haus, das im zähem Kampf der Stadt abgerungen worden ist. Nachdem die

Besetzter ein 61-Punkte-Programm des Senats anerkannt haben, konnten sie als Mieter wohnen bleiben.

Im Erdgeschoß des Hauses befinden sich Veranstaltungsräume, in denen sich verschiedene linke und antifaschistische Gruppen treffen.

Vereinigte Sozialistische Partei VSP

Glashüttenstraße 106, HH 36

Die VSP ist ein Zusammenschluß von GIM und KPD, der Stadtteilladen in der Glashüttenstraße dient ihnen als Parteizentrale. Hier finden 2 - 3 mal die Woche Treffen der Gruppe statt. Von hier aus wird auch die Zeitung "SOZ" geplant und herausgegeben.

Schanzenblitz

Bartelstraße 21, HH 36, Telefon: 43 68 01

Der Schanzenblitz ist ein Kopierladen der Antifa- und Linken Gruppen im Viertel. Die meisten Aufträge erhält der Laden aus diesen Kreisen und wird entsprechend oft von solchen Leuten besucht.

Schwarzmarkt

Paulinenstraße 15, HH 36,
Telefon: 31 65 42, Fax: 3 19 45 81

Der Schwarzmarkt ist ein Info-Laden und ein Veranstaltungszentrum zugleich. Hier treffen sich die unter-

schiedlichsten Personen und Gruppen. In erster Linie wird dort Antifa- und linke Aufklärungsarbeit geleistet.

Der Schwarzmarkt hat - ähnlich wie die Rote Flor

Daß ich in der Weitlingstraße Hasselbach in die Arme lief, war ein Glücksumstand. Ich kannte ihn zwar zu diesem Zeitpunkt noch nicht, aber seine Bedeutung für die rechtsextreme Szene und vor allem für dieses Haus war unumstritten. Hasselbach hatte bei den Neonazis etwas zu sagen. Er konnte einen Journalisten also auch beschützen. Vielleicht hört sich das eigenartig an, aber es funktioniert, und viele Kollegen praktizieren das. Wenn wir zu Veranstaltungen von Nazis gehen, dann sprechen wir, so schnell und zielgerichtet wie möglich, den jeweiligen Chef an. Man muß gar nichts von ihm wollen, aber man muß zeigen, daß man ihn kennt. Wenn er sich dem Journalisten gegenüber ruhig verhält und die anderen Nazis das sehen, dann hat man schon viel gewonnen. Steht man dagegen unsicher herum und spricht beliebige Veranstaltungsteilnehmer an, dann kann es zu ganz anderen, auch aggressiven Reaktionen kommen. Wenn ich sage, daß Hasselbach Journalisten beschützen konnte, dann meine ich den passiven Schutz durch ihn.

Bei unserem nächsten Treffen sagte Hasselbach das Interview ab. Heinisch habe die Nase voll von Interviews und er allein gebe keine.

Aber da war noch der Trauermarsch der Berliner Hooligans für ihren erschossenen Kumpel. Nach einem Fußballspiel im Jahnstadion im Berliner Stadtbezirk Prenzlauer Berg zogen fast 5 000 Hooligans durch die Innenstadt. Die Polizei eskortierte die marschierenden Hooligans. Unter den Linden gab es eine Abschlußrede vom »Oberhooligan« Vogt aus Berlin-Pankow. Währenddessen machte ich mitten in der Menge einige Interviews und ließ mir anschließend die Adressen der Jungs geben. Einen Tag später besuchte ich sie in Berlin-Marzahn.

Bei ihnen schien sich das Klischee vom Hooligan zu bestätigen. Sie wohnten zu fünft in einer 1-Zimmer-Wohnung in einem der berühmten Plattenbauten, waren arbeitslos und Rep-Wähler, was sie immer wieder betonten. Bei ihnen funktionierte das erstemal, was ich später auch bewußt zu nutzen begann: Ich war eine junge Frau, die sich für diese jungen

Männer interessierte. Das schien ihnen zu schmeicheln. Während sie auf ihrer alten Couch saßen und Cola-Wodka tranken, erzählten sie mir alles, wonach ich sie mit freundlichem Lächeln fragte. Auch ein Interview war einige Tage später kein Problem mehr. Damit waren für mich die Dreharbeiten zu dem Hooliganfilm »Die dritte Halbzeit« beendet.

Als der Film gesendet war, ging ich noch einmal, wie versprochen, zu den Hooligans und Skinheads ins Sophieneck. Ich hatte mir gedacht, daß es besser sei, gleich die direkte Reaktion zu bekommen, als sie irgendwann unverhofft auf der Straße zu erfahren. Ich wünschte mir, daß auf diese Art und Weise Unstimmigkeiten verbal und nicht physisch artikuliert würden. Mit dieser Annahme hatte ich recht. Die Jungs erwarteten mich schon und wollten unbedingt mit mir reden. Der im Interview mit der Baseballkeule gedroht hatte, war über sich selbst erschrocken. Er bedauerte, was er gesagt hatte. Die anderen erzählten mir von ihrer Wut über den toten Fußballfan, sprachen von ihrer Perspektivlosigkeit und von den alten Zeiten. In ihren Äußerungen waren sie aggressiv und böse. Sie nahmen kein Blatt vor den Mund und hatten auch keine Angst, daß ich sie falsch verstehen könnte. Daß ich eine völlig andere Meinung vertrat, schien sie nicht zu interessieren. Ich hatte das Gefühl, daß erst jetzt die Arbeit an einem Film über sie beginnen dürfte. Sie wollten mir ihre Welt zeigen, weil sie sich bis dahin selbst falsch dargestellt hatten. Vielleicht war der Anlaß zu diesem Vertrauen der Fakt, daß ich noch einmal zurückgekommen war. Sie sahen sich nicht verraten und verkauft oder benutzt. Als ich an diesem Abend gehen wollte, fragte mich der Typ mit der Baseballkeule, ob ich nicht Lust hätte, richtige Neonazis kennenzulernen. Das war ein überraschendes Angebot. Ich bekundete Interesse und verabredete mich mit ihm für einen der nächsten Tage.

Hinterher wußte ich nicht, warum ich überhaupt zugesagt hatte. Was wollte ich von Neonazis? Bis dahin war es mir am liebsten gewesen, wenn ich sie nur aus der Ferne oder am besten gar nicht zu Gesicht bekam. Andererseits sagte ich mir: Wenn es sie nun schon gibt, dann willst du sie auch kennenlernen. Es hilft ja doch nicht, sie zu ignorieren. Aus der Welt schafft man das Problem auf diese Art und Weise nicht. Und diese Jungs waren fast so alt wie ich. Immer wieder fragte ich mich, warum sie sich als Neonazis bezeichnen und wie es dazu kommen konnte. Ich wollte wissen, wer und wie sie sind, was sie motiviert, was sie wollen, und auch, wovon sie träumen.

Was wirklich auf mich zukommen sollte, war mir nicht so richtig klar. In meinem Haus gab es Probleme mit meinem Vorhaben. Einige hatten Angst, daß ich die Rechten mit meinem Verhalten anlocken könnte und Haus und Bewohner in Gefahr bringen würde. Viele waren einfach gegen eine Weiterarbeit an diesem Thema, weil sie meinten, das hätten die nicht verdient, ihnen würde so nur ein Podium geschaffen, auf dem sie sich artikulieren könnten.

Es gab nächtelange Diskussionen. Je mehr meine Freunde dagegen waren, desto sicherer war ich, zu diesem Treffen gehen zu wollen. Die Situation verhärtete sich. Schließlich verließ ich das Haus und zog in meine alte Wohnung zurück. Darüber war ich wütend und enttäuscht. Das Gerede von Toleranz und Konsensfindung, von »Jeder soll sich auf seine Art selbstverwirklichen« hatte sich für mich als leeres Geschwafel entpuppt. Wo waren denn in dieser konkreten Situation die Freiräume, von denen immer gesprochen wurde? Mir nutzten die bunten Häuserwände nichts, wenn es dahinter wie in grauen Häusern zugeht.

Vor dem Treffen machte ich mir dann aber doch Sorgen über das, was kommen könnte. Eine Viertelstunde lang schlich ich immer wieder an der Kneipe in der Wilhelm-Pieck-Straße in Berlin-Mitte vorbei. Sollte ich oder sollte ich nicht? Drinnen saßen schon sechs oder acht Glatzen und warteten. Wer weiß, was sich aus diesem Treffen ergeben könnte! Vielleicht ein neuer Film? Mit diesem Gedanken ging ich in die Kneipe.

«Baseballkeule» stürzte mir entgegen, begrüßte mich

freudestrahlend und stellte mich den anderen vor. Ich setzte mich und bekam sofort ein Bier. Mein Protest nutzte nichts, ich mußte mit ihnen anstoßen. Einer fiel mir an diesem Abend besonders auf. Er saß sehr weit zurückgelehnt auf seinem Stuhl und beobachtete mich argwöhnisch. Gesagt hat er lange Zeit nichts. Ich erfuhr, daß er zusammen mit »Baseballkeule« im Knast gewesen war. Sie hatten 1987, also noch zu DDR-Zeiten, eine Punk-Party in der Tucholskystraße »platt«-gemacht und waren dann mit Sieg-Heil-Rufen durch Berlin-Mitte gezogen. Dieser Vorfall ereignete sich fast zeitgleich mit dem Überfall auf ein Konzert in der Ostberliner Zionskirche und der Schändung des jüdischen Friedhofs in der Berliner Schönhauser Allee im Prenzlauer Berg. Die Haftstrafen für die Täter waren unverhältnismäßig hoch. Die DDR-Justiz sah sich genötigt, Exempel zu statuieren, auch für das Ausland. Natürlich müssen derartige Vorfälle geahndet werden, aber 16jährige für sechseinhalb Jahre ins Gefängnis zu schicken, das war selbst für die jüdische Gemeinde in Berlin zuviel. Eine Berliner Jüdin erreichte 1990 ein Revisionsverfahren für die Jungs, die den jüdischen Friedhof geschändet hatten. Nach einer Haftzeit von ca. zwei Jahren wurden sie auf Bewährung entlassen.

Auch die Jungs, mit denen ich jetzt ein Bier trank, waren vorzeitig entlassen worden. Von den angeordneten viereinhalb Jahren hatten sie zweieinhalb im verschärften Jugendstrafvollzug in Ichtershausen (Thüringen) abgesessen. Die restliche Strafe war zur Bewährung ausgesetzt worden. »Baseballkeule« war schon einige Monate wieder draußen. A., der grimmig dreinschauende Typ, war vor fünf Tagen entlassen worden. Die Wende hatten beide am Bildschirm in der Haftanstalt miterlebt. Wofür sie eingesessen hatten, dafür wollten sie nun erst recht einstehen. Sie waren Skinheads, rechtsradikale Glatzen; böse, gewalttätig und trinkfest. An eine Organisation oder Partei fühlten sie sich nicht gebunden. Allerdings waren zu jener Zeit für sie, wie für viele junge Leute aus den neuen Bundesländern, die Republikaner eine verlockende Alternative. Bei den näch-

»The Klansman« und »White Aryan Resistance«, zwei auch in Deutschland vertriebe-
ne, rassistisch-nationalistische Zeitungen aus den USA. In »WAR« findet sich ein
Hinweis auf die Filiale des berüchtigten Ku Klux Klan in Königs Wusterhausen bei
Berlin.

sten Wahlen wollten sie Schönhubers Partei ihre Stimme geben.

An diesem Abend in der Kneipe erzählten sie mir von einem geplanten Überfall türkischer Jugendlicher auf ihren Stammclub. Ich sollte unbedingt mit der Kamera dabeisein. Damit wollten sie erreichen, daß die Öffentlichkeit auch einmal über die »andere Seite der Medaille« informiert würde. Nicht nur sie, auch die Ausländer seien gewalttätig!

Zwischendurch wußte jeder von ihnen über eine angebliche Vergewaltigung durch türkische Jugendliche zu berichten. Später bekam ich mit, daß die Freundinnen dieser Jungs selbst davon erzählten. Um in dieser ausschließlich männlichen Gemeinschaft überhaupt eine Bedeutung zu bekommen, holten sie sich auf diese Art und Weise Aufmerksamkeit. Da sie angeblich von Ausländern (und nur von ihnen!) vergewaltigt wurden, schlugen sich diese Jungs selbst zu Rittern, die auszogen, ihre Frauen zu rächen. Die Freundin von »Baseballkeule« war zu jener Zeit schon »zweimal von einem Türken vergewaltigt« worden. Als ich ihn fragte, ob er das wirklich glaube, grinste er mich nur an.

Immer wieder habe ich später dieses System, wie man es vielleicht nennen könnte, bei den Rechten beobachtet. Das war übrigens meine erste Konfrontation mit Frauen in der rechten Szene.

An diesem Abend in der schmierigen Kneipe, in der das Bier so billig war, fragte ich mich irgendwann, ob das Leben von »Baseballkeule« oder A. nicht wirklich einen Film ergeben könnte. Diese Art der sozialistischen Schule war bisher kaum in der Öffentlichkeit behandelt worden: A. verbrachte den größten Teil seiner Kindheit in einem Kinderheim für Schwererziehbare und kam mit 16 in den Jugendstrafvollzug. Man könnte in einer Reportage all seine Lebensstationen aufsuchen.

Mit den Jungs verabredete ich mich für den Abend, an dem angeblich der Überfall der Türken stattfinden sollte. Ich hielt mir offen, ob ich mit Kamera kommen würde. Am nächsten Tag erzählte ich meinem Redaktionsleiter von meinem abendlichen Treffen und was ich dort erfahren hatte. Er war sofort begeistert. Ich sollte den Kontakt auf keinen Fall abbrechen lassen. Eine Weile würde er noch abwarten wollen und sich dann um einen Sendeplatz bemühen. Zu besagtem Treffen könne ich ruhig schon mal eine Kamera mitnehmen. Vielleicht passiert ja wirklich etwas! Ich weiß nicht mehr, was ich mir wünschte: daß etwas geschähe oder nicht. Ich hatte keine Lust, in eine Prügelei verwickelt zu werden. Aber was tut man nicht alles für einen Film! Ich erschien samt Team zur abgesprochenen Zeit und redete mir ein, daß schon nichts passieren würde. Das war dann auch so. Heute frage ich mich, ob sich da jemals irgend jemand angesagt hatte und warum die Jungs überhaupt wollten, daß ich komme.

Ein paar Tage darauf ging ich mit der ganzen Clique in einen Club. Sie hatten mich eingeladen, mit ihnen tanzen zu gehen, und ich staunte, wohin sie mich schleppten. Im Berliner Friedrichshain, nicht weit von der Mainzer Straße entfernt, gingen wir in einen biederen Schicki-Micki-Club für Mittzwanziger. Neonlicht, die typischen Lichtorgeln aus dem Osten und Frauen mit Rüschenblusen, nichts hatte ich weniger erwartet. Allerdings kannten sich hier alle. »Baseballkeule« und A. wurden ebenfalls von vielen so begrüßt, als kenne man sich schon seit Jahren. Der Abend verlief ganz normal, bis plötzlich ein Schuß abgefeuert wurde. Niemand hatte bemerkt, woher er kam, niemand brach zusammen oder zeigte Reaktionen auf eine Verletzung. Alle sahen sich an. Mit einemmal wurde eine Tür aufgerissen, und A. stürzte mit einem Mann im Schwitzkasten durch den Raum auf die Straße. Dabei brüllte er: »Der hat 'ne Knarre! Der hat 'ne Knarre!« Alle rannten hinterher.

Auf der Straße gab es dann eine Schlägerei, die sich gewaschen hatte. Heute kann ich das einfach so hinschreiben, damals war mir einfach nur schlecht. Sie schlugen sich mit blanken Fäusten immer und immer wieder ins Gesicht. Zwischendurch flog die Pistole durch die Gegend. Ich glaube, ich habe die ganze Zeit dagestanden und habe geschrien. Irgendwann, als der Mann nur noch winselte, bin ich dazwischen und habe versucht, A. zu beruhigen. Dabei habe ich einen Fehler gemacht, der mir heute nicht mehr passieren würde. Ich habe A. angeschrien. Das hat genau das Gegenteil bewirkt. Er drückte mir die Pistole in die Hand und wollte wieder auf den Mann losgehen. In diesem Moment ging aber ein Reene[1]-Mädchen dazwischen. Sie kannte A. von früher und redete beruhigend auf ihn ein.

Dann kam schon die Polizei und nahm uns alle mit. Ich hatte glücklicherweise meinen Presseausweis dabei und durfte deshalb gleich wieder gehen. Die anderen ließ man eine knappe Stunde später ebenfalls laufen. Die Polizei fuhr uns dann alle, ich weiß gar nicht, warum, zurück zu diesem Club. Ich wollte nur nach Hause und bestellte mir ein Taxi. Als ich gerade losfuhr, sah ich, wie A. und irgendein anderer Typ schon wieder auf einen Mann einschlugen. Ich weiß nur noch, daß er etwas älter war und einen Bart trug.

Der Film über A. hatte grünes Licht erhalten. Er sollte in der ARD gesendet werden. Was nun? Ich wollte diesen Film unbedingt machen. So sehr mich die Erlebnisse anwiderten, so sehr faszinierten sie mich. Ich weiß nicht, was von diesen Typen außer Gewalt ausging, aber nach wie vor interessierten sie mich. Aufhören wollte ich auf keinen Fall. Vielleicht war da der Gedanke, daß ich nun schon so weit gekommen war, und für irgend etwas mußte sich der Aufwand ja gelohnt haben. Oder wollte ich meinen Redaktionsleiter nicht enttäuschen? Er hatte mir die Chance gegeben, bei ihm zu arbeiten. Ich war jung genug, um überall auftauchen, eintauchen oder untertauchen zu können, das wußte er zu schätzen. Ich wäre auch nach Jugoslawien gegangen. Das war die eine Seite. Die andere Seite war, daß ich Extreme wirklich spannend fand und heute noch finde. Als »Privatmensch« kann man sie nur erleben, wenn man sich ganz in die Extreme begibt. Man ist dabei, man gehört dazu.

1 Anmerkungen am Schluß des Buches

Als Journalist hingegen kann ich mir alles ansehen, kann alles erleben und bleibe doch immer »draußen«. Ich kann mich daneben stellen, denn ich bin ja nur da, weil es mein Job ist. Ich glaube, dieses Kennenlernen von fremden Welten ist der größte Reiz am Journalistenberuf. Vor allem weiß man ja, daß man wieder gehen kann.

Jetzt hatte ich also Kontakt zu den Rechten, vor denen alle Angst hatten. Ich begann, für die Reportage über A. zu recherchieren und zu organisieren. Ich ging mit ihm zu seiner Anwältin, zu seiner Bewährungshelferin, zu seinen Eltern, Freunden, Freundinnen. Für das Kinderheim und die Jugendvollzugsanstalt mußten Drehgenehmigungen von den entsprechenden Ministerien eingeholt werden. Ich las seine Beurteilungen von Knast und Kinderheim. Heute kann ich schwer nachvollziehen, welche Überwindung es mich gekostet hat, mich mit diesem Menschen auseinanderzusetzen. Alles an ihm war mir fremd. Vieles empfand ich als abstoßend. Ich selbst kann keinen Menschen schlagen. Ich kann nicht so hassen, wie er es tat. In meinem Leben spielen ganz andere Werte eine Rolle als in seinem. Vor allem politisch vertraten wir völlig entgegengesetzte Positionen.

In dieser Zeit fiel mir auf, daß A. seine Tat mit ungeheurer Aggressivität verteidigte. Ich hatte immer das Gefühl, daß er das tat, um für sich selbst eine Rechtfertigung für die sinnlose Zeit im Knast zu finden. Es mußte sich gelohnt haben.

Endlich war alles für den Film organisiert. In wenigen Tagen sollten die Dreharbeiten beginnen. Da stand A. eines Abends vor meiner Wohnungstür. Er weinte und erzählte mir, daß er nicht wisse, wo er hinsolle. Er hatte zwar eine Wohnung in Berlin-Mitte, aber dort hielte er es nicht aus. Nicht zum erstenmal schüttete A. mir sein Herz aus. Offensichtlich war ich zu dieser Zeit der einzige Mensch, der ihm ruhig zuhörte und mit seinen »Katastrophen« einigermaßen ruhig umging. Dann tat ich allerdings etwas, dessen Tragweite ich zu diesem Zeitpunkt nicht überblickte. Ich bot ihm an, bei mir einzuziehen. Meine Wohnung war groß genug, so daß Platz kein Problem war. Als hätte er nur darauf gewartet, zog er am nächsten Tag bei mir ein.

Für viele Freunde war dies der Anlaß, sich von mir zu distanzieren. Durch ständige Diskussionen um mein Verhalten verhärtete sich meine Position, diesem Menschen helfen zu wollen. Ich erzählte etwas von »Chance geben« und Resozialisierung.

Damals habe ich daran geglaubt. Ich dachte wirklich, daß man diesen jungen Mann durch Vertrauen und Verständnis auf einen anderen Weg bringen oder ihm wenigstens dabei helfen könne, seinen eigenen Weg zu finden.

Das war aber überhaupt nicht mein Job! Wenn ich allen, über die ich in den letzten vier Jahren einen Beitrag oder eine Reportage gemacht habe, Asyl angeboten hätte, wo hätte das hingeführt? Im Winter 1990 hingegen habe ich das völlig anders gesehen. Ich wollte selbst helfen, ganz konkret, und wurde zum Sozialarbeiter, anstatt mich auf meine Arbeit als Journalistin zu konzentrieren. Die Konsequenz aus meinem Verhalten bekam ich prompt zu spüren.

Wir fuhren nach Wenigenlupnitz bei Eisenach ins ehemalige Kinderheim für Schwererziehbare, in dem A. drei Jahre seines Lebens verbracht hatte. Bei den Dreharbeiten hatte der sonst knallharte Skinhead zu kämpfen. Seine Erinnerungen und Erlebnisse holten ihn ein. Immer wieder sprach er von den Gittern an den Fenstern, die man inzwischen abmontiert hatte. Einige Erzieher, die noch dort arbeiteten, erkannte er wieder. Es fehlte nicht viel, und er wäre auf sie losgegangen. Genau erklärte er vor laufender Kamera, was er an welcher Stelle erlebt hatte. Dabei zitterte er am ganzen Körper. Bei den Interviews, die ich mit der Heimleitung führte, wollte er unbedingt dabeisein. Er hatte Angst, daß etwas Falsches über ihn erzählt würde. Sein Mißtrauen erschwerte unsere Arbeit. Ich hatte aber auch nicht den Mut, ihn zurückzuhalten. Irgendwie wollte ich seine Gefühle nicht verletzen, denn ich sah, wie sehr er sich quälte.

34

Wir blieben mehrere Tage in Thüringen. Eines Abends erzählte A. dem Team, daß er bei mir wohnen würde. Als wir nach Berlin zurückkamen, mußte ich sofort zum Redaktionsleiter, der mir in dieser Situation mangelnde Objektivität vorwarf. Er cancelte den Film. Das war's.

In den folgenden drei Monaten hatte ich mehr mit A. zu tun, als daß ich gearbeitet hätte. Irgendetwas war immer. Einmal klingelte er mich mitten in der Nacht aus dem Bett. Er hatte den Schlüssel vergessen. Als ich öffnete, stand er blutüberströmt da. Er konnte mir nicht erzählen, was passiert war, denn er war betrunken. Ich ahnte, daß er mit seinen Freunden wieder einmal willkürlich auf andere losgegangen war. Am nächsten Morgen entschuldigte er sich und beteuerte, man habe ihn (wie immer) angegriffen. Er verteidige sich ja nur! Ich glaubte es nicht. Einige Wochen zuvor hatte ich schon einmal eine Schlägerei zwischen Hooligans und Skinheads miterlebt. Immer wieder hatte ich die Bilder vor Augen, und ich konnte diese menschenverachtende Brutalität nicht vergessen. Sie hatten einfach nicht aufgehört, zuzuschlagen und zuzutreten. Überall war Blut. Der eine hatte sich bis auf den Slip ausgezogen, um zu zeigen, wie wenig Angst er vor dem anderen hatte. Der hatte wirklich keine Chance und flehte, er möge doch aufhören. Aber es ging immer weiter. Daran mußte ich denken, als ich A. vor mir sah. Wen hatte er erwischt? Was hatte er mit ihm gemacht?

Ich wußte zu dieser Zeit noch nicht, daß Glatzen, die ich inzwischen über A. kennengelernt hatte, nachts um die Häuser zogen, um willkürlich »Zecken« aufzuklatschen. Sie fuhren auch gezielt zu Wohnungen von Leuten, die sich durch Kritik bei ihnen unbeliebt gemacht hatten. Die Wohnungstüren zu beschmieren, das war noch das geringste, was sie taten. Die Betroffenen waren meistens derart eingeschüchtert, daß sie nicht einmal Anzeige erstatteten, obwohl sie ihre Peiniger erkannt hatten.

Ein anderesmal kam »Baseballkeule«, um A. zu besuchen. Ich öffnete die Tür und erkannte ihn kaum. Er hatte die Kapuze seines Pullovers fast über sein ganzes Gesicht gezogen. Er ging an mir vorbei in A.s Zimmer. Irgendwann wollte ich etwas von A.und öffnete die Tür, ohne vorher anzuklopfen. Die beiden waren damit beschäftigt, »Baseballkeules« blutverschmiertes Haar zu kämmen. Sie erzählten mir nicht, was passiert war.

Dieses Bild, wie die beiden, »Baseballkeule« sitzend und A. kämmend, völlig versunken und ganz zärtlich miteinander beschäftigt waren, werde ich nie vergessen. Sicher, da war Blut, aber ich hatte diese Friedlichkeit von den Jungs bisher noch nicht erlebt, schon gar nicht diese Intimität.

Ein um so schockierenderes Erlebnis folgte: Eines Tages fand ich zwischen meinen Pullovern im Schrank eine Pistole. Es war eine Gaspistole mit aufgebohrtem Lauf und somit als scharfe Waffe verwendbar. Ich hielt die Pistole in der Hand und war sprachlos. Ich nahm sie mit in die Redaktion und gab sie meinem Chef. Ich wußte nicht, was ich mit ihr anfangen sollte. Was ich denken sollte, wußte ich schon gar nicht. Erst Wochen später fragte mich A., ob ich »zufällig« eine Pistole ...? Ich konnte nichts dazu sagen. Eine Erklärung hätte ich von ihm sowieso nicht bekommen.

Noch etwas anderes im Umgang mit diesen Jungs erregte mein Interesse. Alle Hooligans aus Berlin-Mitte und auch A. fuhren nicht nach Westberlin. Sie trauten sich einfach nicht. Anfangs hatten sie immer Vorwände oder Ausreden, um so schnell wie möglich wieder nach Ostberlin zurückzukommen – oder erst gar nicht nach Westberlin zu gehen. Einmal erzählte mir A., daß er fürchterlich friere und sofort wieder zurück wolle. Das nächstemal war es etwas anderes. Alle Jungs fühlten sich in der für sie fremden Welt des anderen Teils von Berlin nicht wohl. Sie konnten sich teilweise nicht einmal richtig bewegen und huschten immer in irgendwelche Ecken, wo aus sie nicht zu sehen waren, selbst aber alles überblicken konnten. Westberlin war ihnen einfach unheimlich. Sie fühlten sich nur dort wohl und vor allem sicher, wo sie sich auskannten.

Inzwischen beanspruchte A. immer mehr von meiner

Zeit und forderte meine volle Aufmerksamkeit. Es wurde mir zuviel, da ich nicht mehr genug Kraft für mich und meine Arbeit übrig hatte. Ich bat A., auszuziehen. Eine Woche später hatte ich meine Wohnung wieder für mich allein, und ich arbeitete an einem neuen Film. Inzwischen war es März 1991.

Es gab noch einen anderen, ausschlaggebenderen Grund, warum ich mich von A. und seinem Freundeskreis distanzieren wollte. Kollegen, die ja wußten, daß ich einmal in einem besetzten Haus gewohnt hatte, und die auch erlebten, wie sehr ich diese Form des alternativen Zusammenlebens verteidigte, glaubten, daß ich von der extrem linken Seite zur extrem rechten Seite »übergelaufen« wäre. Sie konnten mein Verhalten nicht verstehen und hegten mir gegenüber Mißtrauen. Meine Glaubwürdigkeit schien dahin. Einige meinten auch, daß mich die Rechten aus- bzw. benutzen würden. Immer wieder wurden mir Blauäugigkeit und Naivität unterstellt. Ich hielt dem entgegen, daß ich ein Recht auf eigene Erfahrungen hätte, auch dann, wenn sie schlecht wären. Schlimm war, daß alle meine Freunde nach und nach den Kontakt zu mir abbrachen. Auch bei ihnen hieß es, ich wäre jetzt bei den Rechten. Ich wußte von dieser Meinung. Einige Zeit lang machte mir das scheinbar nichts aus. Vielleicht auch deshalb, weil ich wirklich ziemlich tief in diese so andere Welt eingedrungen war. Nicht, daß ich die politischen Ansichten in dieser Welt teilte, das war niemals der Fall. Aber ich kannte so viel Persönliches von diesen Jungs, ich verstand sie so gut, daß ich durch meine fehlende Distanz sicher mehr tolerierte, als es mir heute angebracht erscheint. Zu mir waren ja auch immer alle nett, und ich hatte kaum noch Angst vor ihnen. Es kam sogar so weit, daß sie mich bei Veranstaltungen gegen ihre eigenen Leute beschützten. Das hat mir geschmeichelt. Ich fiel zwischen ihnen auch nicht weiter auf. Manchmal, wenn mich etwas interessierte, dann gaben sie mir Tips, oder sie warnten mich ein anderesmal, ich solle vorsichtig sein oder ganz die Finger von etwas lassen.

Mir wurden durch meine Verbindungen immer mehr Türen zu Organisationen, Menschen und Informationen in der rechten Szene geöffnet. Davon profitierte ich nicht nur allein. Gerade in den Jahren 1991/92 ließ sich das Thema Rechtsradikalismus in den Medien gut verkaufen. Insiderinformationen und Interviews wollten alle Sendeanstalten haben.

Ich bekam aber auch Arbeitsangebote von Kollegen, die auf eine ganz andere Art sehr wichtig für mich waren. So spielte ich in einem Film über das Mädchenorchester von Auschwitz mit, einer szenischen Collage nach einem Buch von Fania Fenelon.

Sechs Frauen, Touristinnen, besuchen das Konzentrationslager Auschwitz. Allmählich verwandeln sie sich in jene Frauen des Mädchenorchesters, die beim Eintreffen der Gefangenentransporte klassische Musik spielen. Damit sollen die Gefangenen beruhigt werden. Eine Woche lang hielten wir uns ununterbrochen in Auschwitz-Birkenau auf. Es war kalt, nicht nur von den Temperaturen her. Diese Woche war sehr wichtig für mich. Einmal mehr hatte ich vor Augen, wohin am Ende die Bestrebungen von Alt- und Neonazis führen, wenn sie nicht gestoppt werden.

A. zog mit seiner damaligen Freundin zurück in seine Wohnung in Berlin-Mitte. Noch heute haben wir Kontakt miteinander. 1993 hat er seine Bewährungszeit überstanden. Er ist jetzt ruhiger geworden und hat jegliches politisches Interesse verloren. Erst vor kurzem erzählte er mir, daß er keine Lust mehr habe, sich von anderen für irgendeine Sache verheizen zu lassen. Sollen die doch machen, was sie wollen! Er möchte jetzt viel Geld verdienen und ein schönes Leben führen. Alles andere interessiere ihn nicht mehr. Außerdem erwarte seine Freundin ein Kind von ihm und das reiche ihm schon an Hektik und Streß.

Aber leider hat er nicht wirklich alles hinter sich gelassen, denn er ist immer noch in irgendwelche obskuren Geschäfte verwickelt. So bot mir A. vor ein paar Wochen eine Handgranate an. Ob ich sie nicht gebrauchen könne, fragte er mich.

Die nächsten Filme, an denen ich als redaktionelle Mitarbeiterin beteiligt war, hatten die Jugendorganisation der DDR, die FDJ, und ein Porträt des ehemaligen Pfarrers Joachim Gauck zum Thema. Noch heute bin ich froh, Gauck gerade zu jener Zeit kennengelernt zu haben.

Zum 20. April 1991 arbeitete ich wieder an einem Film über Rechtsextreme: »Führers Geburtstag«. Dafür übernahm ich den Abschnitt über ein FAP-Mitglied aus Berlin-Friedrichshain. Ich hatte Daniel über A. kennengelernt. Das war, als ich wieder einmal mit zur Disco im »Elpro« gegangen war. Dorthin ging nur rechtes Publikum. In diesem ehemaligen Betriebs-Kulturhaus in Berlin-Lichtenberg fanden jedes Wochenende Tanzveranstaltungen statt. Daniel hatte mir angeboten, ihn am 20. April zu begleiten. Wir drehten nach langen Diskussionen auch noch seine Lebensgeschichte und Interviews mit seinen Eltern. Andere Teile der 45minütigen Reportage spielten in Frankfurt an der Oder und in Guben.

Zu dieser Zeit, ich beschäftigte mich gerade ein halbes Jahr mit den Rechten, bemerkte ich das erstemal, daß ich in der Auseinandersetzung mit dieser deutschen Realität die Grenze des für mich Erträglichen erreicht hatte. Die Distanz schien nicht auszureichen. Vor allem, weil ich wegen des gut verkäuflichen Themas »Rechte« doch immer wieder die Nähe der Nazis suchte. Eigentlich wollte ich aber am liebsten nichts mehr davon wissen. In meinem Tagebuch steht unter dem 19. April 1991: »17 Uhr abends vor einem Tag, der also in Deutschland wieder eine Rolle spielt: Hitlers Geburtstag. Ich, heute nacht, mit einer Kamera auf der Jagd nach Blut, das so oder so, morgen oder an einem anderen Tag, fließen wird. Ich habe Angst davor, daß es stimmen könnte. Ich will das alles nicht mehr. Oft denke ich: Aufhören! Ruhe! Her mit der heilen Welt! Und dann auch wieder: Was weiß ich noch nicht? Ich möchte gar nichts mehr wissen! Zu viel, zu doll, zu schlimm.«

Trotzdem machte ich weiter. Um in meinem Beruf weiterzukommen, verdrängte ich meine Ängste. Und ich redete mir ein, daß es meine Pflicht gegenüber der Öffentlichkeit sei, sie über das zu informieren, was ich weiß, was ich erlebe.

Dann kam der Sommer 1991. A. besuchte mich nach wie vor und bot mir mehrmals an, zu Veranstaltungen oder Treffen mitzukommen. Ich hatte diese Angebote einige Male wahrgenommen. Manchmal erfuhr ich interessante Dinge über Strukturen, geplante Aktionen, oder ich erhielt einfach nur Zeitungen und Informationsmaterial von den Rechten. Ich kam schnell mit ihnen ins Gespräch. Dabei sagte ich immer seltener, daß ich Journalistin sei. So lernte ich Oliver Schweigert, den ehemaligen Vorsitzenden der Nationalen Alternative (NA)[2] kennen, ebenso Frank Hübner, den Vorsitzenden der inzwischen verbotenen Deutschen Alternative (DA)[3], und ich traf Ingo Hasselbach wieder. Das war im Juni 1991 bei dem Trauermarsch für Rainer Sonntag in Dresden im Juni 1991. So etwas hatte ich noch nicht erlebt: 2 000 Jung- und Altnazis marschierten durch Dresden. Besonders schockiert war ich von einer Umfrage unter Dresdner Bürgern, die sich das makabere Spektakel ansahen. Als ich einen Mann fragte, wie er das denn fände, antwortete er mir, es sei gut. Immerhin hätten es die Rechten erreicht, daß der Dresdner Hauptbahnhof endlich ausländerfrei sei. Die Polizei habe das nicht geschafft. Zuerst verstand ich überhaupt nicht, was mir dieser 50jährige Mann sagte. Ich konnte es einfach nicht glauben.

In Dresden war auch der Fotograf des Buches »Rechte Kerle« von Burkhard Schröder anwesend. Das Buch war bei den Rechten wegen seines Zynismus und seiner Kritik verhaßt. Als die Nazis den Fotografen erkannt hatten, hetzten sie ihn durch die Dresdner Innenstadt. Passiert ist ihm glücklicherweise nichts. Schröder selbst trägt seitdem eine Waffe.

Einige Wochen später war ich bei der Trauerfeier für Michael Kühnen in Kassel. Der ehemalige Bundeswehrleutnant, seit den 70er Jahren aktiver Neonazi, hatte schon mehrere Parteien gegründet, u.a. die Aktionsfront Nationaler Sozialisten-Nationaler Aktivisten (ANS-NA), die alle verboten worden waren. Schon als 13jähriger war er Mitglied der Nationaldemokratischen Partei Deutschlands (NPD)[4] geworden. Später trat Kühnen in die Freiheitliche Deutsche Arbeiterpartei (FAP)[5] ein, die sich spaltete, als seine Homosexualität in der Öffentlichkeit bekannt wurde. Daraufhin gründete Kühnen nach seiner Haftentlassung 1988 die Nationale Sammlung (NS)[6], die 1989 ebenfalls verboten wurde. Außerdem war Kühnen Mitinitiator der Gründung der rechtsextremen Parteien Nationale Alternative[2] (NA) und Deutsche Alternative[3] (DA). Sein Ziel war es, irgendwann möglichst viele rechte Parteien zu einer neuen NSDAP zusammenzuführen. Im Frühjahr 1991 ist Kühnen an Aids gestorben.

Bis zu dieser Trauerfeier hatte ich nicht einmal geahnt, wie viele aktive Altnazis es in Deutschland noch gibt.

Während der Trauerfeier begegnete ich zum erstenmal Lisa W., der angeblichen Kühnen-Verlobten. Ich mußte lachen, als ich das hörte. Nicht einmal Kühnen selbst hatte ein Hehl aus seiner Homosexualität gemacht, auch wenn er öffentlich kaum darüber gesprochen hatte. Lisa W. war eine sehr junge Frau mit angenehmem, aber unauffälligem Äußeren. In Kassel waren auch mit dabei: Christian Worch, Graue Eminenz der Hamburger Nationalen Liste (NL)[7], Steiner, Vorsitzender der NL, und Gottfried Küssel, Chef der Volkstreuen Außerparlamentarischen Opposition (VAPO)[8] aus Österreich. Küssel wurde im August 1993 zu zehn Jahren Haft wegen Wiederbetätigung im Sinne des Nationalsozialismus verurteilt.

Im November 1991 fragte mich A., ob ich nicht Lust hätte, am Volkstrauertag mit nach Halbe zu kommen. Dort wollten die Rechten eine Veranstaltung zu Ehren der Gefallenen der letzten großen Kesselschlacht um Berlin veranstalten. Bei dieser sinnlosen Schlacht waren im April 1945 u.a. über 20 000 Angehörige der Waffen-SS und Zivilisten ums Leben gekommen. Die Nazis wollten der Gefallenen auf ihre Weise gedenken.

Als ich meinem Redaktionsleiter von der geplanten Veranstaltung berichtete, war er sofort dafür, daß ich mit einem Team hinfahren sollte. Eigentlich hatte ich nicht viel erwartet, als wir an diesem verregneten Tag nach Halbe aufbrachen.

Als wir ankamen, war die Bundeswehr gerade dabei, ihre Feierstunde abzuhalten. Sonst war weit und breit nichts von Neonazis zu sehen. Nur ein paar alte Leutchen waren noch auf dem Friedhof. Gegen Mittag wurde die Szenerie plötzlich gespenstisch. Auto für Auto traf am Friedhof in Halbe ein. Von Polizei keine Spur. Noch ein anderes Kamerateam war anwesend. Wir fühlten uns ziemlich verloren zwischen den fast anderthalbtausend Nazis aus ganz Europa. Das schlimmste aber war für mich, daß wir Journalisten von den Nazis fotografiert und gefilmt wurden. Das geschah nicht heimlich, sondern ganz offen. Es schien, als wollten sie ihre Macht und ihre Selbstsicherheit demonstrieren. Das Foto- und Videomaterial war sicher für eines ihrer Archive bestimmt.

An diesem Novembertag 1991 in Halbe begegnete ich das erstemal Frau Dr. Ursula Schaffer.

Sie hatte diese Veranstaltung organisiert und bei dem zuständigen Ordnungsamt angemeldet. Das Anliegen der Vorsitzenden der Berliner Kulturgemeinschaft Preußen e.V. klang für die Behörden sicher unverfänglich, und so wurde die Veranstaltung genehmigt, ohne Kenntnis dessen, was sich dahinter verbarg. Warum prüfen Behörden die Anträge nicht gründlich? Verließ man sich wieder einmal auf die Journalisten? Auch unser dort gedrehtes Material wurde vom Verfassungsschutz angefordert, diesmal vom brandenburgischen.

Der Aufmarsch der Nazis war exakt durchorganisiert. Die Wiking-Jugend führte den Zug der größtenteils Uniformierten an. Sie trugen ihre grauen Uniformen mit dem jeweiligen Gauzeichen am Ärmel. Ihr Stechschritt ließ eindeutig eine militärische Ausbildung erkennen.

Auch die FAP, die NA, die DA waren vertreten. Selbst Arnulf Winfried Priem marschierte mit ernster Miene und einer Fahne im Zug. Zur eigentlichen Feier gruppierten sich die Nazis um den Gedenkstein auf dem Friedhof von Halbe. Ironischerweise standen neben dem Gedenkstein noch zwei Bundeswehrsoldaten, die nach der offiziellen Gedenkfeier vom Vormittag immer noch Ehrenwache hielten. Ein makabrer Anblick: Bundeswehr und Nazis vereint auf einem Friedhof für Gefallene des zweiten Weltkrieges. Während der Feierstunde der Nazis wurden wir Journalisten brutal abgedrängt, private Besucher angepöbelt. Die Atmosphäre war gespannt. Von der Polizei war noch immer nichts zu sehen. Es schien, als hätte man dieser schwarzen Masse freiwillig das Feld bzw. den Friedhof überlassen.

Mit stolzgeschwellter Brust nahm Frau Schaffer, eine alte, weißhaarige Frau und Ehrenmitglied der Wiking-Jugend, die »Parade« ab. Gesprochen hat sie nur kurz.

Im folgenden Jahr wurde der Aufmarsch in Halbe verboten. Angemeldet hatte ihn wieder Frau Dr. Ursula Schaffer. Brandenburgs Regierung sah sich, wegen der großen öffentlichen Empörung im Vorjahr, zu diesem Schritt gezwungen. Aus Sicherheitsgründen wurde der Friedhof in Halbe im November 1992 trotzdem von einem riesigen Polizeiaufgebot abgeriegelt, denn es wurde mit Störungen seitens der Neonazis gerechnet. Aus diesem Anlaß wurde ein Beitrag für den Ostdeutschen Rundfunk Brandenburg vorbereitet. Ich sollte mit Frau Schaffer die Vorgespräche führen.

Zweimal war ich deshalb in ihrer Wohnung in Berlin-Wilmersdorf gewesen. Für diese Treffen mit ihr hatte ich mich wie ein nettes deutsches Mädel gekleidet, denn ich wußte inzwischen, daß Frau Schaffer auf ihren Veranstaltungen keine Jeanskleidung zuläßt. Die ist für sie ein Zeichen der zunehmenden Amerikanisierung auf deutschem Boden.

Es kostete einige Überredungskunst, um sie zu einem Interview zu bewegen. Mit den Medien hatte sie keine guten Erfahrungen gemacht, was für mich verständlich war. Frau Schaffer war sehr wütend wegen des Verbots. Sie fühlte sich ungerecht behandelt. Ihre Verachtung für die Demokratie und die bestehende Regierung waren lange Zeit Gesprächsthema.

Schließlich sagte sie unter der Bedingung zu, daß sie die verwendeten Passagen vorher autorisieren könne. Als ich ihr einige Tage nach dem Interview die Auszüge vorlegte, war sie verstimmt. Sie unterschrieb die Autorisierung nach dem Motto: Was bleibt mir anderes übrig?, da ich ihr gesagt hatte, daß der Beitrag sowieso schon im Sender sei. Nach der Sendung rief ich sie noch einmal an, weil ich versuchen wollte, den Kontakt mit ihr zu halten. Ich hoffte, daß ihre Verärgerung nicht allzu stark sei. Als sie hörte, wer am Telefon war, legte sie sofort auf. Seitdem hat sie keine Interviews mehr gegeben.

Bei allen Gesprächen, die ich für dieses Buch führte, war für mich das Interessanteste, wie stark sich die Frauen vom Nationalsozialismus fasziniert zeigten. Dabei konnte ich keinen Unterschied zwischen »Ost- und Westfrauen« feststellen.

Gemeinsam ist allen Frauen, mit denen ich sprach, das Streben nach sozialer Sicherheit, die Suche nach einer eindeutigen, autoritären politischen Führung und die Mystifizierung des Dritten Reiches. Dabei leugnen sie die Schuld an der Entfesselung des zweiten Weltkrieges ebenso wie die systematische Vernichtung von Menschen. In diesem Zusammenhang war die übereinstimmende Meinung der Frauen erschreckend: wer an den Massenmord an jüdischen Menschen glaube, sei gegen die Deutschen. Berichte darüber, so die Frauen, werden allein dazu erfunden, um die Deutschen zu erniedrigen und um ihre »genetisch bedingte Stärke« zu beeinträchtigen.

Für die Nazifrauen ist Glaube sehr wichtig. Glauben ist für sie notwendiger Gegenpart zu Wissen. Sie sind sich ihres Halbwissens durchaus bewußt und kaschieren es mit dem Glauben an ihre Idee. Der Glaube soll Wissenslücken und bewußte Lügen verdecken. Er muß herhalten für alles, was sie nicht erklären, nicht definieren, nicht benennen wollen oder können. Diese Art der Meinungsbildung auf der Grundlage eines aus Größenwahn und Mythologie zusammengeflickten Glaubens hat in der deutschen Geschichte schon einmal einwandfrei funktioniert. Damals hieß der Gott Hitler. Seine Botschaft gipfelte im totalen Krieg. Millionen Menschen haben dafür mit ihrem Leben bezahlt.

Noch eine Gemeinsamkeit haben alle Frauen, mit denen ich für dieses Buch sprach. Sie sehen sich als Opfer dieser Gesellschaft. Sie sind der Meinung, daß die Demokratie keine wirkliche ist, weil ihnen ihre freie Meinungsäußerung bisher versagt blieb. Sie betrachten das als Ungerechtigkeit und stilisieren sich zu Kämpferinnen gegen die sogenannte Scheindemokratie. Ihre selbstgewählte Opferrolle schweißt sie und ihre Kameraden zusammen. Immer wenn sich Gruppen, gleich aus welchem Grund, in eine Ecke oder an den Rand der Gesellschaft gedrängt fühlen, wachsen ihr Zusammengehörigkeitsgefühl und die Abhängigkeit des einzelnen von der Gruppe. Beobachtet man rechte oder auch linke Gruppen bei der Vorbereitung und Organisation von Veranstaltungen oder Demonstrationen, dann bemerkt man, daß die Bedrohung von außen, ob nun von staatlicher Seite oder durch andersartige Gruppen, bei all ihrem Tun eine zentrale Rolle spielt. Dieses Bedrohungsgefühl, scheinbar oder real, ist eine wichtige psychologische Handhabe, um den Zusammenhalt einer Gruppe künstlich zu verstärken. Mitunter entsteht sogar der Eindruck, daß ohne den (angeblichen) Druck von außen gar nichts mehr funktionieren würde und das eigentliche Anliegen nebensächlich ist.

Bei vielen Kameradschaftsabenden der DA, an denen ich teilnahm, wurde ich gefragt, ob ich auf dem Wege Antifa-Leute gesehen hätte. Irgendwer hatte sich angeblich immer angesagt, und sie hatten gehört, daß ... – Passiert ist nie etwas. Oft wurden »Kameraden« losgeschickt, die die Umgebung kontrollieren sollten, damit sich alle sicher fühlten. Ich fragte mich, warum sie ihren Veranstaltungsort nicht hin und wieder verlegten, wenn ihnen immer Gefahr droht. Nein, die Kameradschaftsabende der Deutschen Alternative zum Beispiel wurden, bis zum Verbot der Partei im Dezember 1992, jeden Mittwoch im »Wassermann« in Groß Gaglow abgehalten. Das ist auch heute noch der Fall. Jetzt trifft man sich zum angeblich unpolitischen Umtrunk. Frank Hübner hält, unbelästigt von Polizei und Verfassungsschutz, an seinen Bestrebungen fest. Übrigens steht der Mittwoch als Tag für Kameradschaftsabende in alter SA-Tradition.

In den Gesprächen für dieses Buch erlebte ich bei allen Frauen den Hang zur Selbstdarstellung bis hin zur Mystifizierung und Verharmlosung ihrer politischen Einstellung. Was ich zu hören bekam, übertraf meine Vorstellungen. Alle Frauen waren auf eine erschreckende und ernüchternde Art und Weise ehrlich.

Die jüngeren Frauen in der Nazi-Szene sind längst nicht mehr daran interessiert, sich wieder an Heim und Herd verbannen zu lassen. Charakteristisch für diese Einstellung ist die Haltung von Lisa W., der ehemaligen Kühnen-Verlobten. Sie ist durchaus emanzipiert und fordert ein aktives Mitspracherecht. Daraus resultiert für sie eine größere Verantwortung innerhalb der Szene. Auch Monika Baginski steht ihren Kameraden in keiner Weise nach, wenn sie mit ihren Freundinnen versucht, ein Asylbewerberheim anzustecken. Und sie schlägt bei Zusammentreffen mit ihren sogenannten Feinden genauso zu wie ihre männlichen Kampfgefährten. Auch Lisa W. kann, neben ihren Emanzipationsbestrebungen, auf einige Kampferfahrungen zurückblicken. Allerdings waren die mitunter auch schmerzhaft: Bei einer Schlacht zwischen der Polizei und Neonazis anläßlich einer Demonstration in Hamburg hatte sie sich, als sie mit Pflastersteinen warf, einen Fußknöchel verstaucht.

Um die einzelnen Schicksale der Frauen und ihre heutigen Befindlichkeiten und Standpunkte individuell darzustellen, habe ich mich für die Form von Monologen entschieden. Ich ordnete die Interviews so, daß die Frauen eine »Rede« an den Leser halten. Dabei habe ich mich bemüht, Beweggründe und daraus resultierende Entwicklungen logisch zusammenzustellen. Nicht immer werden alle Äußerungen schlüssig, bleiben Irrationalitäten offen und ungeklärt.

Den authentischen Monologen der Frauen in diesem Buch stelle ich eine dokumentarische Ebene gegenüber. Sie besteht aus betreffenden Passagen des Verfassungsschutzberichtes 1993. Es ist interessant zu sehen, wie Frau Dr. Ursula Schaffer die Wiking-Jugend darstellt und wie im Gegensatz dazu der Verfassungsschutz diese Organisation beurteilt. Die zweite Ebene ermöglicht es, die Selbstdarstellungen der Frauen zu relativieren bzw. sie ihrer Lügen zu überführen. Ergänzt werden die Auszüge durch aktuelle Meldungen aus der Tagespresse, die die angesprochenen Organisationen, Parteien, Vorfälle und Veranstaltungen betreffen, durch Verbotsverfügungen von Parteien und deren Begründung.

Aus meinen Erfahrungen mit Frau Schaffer resultieren meine etwas übertrieben anmutenden Vorbereitungen für das Interview mit ihr zu diesem Buch. Manchmal wußte ich selbst nicht, ob ich mich in einem schlechten Film befinde oder ob es Realität ist, was ich tue und erlebe.

Um mit Frau Schaffer für dieses Buch ins Gespräch zu kommen, gab ich mich als Studentin der Psychologie aus. Ich wußte ja, daß sie Journalisten keine Interviews mehr gibt. Als ich sie das erstemal anrief, war sie sehr zurückhaltend und skeptisch. »Psychologie studieren Sie?« Ich mußte ihr genau erklären, wo und bei wem ich studiere. Ich gab vor, eine Diplomarbeit zum Thema »Frauen im rechten Spektrum der Gesellschaft« zu schreiben. Dafür sollte sie mir ein Interview geben. Die 82jährige Nazifrau interessierte mich von allen Frauen am meisten. Sie gehört zu den

Unbelehrbaren, die heute noch Jugendliche für die Sache des Nationalsozialismus zu rekrutieren versuchen – nicht ohne Erfolg. Besonders aktiv ist sie für die Wiking-Jugend und bei der ehemaligen NF, der Nationalistischen Front, die inzwischen verboten worden ist.

Sie erbat sich Bedenkzeit. In einer Woche könne ich sie wieder anrufen, dann hätte sie sich entschieden. Beim zweiten Telefonat sagte sie zu. »Wenn ich Sie bei Ihrer Arbeit unterstützen kann, gebe ich Ihnen ein Interview.« Ich war erleichtert. Nun begann der wichtigste Teil der Vorbereitungen. Mit einem Maskenbildner erarbeitete ich mir ein völlig anderes Äußeres. Da ich 1992 die Gespräche mit Frau Dr. Schaffer geführt hatte, befürchtete ich, sie könnte mich wiedererkennen. Ich hütete mich davor, diese alte Frau zu unterschätzen.

Als erstes färbten wir meine Haare rot. Dann wurden meine Augenbrauen verändert, die Lippen vergrößert, der Teint etwas gebleicht. Auch meine Figur sollte anders wirken. Ich staffierte meine Schultern mit Schulterpolstern aus. Außerdem bekam ich einen riesigen BH umgeschnallt, der mit Unmengen von Watte vollgestopft wurde. Selbst meine Kleidung wählten wir gezielt aus. Zum Abschluß setzte ich noch eine geborgte Brille auf. Die hatte auf dem rechten Auge 1,5 Dioptrien. Alles, was ich sah, rutschte nach rechts weg: Tische und Treppen waren schief, selbst ein Treppengeländer schien für mich nicht greifbar. Zum Glück mußte ich die Brille erst vor der Haustür aufsetzen. Mir eine andere Brille zu besorgen, fehlte mir die Zeit. Und verschieben wollte ich den vorgegebenen Termin auf keinen Fall.

Bei Frau Schaffer angekommen, hangelte ich mich, mit der Brille auf der Nase, irgendwie am Treppengeländer hoch. Sie erwartete mich schon. Sie hatte sich kaum verändert. Mir schien, als würde sie die gleichen Sachen wie vor zwei Jahren tragen: ein helles Polo-Hemd und einen dunklen Faltenrock, der, wie damals auch, fürchterlich bekleckert war. Sie bewegte sich etwas mühselig, das kam sicher von ihrer Gichtkrankheit. Ihre schlohweißen Haare waren wie damals sorgfältig frisiert.

Zum Glück war sie allein in der Wohnung. Damals hatte ich erlebt, daß sie sich zur eigenen Sicherheit ein paar ihrer Nazi-Jünger bestellte, die sich die ganze Zeit während des Interviews im Nebenzimmer aufhielten. Wirklich gefährlich hätte es für mich werden können, wenn auf einmal Oliver Schweigert oder Arnulf Winfried Priem aufgetaucht wären. Wenn die mich erkannt hätten, weiß ich nicht, was passiert wäre. Ich hatte sicherheitshalber wiederum Freunden gesagt, sie sollten, falls ich mich bis zu einer bestimmten Zeit nicht melde, die Polizei informieren. Aber ehe das geschehen wäre, hätte ich eine Menge Zeit mit den Herren verbringen müssen.

Frau Schaffer empfing mich sehr freundlich. Eine Weile lang erklärte sie mir ihre Haltung zur neuen Hochschulordnung, die sie sehr begrüßte. Studenten sollten gefälligst zügig studieren und nicht ewig vor sich hingammeln. Ich nickte zustimmend. Diskutieren wollte ich nicht mit ihr, weder über die Hochschulreform noch über ihre politische Einstellung. Ich wollte einzig und allein, daß sie redet.

Dann begannen wir mit dem Interview. Ich durfte das Diktiergerät mitlaufen lassen. Mit der Brille hätte ich beim Schreiben nicht einmal die Zeilen getroffen.

Sie beantwortete alle meine Fragen. Einige Male wies sie darauf hin, daß ihre Aussagen nicht für die Öffentlichkeit bestimmt seien. Das konnte ich mir gut vorstellen. Für Menschen wie Herrn Lummer zum Beispiel sind einige Passagen aus dem Interview sicher ziemlich unangenehm.

Nach zwei Stunden beendete sie das Gespräch. Ihre Konzentrationsfähigkeit ließ nach. Darauf hatte sie mich schon am Telefon hingewiesen: »Ich bin nicht mehr die Jüngste!« Dennoch reichte ihre Konzentrationsfähigkeit noch aus, mich für ihre Sache begeistern zu wollen. Sie machte mir das Angebot, an einer ihrer nächsten Veranstaltungen teilzunehmen. Außerdem könne ich doch einiges Schriftmaterial mitnehmen, um es anzuschauen. Vielleicht würde ich erkennen, wie recht sie habe und welches Ausmaß die Geschichtsfälschungen heutzutage schon angenommen hätten. Sie könne gerade junge, studierte Menschen in ihren Reihen gebrauchen.

Ich bedankte mich freundlich, erbat mir Bedenkzeit und verabschiedete mich schnell.

Das vorliegende authentische, mittels Tonband belegbare Interview, umgearbeitet zu einem Monolog, ist das Ergebnis dieses Gesprächs. Vielleicht erschreckt es die Leser so, wie es mich erschreckte.

Dr. Ursula Schaffer
Früher oder später kommt der Nationalismus

geboren im Februar 1912 in Berlin, Rentnerin, besondere
Kennzeichen: Nationalsozialistin

*Ich bin die ersten Jahre in Berlin-Charlottenburg aufgewach-
sen, nachher dann in Zehlendorf.*

*Meine Eltern kauften hier ein Grundstück in der Onkel-
Tom-Siedlung. Hier bin ich auch geblieben, bis ich dann in
den Osten ging. Mein Vater war Kirchenbauarchitekt, aber die
Kirche war nur sein Brötchengeber gewesen. Er machte sich
das Christentum auf seine eigene Art und Weise zurecht.
Meine Mutter ist gestorben, als ich drei Jahre alt war. Ich kam
dann vorübergehend nach Hamburg, zu meinen Großeltern,
bis mein Vater 1917 wieder heiratete. Meine zweite Mutter
war Fotografin. Ich habe noch eine Schwester. Wir hatten ein
sehr gutes Familienleben, und wir hatten sehr viel Freizeit
und Freiheit. Wie früher allgemein waren wir evangelisch, bis
ich dann 1937 aus der Kirche ausgetreten bin, aber ich war
schon vorher kein Freund der Kirche.*

*Anfangs bin ich in die sogenannte Gemeindeschule gekom-
men und dann in das Königin-Luise-Lyzeum in Berlin-
Charlottenburg. Dort habe ich 1932 das Abitur gemacht.*

*Ich bin dann an die Hum …, an die Friedrich-Wilhelm-
Universität in Berlin. Meine Eltern wohnten ja hier, und dadurch verbilligte sich das Ganze. Anfangs wollte ich mich vorwiegend auf die Naturwissenschaften werfen: Mathematik,
Physik, Chemie. Dann habe ich aber, durch meine ganze politische Einstellung, Geschichte als erstes Hauptfach, Geogaphie
als zweites und Physik als Nebenfach genommen. Ich hatte
gute Professoren, die mich sehr ansprachen und forderten. Da
war ein Herr Oberleutnant Ritter von Niedermeyer. Der war
Geograph, vor allem in der Strategie- und Haushoferschen
Richtung. Das war Geopolitik. In Geschichte haben mich Herr*

Aufmarsch von Mitgliedern der Wiking-Jugend auf dem Soldatenfriedhof Halbe bei Teupitz (Brandenburg) am 17. November 1991

»Heldengedenktag« in Halbe (17. November 1991). Frau Dr. Schaffer, rechts im Bild, hat die Demonstration angemeldet.

Fotos: Gust/ZENIT

Professor Schüssler, Professor Pleyer und Professor Hartung sehr weit geformt. Sie lagen irgendwie alle auf der rechten Linie.

Meine erste Berührung mit der Politik kam schon in der Jugendbewegung. Ich war im Bund Deutscher Pfadfinderinnen. Die ganze Jugendbewegung, die bündische Jugend[9], war national eingestellt. Auch meine Eltern waren durchaus national eingestellt, wenn auch nicht national-sozialistisch, aber national. Da möchte ich noch etwas erwähnen, was die Stellung meiner Eltern kennzeichnet. Ich bekam als Jugendliche Drohbriefe. Wenn ich mich noch einmal mit einem Abzeichen sehen ließe, würden sie mich kurz und klein schlagen. Es war das Zivilabzeichen, die Wolfsangel[10], welche man trug, wenn man nicht Mitglied war, sich aber zu der Idee als solcher bekannte. Den Brief zeigte ich meinem Vater, und der sagte: »Du machst das Abzeichen nicht ab! Ich hole dich jeden Abend von der U-Bahn ab.« Die Haltung meiner Eltern, besonders meines Vaters, hat mich sehr stark geprägt, aber auch sehr kritisch werden lassen gegenüber manchen Dingen, die der Nationalsozialismus dann praktizierte, obgleich ich die Idee für rechtens hielt und auch heute noch halte.

Ich bin nicht in die Partei gegangen, anfänglich auch nicht in den BDM, weil ich die politische Arbeit hinter die Jugendarbeit stellte. Wir Bündischen waren etwas anders eingestellt. Die Hitlerjugend und auch der BDM waren uns zu ausschließlich parteipolitisch, das haben wir immer abgelehnt. Ich habe Jugendarbeit gemacht, also Volkstumsarbeit: singen, viel wandern, Grenzlandarbeit, eben diesen Landdienst, den wir schon in der Pfadfinderei anfingen, auch Volkstanz und Laienspiele. Ich habe dann Gruppen geführt und bin vor allem viel gewandert.

Unsere politische Ausrichtung konnten wir durch Heimabende vermitteln. Aber wir waren nie, das kann ich von der gesamten Jugendbwegung sagen, parteipolitisch gebunden. Wir nahmen regelmäßig an der Kundgebung auf dem Eichberg in der Nähe von Saarmund-Rehbrücke teil. Hier traf sich die gesamte Jugendbewegung Berlins, um gegen Versailles, gegen den Young-Plan[11] Stellung zu beziehen. Wir waren eigentlich alle national eingestellt. Aus dieser nationalen Einstellung resultierte dann auch meine Ablehnung der Kirche gegenüber.

1932 sollte dann die Überführung von der Bündischen Jugend zur Wiking ..., zur Hitlerjugend kommen. Da habe ich die Vermittlung übernommen, zusammengearbeitet habe ich mit Frau Magda Goebbels. Ich hatte gesagt, daß die Jugendbewegung nur unter der Bedingung überführt wird, wenn unser Führernachwuchs auch hier als Führer eingesetzt wird, damit der Geist gewährleistet bleibt. Das ist bei den Jungmädeln und dem Jungvolk vollkommen gelungen. Sie waren dann auch mehr bündisch als politisch ausgerichtet. Ich meine, es ließ sich beides vereinbaren. Das war 1932 und 1933. Danach ging ich in den Studentischen Landdienst. Da war ich vier Jahre dabei und bin auch nach Polen abgeordnet worden, damals wirklich Polen, um den Landdienst unter den deutschen Studenten in Oberschlesien, Galizien und Kongreßpolen, Posen und Westpreußen aufzubauen. Also ich bin dort ein Vierteljahr rumgefahren und habe das vorbereitet. Ich habe auch im Posenschen bei deutschen Bauern gearbeitet. Das war alles während der Studentenzeit in den Ferien. Sicher, man hat auch einmal eine Privatreise gemacht, aber im großen und ganzen haben wir vor allem diese politische Arbeit geleistet.

Am 23. März 1933[12] haben dann die Juden dem deutschen Volk den Krieg erklärt. Die Juden haben doch alle ihre Verbindungen untereinander, vor allem durch die Freimaurerorganisationen. B'nai B'rith[13], die Hauptorganisation, hat diesen Krieg erklärt, und daraufhin hat der Nationalsozialismus einen Tag Judenboykott angeordnet, aber jegliche Plünderung, jegliche Verunsicherung und jeglichen Raub oder Diebstahl verboten.

Die ganze jüdische Kulturbeeinflussung, also Schriftsteller wie Stefan Zweig z.B., um nur einen zu nennen, die hat uns natürlich nicht zugesagt. Wir haben es als eine bewußte Zer-

54

setzung empfunden, ebenso im Theaterwesen, in der gesamten Presse.

Ich habe sehr viel unsere deutschen Klassiker gelesen, dann die deutschen Romanschriftsteller. Ich persönlich vor allem das, was aus dem Ostraum kam und sich damit beschäftigte: Zillich, Hohlbaum und Hans Grimms: »Volk ohne Raum«. Wer war denn da noch? Unsere ganzen deutschen Schriftsteller, bis auf – diese typisch jüdischen. Der Psychologe Freud z.B. wurde von uns abgelehnt, weil wir es als ungesund empfanden, alles auf Sexualbasis erklären und die ganze Geschichte auf die Sexualität zurückführen zu wollen. Die ganze Entwicklung, auch in der Kunst, wenn ich an die damalige Kunst denke, die ist ja durchaus mit der heutigen vergleichbar, das geht mir gegen den Strich, die lehnten wir ab. Auch den Expressionismus haben wir abgelehnt. Geliebt habe ich Caspar David Friedrich, dann Menzel, Leistikow, eigentlich die ganz großen Maler. Bis eben diese moderne Richtung kam, die ich ablehnte. Das ist auch heute noch meine Einstellung. Wenn ich an die heutigen Kunstwerke denke, besonders an das, was da jetzt wieder am Innsbrucker Platz[14] aufgebaut wurde, dann frage ich mich wirklich, – was das soll. Das sind diejenigen, die daran interessiert sind, das deutsche Volk und die nordische Rasse ganz bewußt zu zerstören. Daß das Absicht ist, davon bin ich heute noch überzeugt.

Es paßt den Leuten nicht, daß Deutschland wieder eine der größten, führenden Nationen ist.

Deshalb haben ja auch die Engländer damals den Krieg erklärt. Schon 1937 haben sie Ribbentrop[15] gegenüber erklärt: »Wenn Deutschland zu stark wird, dann müssen wir es wieder zerstören«. Wenn man die neuere Anti-Kriegs-Literatur durchliest – ich habe gerade die »Historischen Tatsachen«[16] vor mir –, dann hat man alle Zitate, wie tatsächlich gearbeitet wurde, um Deutschland zu zerstören, meiner Meinung nach auch durch sittliche und kulturelle Zersetzung. Genau wie heute: Abtreibung, freies Sexualleben, das führt letzten Endes alles zur Vernichtung, während ein gesundes Familienleben zur Erhaltung des Volkes beiträgt.

Ich selbst gab damals den Jüdinnen in meiner Schule Nach-hilfeunterricht in Mathematik. Die kamen und sagten: »Er-kläre uns das mal!« Und ich sagte: »Ja, aber das hat nichts mit meiner politischen Einstellung euch gegenüber zu tun. Ihr seid jetzt, in diesem Augenblick, einfach nur Schulkamerad-innen.« Ich habe schon versucht, das zu trennen. Das ist et-was, was der Nationalsozialismus nicht getan hat. Die jüdi-schen Organisationen als solche sollte man ruhig bekämpfen, aber den einzelnen Juden vielleicht nicht. Man sollte ihn, was durchaus richtig ist, ausschalten aus der Einflußnahme auf Deutschland, das hat schon Goethe gefordert, indem er Juden unter Fremdenrecht stellen wollte. Das hätte man auch tun sollen, aber man hätte sie nicht, wie es nachher kam, verhaf-ten und alle in ein Lager pressen sollen.

Wenn auch das, was über die Lager erzählt wird, Märchen sind, aber das darf ich ja nicht laut sagen.

Dann habe ich 1938 mein Examen gemacht, meinen Doktor zuerst. Das wurde finanziert und eingeleitet vom Ministerium für Raumplanung[17]. Dieses Ministerium war, wie der Name schon sagt, ein Ministerium zur Planung von wirtschaftlichen Räumen, insbesondere die ganze Ostgrenze. Da wollte man feststellen, ob die Provinz Grenzmark Posen-Westpreußen er-halten werden soll oder ob es sich wirtschaftlich besser aus-zahlt, wenn sie auf verschiedene Kreise, z.B. Schlesiens, auf-geteilt wird, was ja nachher auch erfolgte.

Ich bin dann erst einmal nach Schneidemühl gekommen. Man fragte mich, ob ich rüber wollte in die eroberten Gebiete. Ich habe nichts dagegen gehabt und bin dahin gegangen. Ich habe mich immer für die Ostgebiete interessiert und wählte deshalb ganz bewußt für meine Berufsarbeit Schneidemühl als erste Station. Ich hielt es für notwendig, das Deutschtum dort zu stärken, weil die polnische, die katholische Kirche sehr stark für das Polentum arbeitete.

Dem mußte etwas entgegengesetzt werden. Das war eine As-sistentenstelle von der Uni im Deutschen Institut für Heimat-kunde in Schneidemühl. Von dort aus bin ich dann als Leh-

56

rerin in Schneidemühl gewesen. Mit der Eroberung Polens wurde ich nach Thorn in Westpreußen versetzt. Thorn ist der Geburtsort von Nicolaus Kopernikus, und an der Nicolaus-Kopernikus-Oberschule bin ich dann auch als Lehrerin tätig gewesen.

1940 habe ich geheiratet. Mein Mann war abgeordnet aus dem Sudetenland nach Thorn als Arbeitskraft. Früher war er Industriekaufmann, ist dorthin aber als Beamter gekommen. Im Laufe der Jahre habe ich zwei Kinder bekommen. Eine Tochter 1942 und die zweite 1943.

Mein Mann war Witwer und brachte auch zwei Kinder mit, so daß ich dann insgesamt vier Kinder hatte. Ich habe da nicht politisch gearbeitet und dann auch aufgehört, als Lehrerin zu arbeiten. Das war einfach zu viel. Vier Kinder und voll im Dienst stehen, das war nichts.

Mein Mann war schon in den 20er Jahren, das hieß damals auch schon so, in die NSDAP gegangen. Die wurden dann übernommen von der Henleinbewegung[18]. Er war dann bei Henlein in der »Sudetendeutschen Heimatfront«. Er wurde auch eingesperrt von den Tschechen, 1938, als die Tschechen alle Deutschen einsperrten, weil sie mobilisierten. Dann ist er nach Thorn versetzt worden. In der Armee war er gewöhnlicher Gefreiter, und in der Partei war er Ortsgruppenführer.

Thorn ist noch Westpreußen, das ist das Korridorgebiet an der Weichsel. Es waren noch sehr viele Deutsche dort, vor allem auf den Dörfern. Man erkannte auf den ersten Blick, das war mir bei meiner Studienreise durch Polen schon aufgefallen, was sind polnische und was sind deutsche Höfe. Ich erkannte es an der Sauberkeit, an der ganzen Art der Pflege. Die Deutschen hatten alle Gartenanlagen vor dem Häuschen und gepflegte Misthaufen. Auf den polnischen Höfen war auch polnische Wirtschaft, ganz objektiv. Die deutschen Dörfer waren auch die, die an der Weichsel lagen. Schon rein äußerlich waren es die Deichhufen- und Straßendörfer. Die polnischen Dörfer waren Haufendörfer. Im ganzen Osten haben wir Straßendörfer, wo die Höfe von der Straße abgehen. Während die Polen *in der Form, wie es auch in Südwestdeutschland noch ist, in Haufen gesiedelt haben, zusammengewalkt. Genauso mit den Städten. Die ostdeutschen Städte sind alle planmäßig angelegt mit einem viereckigen Ring. Eine besondere Stadt ist Breslau in dieser Beziehung. Da werden schachbrettartig die Straßen geführt, so daß man auf den ersten Blick sieht, ob man in eine deutsche oder eine polnische Stadt kommt.*

Die vom Nationalsozialismus vorgegebene Frauenrolle habe ich selbst gelebt und auch für gut befunden. Frau Scholtz-Klink, Leiterin der »Deutschen Frauenschaften«[19], hatte auch den Standpunkt: An sich gehört die Frau in die Familie und ist für die Kindererziehung da. Kinder brauchen bis zu einem gewissen Lebensalter die Nestwärme, die ihnen heute ja fehlt, weswegen die Jugend heute auch nicht mehr in sich gefestigt ist. Sie ist sich zum großen Teil selbst überlassen. Es war damals auch geplant und gefördert, daß die Frau in erster Linie Hausfrau und Mutter sein sollte und natürlich eine abgeschlossene Berufsausbildung hat. Sie sollte fähig sein, wenn es einmal nötig ist, im Beruf ihre Frau zu stehen. Die fraulichen Aufgaben, Frauen haben ja bestimmte Aufgaben, sollten auch von ihnen wahrgenommen werden. Wer sich müßig fühlte, in der Allgemeinheit zu wirken, gut, aber anzustreben ist, daß die Frau in erster Linie wieder Mutter ist. Und das nicht nur im Ein- oder Zweikindersystem, sondern wenigstens, was zur Erhaltung des Volkes notwendig ist, drei Kinder hat. Und heute? Wenn viel kommt, dann haben sie einen Hund, das Einhundsystem.

Dadurch eben auch die völkische Unterwanderung, weil nicht genügend Deutsche da sind, um dem entgegenzustehen. Der Frauenarbeitsdienst, das Frauenlandjahr, die Arbeitspflicht der Frauen entsprechend der männlichen Wehrpflicht, das kann man nur befürworten. Wenn die Frau Kinder bekommt und sie erzieht, dann leistet sie damit ihre völkische Arbeit. Aber die meisten Frauen leben ja heute, die jungen Mädels, fast alle unverheiratet und brauchen nicht ein Jahr zu dienen wie die Männer.

Zum Arbeitsdienst möchte ich noch etwas sagen. Ich hatte ei-

nen sehr guten Kontakt zum Reichsarbeitsführer Decker[20], eben durch den Landdienst. Wir haben ja mit diesen Leuten zusammengearbeitet. Da haben wir auch so manches, was uns an der Partei nicht gefiel, ruhig sagen können, ohne daß uns etwas passiert wäre. Ich habe durchaus meine Kritik am Nationalsozialismus geäußert. Die Überheblichkeit der Rassenfrage, daß man alle Menschen nur danach beurteilte, ob sie blond, blauäugig und langschädlig waren, habe ich abgelehnt, das war mir zu einseitig. Das war ja auch nicht von Hitler, sondern es waren Auswirkungen von anderen. Das deutsche Volk besteht nicht nur aus nordischen Menschen. Wir sind zusammengesetzt aus fünf Rassen, und jede Rasse in ihrer Art hat ihre Wertigkeit. Man soll da nicht die einen gegen die anderen ausspielen. Es läßt sich nicht leugnen, daß die kulturträchtigste Rasse, für unseren Raum jedenfalls, die nordisch-dinarische ist. Die sogenannten arischen Rassen sind die nordische, die ostische, die dinarische, die flämische und die ostbaltische. Das ist eine gute Harmonie, wenn die sich auch untereinander mischen. Die vorderasiatischen Rassen usw., das sind ja Fremdrassen, die keine Beziehung zu unserem Raum haben.

Bei den Mischehen zwischen Schwarzen und Weißen oder Orientalen wird der Mensch in sich gespalten. Das sind keine einheitlichen Menschen mehr. Die sind geistig und seelisch gespalten und wissen nicht, wo sie hingehören.

Dann hat mich dieses Nach-oben-buckeln und Nach-unten-treten gestört, was die Organisation als solche sehr stark in sich hatte.

Der Arbeitsdienst war etwas, von dem ich mir wünschen würde, daß es wieder eingeführt wird, sowohl der männliche als auch der weibliche. Hier erlebten die Menschen Idealismus. Nicht nur: Was bringt es?, sondern: Was leiste ich wirklich? Wenn die hinauszogen und Land urbar machten oder die Mädels bei den Bäuerinnen halfen, dann haben die eine Arbeit geleistet, die ihnen das Gefühl gab, wir haben hier nicht für uns, sondern für andere gewirkt. Deshalb habe ich den Arbeitsdienst immer bejaht und würde ihn auch wieder bejahen als das Wirken für ein Allgemeinwohl.

Es gab keinen Klassenunterschied. Der Arbeitersohn stand neben dem Professorensohn, und sie arbeiteten am selben Graben, z.B. bei der Torfaushebung. Sie haben ja auch Positives geleistet. Das Emsland, das ist ein weites Moorgebiet gewesen, bis es durch den Reichsarbeitsdienst trockengelegt wurde. Dann wurden Treibhäuser gebaut, so daß das Emsland damals den gesamten Frühgemüsebedarf des Ruhrgebietes deckte, was wir heute einführen müssen.

Der Arbeitsdienst hat weiter positive Arbeit geleistet im Straßenbau, im Kanalbau, und er hat Zucht und Ordnung gelehrt. Dazu gehört zunächst erst einmal Selbstbeherrschung, daß nicht einfach jeder nach dem, was er für richtig hält, handeln kann, sondern daß er sich unterordnen muß. Sauberkeit, innere und äußere Sauberkeit, das ist eben das, was man unter Zucht und Ordnung abtun kann, das fehlt uns ja heute. Gucken wir uns doch einmal unsere verwahrloste Jugend an. Jugend muß hart angefaßt werden. Die meisten haben sich gefügt und haben sich einordnen lassen, sonst hätten wir diesen Krieg auch nicht durchführen können, den wir fünf Jahre lang durchgehalten haben. Mit der heutigen Jugend? Nein.

Wir haben es ja erlebt. 1932 sah es genau so aus. 1932 konnte man sich als Frau abends nicht auf die Straße trauen. Ab 1933 hörte das auf, weil diese Elemente einfach von der Straße verschwanden. Sie wurden in die Arbeit gesteckt, oder sie wurden eingesperrt, wenn sie sich nicht fügten. Das war notwendig, und ich empfand es als positiv. Ich bin früher immer mit dem Fahrrad von Onkel-Toms-Hütte zur Schule durch den Grunewald gefahren. Wir wurden unentwegt belästigt von Nudisten und so etwas. Von dem Tage an, als die Machtübernahme war: nichts mehr. Hitler hat auf diesem Gebiet unerhört aufgeräumt. Man konnte sich nachts durch den Grunewald trauen, man konnte nachts Fahrten machen.

Wir zelteten auf unseren Wanderungen immer mal, und es passierte nichts. Es war eine absolute Sicherheit auf den Straßen, weil eben die Arbeitslosen beseitigt wurden und außerdem strenge Strafen darauf standen. Man verließ später bei den Bombenangriffen die Wohnung, und kein Mensch schloß etwas ab. Man nahm auch nicht die Wertsachen mit runter in den Keller. Das machen Sie mal heute bei Verdunkelung! Ich glaube, das wagt keiner. Es war eine absolute Sicherheit gegeben für den Einzelnen in der Zeit. Das sollte man auch, wenn immer die Hetze gegen den Nationalsozialismus losgeht, zu bedenken geben.

Politisch bejaht habe ich auch vollkommen die nationalen Forderungen auf Wiederherstellung der alten Reichsgrenzen und die Einverleibung Österreichs. Das war für mich selbstverständlich. Ebenfalls bejaht habe ich das soziale Programm. Davon könnte man sich heute noch ein Scheibe abschneiden, was die auf sozialem Gebiet geleistet haben. Damals war die Einkommensgrenze auf 1 000 Mark genormt. Es gab keine Gehälter, die darüber lagen. 1 000 Mark waren damals natürlich etwas ganz anderes als heute. Aber immerhin, man beschränkte das und sagte: »Wir wollen einen gesunden Ausgleich zwischen den Klassen und Ständen haben«. Es war wirklich eine klassenlose Gesellschaft geworden, sonst hätten wir den Krieg auch nicht durchgehalten.

Wenn dieser Klassenkampf und die gegenseitige Unterwanderung und Verunglimpfung bestanden hätten, dann hätte der deutsche Bürger, der Zivilist, diesen Krieg und die ganzen Schwierigkeiten nicht durchgestanden. Es ist erstaunlich, daß trotz dieser Bombennächte keine Revolution ausbrach, daß die Leute das geschluckt haben. Selbst 1945, als es den Menschen schon schlecht ging und in Berlin Angriffe waren und man dachte, das überstehst du nicht, oder wenn man an Dresden denkt – daß da keine Revolution ausgebrochen ist. Heute wäre das unmöglich. Sicher, es waren nicht alle Anhänger. Es waren auch viele Gegner dabei, aber im großen und ganzen ging es den Menschen ja auch gut.

Wir haben natürlich alle bedauert, daß Krieg sein mußte, aber wir sahen die Notwendigkeit ein. Wir wußten und hatten das schon verfolgt, wie die Deutschen behandelt wurden. Ich bin von Schneidemühl aus, unmittelbar nach dem Einmarsch der *deutschen Truppen, in das Dorf gefahren, wo ich damals mei-nen Landdienst im Posenschen gemacht hatte. Die haben mir erzählt, wie die Deutschen dort behandelt worden sind. Während des Rückzuges der Polen wurden die Deutschen alle rausgejagt, weil sie Angst hatten, die könnten sich zur deut-schen Wehrmacht durchschlagen. Wer nicht mitkonnte oder durchhielt, der wurde mit dem Gewehrkolben im Straßengra-ben erschlagen, mein Bauer u.a. auch. Das erzählten uns Leute, die wieder zurückkamen in ihre Dörfer, nachdem sie von den deutschen Truppen befreit worden waren. Es waren 52 000 Deutsche, Volksdeutsche, auf diesen Märschen umge-kommen. Von einem Wehrmachtsoffizier habe ich gehört, daß, als der in ein Dorf kam, die Polen die deutschen Frauen mit der Zunge an den Tisch genagelt hatten, weil sie nicht sagen wollten, wo sich ihre Männer versteckt hatten. All das haben mir Leute, die durchaus glaubhaft sind, erzählt. Bromberg[21] war ja schnell bekannt, das kam schnell durch.*

Auch meine Erfahrungen mit meinem Bauern in Schneidemühl haben einen natürlich geprägt. Da können Sie sich vorstellen, daß man aufgrund dieser Tatsachen den Krieg mit etwas ande-ren Augen sah. Letztendlich waren es ja deutsche Gebiete.

Der Überfall auf Polen war nur der äußere Anlaß für den Kriegsbeginn. Die Polen haben die Deutschen vorher drang-saliert. Hitler hatte außerdem nur gefordert, gegen Rückgabe der Freien Stadt Danzig, die ja eine reine deutsche Stadt ist, einen exterritorialen Korridor von Pommern nach Ostpreußen zu legen. Die Polen sollten weiter ihren Verladehafen in Gdin-gen haben. In dem anderen Fall, wenn die Volksabstimmung in Westpreußen anders ausgegangen wäre, sollte ein exterri-torialer Weg zwischen Posen und Danzig geschaffen werden. Es ist Hitler alles friedlich gelungen, was er sich vorgenom-men hatte. Bis nachher, durch den Zusammenhalt der Alliier-ten, diese letzte Forderung nicht erfüllt wurde. Man wollte sie ihm nicht erfüllen. Die Polen hätten doch darauf eingehen können. Aber sie sind nicht darauf eingegangen, weil Eng-land das nicht wollte. England suchte nur einen Anlaß, um gegen Deutschland in den Krieg zu gehen. Aufgrund dieser Forderung löste sich dann der Krieg aus.

Den zweiten Weltkrieg hat nicht Hitler ausgelöst. Er hat das versucht, was wir alle wollten: ein einiges Europa zu schaffen. Es haben sich uns nicht umsonst die nationalen, völkisch bewußten Kräfte aus allen Ländern angeschlossen: Wallonen, Flamen, Franzosen. Ich erinnere nur daran, daß die Franzosen diejenigen waren, die bis zuletzt Berlin verteidigt haben. Sie haben in den Waffen-SS-Verbänden gekämpft, auch Norweger, Engländer, Dänen, Spanier.

Das ist kein Überfall gewesen, sondern Hitler hatte die Absicht, nur gegen die Vorherrschaft – sagen wir es ruhig – des Judentums, das die ganze westliche Welt beherrschte, und gegen den Kommunismus zu kämpfen. Das kann man ihm ja nicht zum Vorwurf machen.

Er ist zum Krieg gezwungen worden.

Churchill hat bereits 1936 gesagt: »Wenn Deutschland sich weiter so wirtschaftlich entwickelt, müssen wir es kaputtmachen.« Genau aus demselben Grund kam es 1914 zum Krieg: Es war die deutsche Wirtschaftsmacht, die den Engländern und denen, die in England das Sagen hatten, nicht paßte.

Wenn man z.B. immer davon redet, daß Rußland überfallen worden ist, dann unterschlägt man die Tatsache, daß russische Wissenschaftler selber zugeben, daß sie bereits alles vorbereitet hatten. Wir sind ihnen einige Tage zuvorgekommen. Sonst wäre es auch nicht möglich gewesen, die großen Einkesselungen vorzunehmen, wenn das Militär nicht schon dagewesen wäre. Die standen schon in den Aufmarschplätzen und sind dort, weil Hitler schneller gewesen ist, umzingelt worden, und dadurch konnte er auch die Riesenmaterialien erobern. Es ging dann rasant vorwärts. Durch den Verrat und dadurch, daß die Amerikaner die Russen sehr stark mit Materialien unterstützten, bis sie schließlich selbst die zweite Front aufmachten, wurde es schwierig für uns und ging dann zurück.

Als Rußland in den Krieg eingriff, da sagte man schon: Hoffentlich endet das nicht so wie Napoleons Rußlandfeldzug.

Dann war es ja eher noch schlimmer, weil die Russen erstens mit Vergewaltigungen und zweitens mit Brutalität zurückkamen.

Anfangs sind uns die Ukrainer, die Kosaken mit fliegenden Fahnen entgegengekommen und haben uns begrüßt. Eine falsche Ostpolitik durch Herrn Bormann und Erich Koch, die von ihrem Rassenwahn nicht loskommen konnten, hat uns sehr viel gekostet. Sie stellte die Slawen als minderwertig hin. Es war einer der größten Fehler, die gemacht worden sind während des Krieges. Wäre es uns gelungen, die Ukrainer bei unserer Sache zu halten, dann wären die Russen nicht durchgekommen, dann wäre die Auflösung Rußlands schon ein paar Jahr früher gekommen und nicht erst jetzt. Am Kriegsgeschehen nahm ich teil, wie man das eben so tat: Ich hörte im Radio die Wehrmachtsberichte. Mein Mann war auch eingezogen. Innerlich war ich beteiligt. Wir hatten fast nur Kontakt zu Deutschen. Es waren damals viele Deutsche in Thorn. Die Landbevölkerung war zum großen Teil polnisch, aber die eigentliche Stadtbevölkerung und die Intelligenz, das waren Deutsche. Ab 1944 hörte auch der Schulunterricht auf. Da gingen die Deutschen mit 14 Jahren schon raus zum Bau von Wehranlagen und Panzergräben. Die Mädels wurden in Kartoffelschälkommandos gesteckt. Die Schulen in Thorn waren praktisch schon ab Sommer '44 nicht mehr in Betrieb.

Daß der Krieg nicht mehr zu gewinnen war, das war eigentlich schon klar, ich möchte beinahe sagen, nach Stalingrad. Da war man schon am Zweifeln. Natürlich wurde man immer vertröstet durch die Geheimwaffen. Vielleicht wäre es auch anders gekommen, wenn nicht dieses Attentat[22] in der Armee gewesen wäre und dadurch dann die Spaltung im Militär kam. Es wurde ja auch alles verraten. Die Russen konnten ihre Ostfront freimachen, weil sie durch den Spion Sorge[23] erfahren hatten, daß die Japaner nicht angreifen würden. Da konnten sie diese Truppen wieder an die Westfront schmeißen und damit Stalingrad entlasten. Und dann noch dieser Verrat, dieses Attentat auf Hitler. Ich meine, im Krieg kann man nicht den obersten Kriegsherrn beseitigen. Das sollte man aufheben, bis der Krieg *zu Ende ist. Aber es waren ja keine Idealisten, die das getan haben, das waren einfach Querulanten in meinen Augen.*

Die Deutschen wurden dann alle evakuiert. Das klappte natürlich alles nicht so, wie es klappen sollte. Wir sind mit einem Privatpferdewagen gefahren. Am 18. Januar 1945 bin ich geflüchtet, und am 30. Januar bin ich in Berlin angekommen. Wir waren 18 Leute auf dem Pferdewagen. Es fuhr noch ein Zug später aus Thorn heraus. Die sollten über Danzig mit der Marine rauskommen. Vielleicht kennen Sie den Film über die »Wilhelm Gustloff«[24], der war gerade im Fernsehen. Da bringen sie zwar, daß da Flüchtlinge drauf waren, Tausende von Flüchtlingen, aber sie bringen nicht, daß dieses Schiff unter Rot-Kreuz-Flagge gefahren ist. Es war ein Kriegsverbrechen, ein Schiff, das unter Rot-Kreuz-Flagge fährt, zu torpedieren. Warum bringt das unsere Presse nicht? Wenn sie sich schon aufgerafft haben und diese Tatsache als solche bringen, dann könnten sie doch auch erwähnen, daß das ein Verbrechen war. Das hätte mal ein deutsches Torpedo sein sollen, das Engländer torpediert hätte!

Ich hatte schon überlegt, ob ich mich beschwere bei der Presse, aber es nutzt ja nichts. Diese einfache Tatsache ... und was bringen sie? Sie zeigen, wie das Schiff unten auf dem Grund des Meeres liegt. Als ob das noch interessant ist! Daß es kaputt ist, wissen wir. Dann haben sie einige Frauen berichten lassen, die gerettet worden sind. Aber auch von diesen Frauen hat keine gesagt: »...obgleich wir unter Rot-Kreuz-Flagge gefahren sind.« Es wäre für mich das erste gewesen, was ich gesagt hätte. Da sieht man doch mal, wie ein großer Teil des Volkes mit diesem Schuldkomplex geimpft wird, so daß es gar nicht wagt, sich dagegen zu wehren.

Die sind alle elendig umgekommen, das blieb uns erspart. Wir waren 12 Tage auf der Flucht, und gleich am ersten Tag sind wir von einem Eisenbahnzug gerammt worden. Dabei verlor ich meine älteste Tochter. Man hat das Kind weder tot noch lebendig geborgen.

Ich selbst war bewußtlos. In Bromberg im Krankenhaus bin

ich dann behandelt worden. Ich hatte den Oberarm gebrochen und sämtliche Rippen auf der Seite, hatte einen Schädelbasisbruch, der sich sehr lange hinzog. Ich leide heute noch unter Schlaflosigkeit.

Nach dem Schädelbasisbruch habe ich ein Dreivierteljahr überhaupt nicht geschlafen. Ich bin nicht einmal bei den Operationen durch die Narkose eingeschlafen. Es war alles völlig kaputt. Von meiner Tochter habe ich nie wieder etwas gehört. Man schrieb mir dann mal, man hätte drei Kinder tot am Eisenbahndamm geborgen. Ich nehme an, daß meine Tochter dabei war.

1978 war ich noch einmal drüben, in den abgetretenen Gebieten. Ich war auf der Suche nach meiner Tochter. Man vermutete, das könnte sie sein. Sie war es aber dann nicht. Da sind wir wieder durch die Gebiete gefahren und haben gesehen, daß die Felder alle verwahrlost sind.

Woher kommt denn die Hungerkatastrophe in Polen? Weil die nicht fähig sind, das Land mit ihren eigenen Leuten so zu bewirtschaften, daß es etwas erbringt. Man überlege sich einmal: In einem Gebiet, was damals nicht nur sich selbst, sondern auch ganz Mittel- und Westdeutschland, die ganzen Industriegebiete mit Lebensmitteln und Agrarprodukten versorgen konnte, ist heute auf deutsche Hilfe angewiesen. Dabei wohnen viel weniger Menschen dort. Die sind nicht fähig, das Land, das sie übernommen haben, zu bewirtschaften. Das liegt an den Pollacken, an der Art, an der Mentalität dieser Leute, an den Lebensgewohnheiten. Der Deutsche arbeitet um der Arbeit willen. Er ist verschrien für seine Arbeitsamkeit, er kann einfach nicht die Hände ruhen lassen. Die Schwaben sind der typischste Fall. Sie sind die regsten, die überhaupt nicht stillsitzen können. Der Pole arbeitet nur, wenn er muß und wenn möglichst noch einer hinter ihm steht, aber sonst – nein.

Ich habe dann auch unser Haus in Thorn besucht. Der Garten, wo ich für unsere ganze Familie Gemüse gezogen und eingeweckt habe, lag wirtschaftlich vollkommen darnieder. Dafür gab es keinen Grund. Das Haus war bewohnt, da könnten die Leute doch auch ihre Gartenarbeit machen. Genauso

wie ich damals den Garten genutzt habe. Nein, warum denn?
Uns geht's gut. Wir haben ja genug zu fressen. Es ist die an-
dere Mentalität der Menschen. Genau dasselbe erlebt man in
Südtirol. Bei den deutschen Bauern sind die Höfe in Ord-
nung, und alles ist prächtig, sauber, gepflegt, ertragreich. Die
Italiener daneben lassen alles verkommen. Die Höfe, die man
ihnen übergeben hat, die sind schon teilweise wieder geräumt
von den Italienern. Die Arbeit auf den schweren Berghöfen ist
ihnen zu kraftaufwendig, zu schwierig. Die lassen das Land
verkommen und gehen wieder zurück, oder sie verkaufen das
Land an Deutsche.

Diese Reise durch Südtirol hat uns die Augen geöffnet. Es
zeigt sich immer wieder: Wo Deutsche arbeiten, da wird etwas
geschaffen. Nehmen Sie Ostpreußen! Die deutschen Siedlun-
gen dort können sich heute schon prächtig allein ernähren. Bei
den Russen nebenan sieht das Land aus …! Das sind eben
Mentalitätsfragen, die völkisch und zum Teil auch rassisch
bedingt sind, und sie lassen sich nicht leugnen.

Ich kam dann nach Berlin, zu meiner Schwester. Von dort
bin ich noch während des Krieges in den Landkreis Stendal ge-
kommen, damit ich vor den Bombenangriffen etwas Ruhe hatte.

Mein Arzt sagte damals: »Hier in Berlin werden Sie nie ge-
sund. Gehen Sie raus!« Ich war im Kreis Stendal auf einem
Bauernhof.

Die Niederlage war ein Schock. Die persönliche Niederlage
haben wir schon bei der Flucht erlebt. Verlassen Sie mal alles,
was Sie sich in Ihrem Leben erarbeitet haben! Alles verlassen
müssen und dann noch ein Kind einbüßen! Und wie viele ha-
ben ihre Männer eingebüßt?

Das ist etwas, was eine Frau kolossal mitnimmt und zer-
stört. Ich war Jahre danach nicht mehr fähig zu lachen. Das
hat sich wieder gegeben. Aber es hat mich so geprägt, daß ich
einen gewissen Haß gegen die Russen und die Polen vor allem
nicht mehr losgeworden bin, auch gegen die Amerikaner.
Wenn ich an Dresden denke, selbstverständlich hassen wir die
Leute, die diesen Angriff auf die Stadt geflogen haben. Diese
Luftangriffe in einer Form, die wir nie gemacht haben – mit

Phosphor. Das prägt einen, das vergißt man nicht. Und dieser Haltung bleibt man wahrscheinlich ein Leben lang treu – ich jedenfalls. Und wenn dann die Königinmutter und die Königin dem Harris ein Denkmal bauen in London, empört uns das, denn es war ein reiner Gewaltakt gegen die Flüchtlinge. Churchill hat ja auch den Befehl erteilt: »Jetzt fliegt ihr nach Chemnitz, um die zu vernichten, die in Dresden entkommen sind!« Das war der Befehl von Churchill, das ist da Humanität. Oder wenn ich an die Bombardierung der Flüchtlingsschiffe denke. Auf schwimmende Flüchtlinge, die dem Bombardement auf Schiffe, die alle unter Rot-Kreuz-Flagge fuhren, entkommen waren, wurde noch geschossen. Das ist für mich Kriegsverbrechen. Es ist nachweisbar, das sind unwiderlegbare Beweis. Sie beruhen alle auf Zeugenaussagen.

Eigenartig ist z.B. auch, daß die Zahl 6 Millionen (Juden) heute immer noch verteidigt wird, obgleich es in Auschwitz damals 4 Millionen hieß. Jetzt geben die in Auschwitz selbst 1 ½ Millionen zu. Dann müßte sich die Gesamtzahl auch um 1 ½ Millionen verringern. Also kann ich auch mit Recht und gutem Gewissen an der 6-Millionen-Lüge zweifeln, aber sagen Sie das mal laut, dann werden Sie eingesperrt. Trotzdem, die Zahlen stimmen nicht mehr, aber das wagt keiner zu sagen. Ich würde es sagen, mir kann nicht mehr viel passieren.

Wenn sie mich einsperren wollen – bitte sehr. Es setzt sich auch immer mehr durch, diese Lüge hält sich nicht. Es kommt immer mehr heraus. Schuldkomplex? Nein, denn erst mal kann ich keine Kriegsschuld bei Deutschland sehen. Ich sehe die Kriegsschuld bei den anderen.

Sicher, die Konzentrationslager sind zu verurteilen. Aber ich bin überzeugt, daß das, was uns gesagt wird, nicht stimmt. Ich war dieses Jahr selbst in Auschwitz. Da kann niemand vergast worden sein. Es liegen die Berichte von amerikanischen Vergasungsfachleuten[25], von amerikanischen Krematoriumsfachleuten vor, die alle widerlegen, daß das je stattgefunden haben kann. Denen wäre die ganze Gaskammer um die Ohren geflogen, wenn da Gas drin gewesen wäre, und ne-

benan, nur durch eine Holztür getrennt, der Krematoriums-
ofen. Und der war Tag und Nacht in Betrieb, obgleich ein Kre-
matoriumsofen nur dreimal am Tag beschickt werden kann,
sonst geht er auseinander, dann platzt er. Und das wollen sie
uns weismachen? Da können sie noch so viele Haare hinlegen
und Brillenetuis und Brillengestänge und was sie uns alles
vorführen. Wer da ein bißchen kritisch rangeht ... auch schon
der Raum als solcher. 180 Leute oder wieviel sollten da rein-
passen. Die hätten aufeinander stehen müssen.

Man muß den Leuchter-Report, den Rudolf-Report lesen.
Die Leute sitzen alle im Gefängnis, weil sie gegen die 6-Mil-
lionen-Lüge sind. Man hat schnell ein Gesetz geschaffen, daß
das Leugnen der 6-Millionen-Lüge eine Beleidigung der Juden und damit strafwürdig ist. Aber das haben die Leute auf
sich genommen, sogar die Amerikaner. Leuchter sitzt jetzt. Irving darf nicht mehr nach Deutschland einreisen, der Conglän-
der, der sich wirklich einmal für die Wahrheit interessiert.

Ich habe die Auschwitz-Lüge von vorneherein nicht geglaubt.
Ich halte es für völlig unmöglich, daß sich ein deutscher Mensch
zu solchen Greueltaten hergibt. Der Russe ist als gewisser-
maßen primitiver und sadistisch veranlagter Mensch bekannt.
Aber daß unsere deutsche SS durch die Bank so sadistisch sein
sollte, das habe ich für unmöglich gehalten. Ich traue es den
Deutschen einfach nicht zu. Ich kenne so viele SS-Leute, die
sich dagegen gewehrt hätten, die das nie gemacht hätten.

Ich bin im November 1945 nach Berlin zurückgekommen.
Mein Mann wurde 1946 aus der Gefangenschaft entlassen,
und 1947 wurde meine dritte Tochter geboren. Ich bin nicht
wieder in meinen Beruf zurückgekehrt, weil man praktisch
Sippenhaft verhängte. Meine Professoren wurden als Nationalsozialisten verurteilt, Professor Pleyer vor allem und Professor Niedermeyer. Damals war hier ein Stadtrat Österreicher, ein Jude, der hat gesagt: »Auf solche Leute, die dort
Examen gemacht haben, können wir verzichten.« Ich habe
dann eine Stellung auf dem Südwestfriedhof in Stahnsdorf als
Wirtschaftsführerin angenommen. Dort habe ich bis zur Ge-

burt meiner Tochter 1947 gearbeitet, dann übernahm ich noch zwei Kinder von meiner Schwester, die gestorben war. Die hatte ich dann auch noch zwei Jahre, so daß ich wirklich ausgelastet war mit meinen sechs Kindern.

Mein Mann fand, Gott sei Dank, bald eine Anstellung beim Senat. Seine Einstellung hat sich nie geändert, aber er war politisch nicht mehr aktiv und ist auch in keine Partei gegangen. Er hat seine Meinung gehabt, genau wie ich. Wir haben beide politisch nichts mehr unternommen. Mein Mann ist 1958 gestorben. Seitdem bin ich allein.

Der Kriegsausgang hatte für mich vor allem den Verlust der Ostgebiete zur Folge, den ich natürlich nie verschmerze. Wenn man historisch so stark interessiert ist wie ich und den Osten persönlich kennt, er ist ja mein Lebensraum gewesen, verwindet man das nie.

Dann auch noch die Abhängigkeit von den Alliierten, den Westmächten, wir haben nichts mehr zu sagen gehabt. Man hat versucht, uns wirtschaftlich auszupowern, indem man uns der ganzen Auslandsguthaben enteignet hat, sämtliche deutsche Patente genommen hat. Die Fabriken im Westen durften weiter arbeiten, aber das kam den Alliierten zugute und nicht dem deutschen Volk. Deshalb war für mich zwischen der Feindschaft der Russen und der Engländer auch kein Unterschied. Die Engländer sind in den Krieg gegangen, um Deutschland zu zerstören, aus wirtschaftlicher Konkurrenz, aus Futterneid, genau wie 1914.

Adenauer und Erhard waren Abhängige vom Westen, besonders Adenauer. Man muß sich auch mal überlegen, woher Adenauer kommt. Er kommt aus der Separatistenbewegung und war damals schon katholisch-linksrheinisch eingestellt. Der wollte mit dem heidnischen Berlin nichts zu tun haben und hat immer die Vorhänge zugezogen, wenn er durch die Zone fuhr, weil er die heidnischen Brandenburger und Berliner nicht sehen wollte. Durch die Zentrumspartei hat Adenauer immer Verbindung zu Polen gehabt. Für mich war es typisch, daß Adenauer dann eine Politik betrieb, die in keiner

Weise zur Wiedervereinigung führen konnte, weil er sich den anderen vollkommen ausgeliefert hatte. Genau derselbe Fall ist Kohl. Noch 1988 hat er gesagt, wir sollen den Gedanken an einen deutschen Nationalstaat begraben und müßten dem vereinigten Europa zustreben. Es dürfe nie wieder ein Bismarckscher Nationalstaat kommen. Das sind leider die Anschauungen der meisten, auch des guten Weizsäckers. Die kommen für mich als Politiker überhaupt nicht in Frage, die lehne ich ab, grundsätzlich.

Weizsäcker ist ein Deserteur, darüber müssen wir uns klar sein. Er hat sich vor Potsdam selbst entlassen, ist nach dem Bodensee geflüchtet und hat sich dort Zivilkleidung besorgt. Solch ein Mensch wäre in jedem anderen Land als Staatsoberhaupt unmöglich, das gibt's nur bei uns. Er war Offizier und er durfte als Offizier nicht seine Truppe verlassen. Da kann man sagen, was man will. Es haben vielleicht viele gesagt, es hat keinen Zweck mehr, aber wir stehen hier und müssen unsere Pflicht erfüllen. Das ist für mich unbedingt notwendig. Wenn jeder Soldat glaubt, entscheiden zu können, ob er kämpfen muß oder nicht, dann ist mit einer solchen Truppe nichts anzufangen.

Die Politiker arbeiten heute ganz bewußt auf die Einigung Europas unter Preisgabe Deutschlands hin. Ich habe nichts gegen ein Europa der Staaten, ein einheitliches, ein vereinigtes Europa, einen Staatenbund. Aber ich bin gegen einen Bundesstaat Europa, das ist etwas völlig anderes. Es gibt zu viele unterschiedliche Interessen, und wer zuschustert, das wäre wieder der Deutsche. Das ist im Europarat schon heute so. Wir dürfen nicht einmal deutsch sprechen, weil Deutsch keine Verhandlungssprache im Europarat ist. Wir müssen englisch quaddeln. Deutschland ist die Kraft, die das meiste Geld einzahlt, aber heraus holen es die anderen. Z.B. die Frage der Weinproduktion, der Südfrüchte, die ganze Agrarwirtschaft. Unsere Bauern gehen deswegen kaputt, weil sie nur teuer verkaufen können.

Wir können die Preise, die die Billiglohnländer haben, nicht halten, genau wie in der Industrie.

Ein vereinigtes Europa, wenn es als Einheitsstaat gehalten wird, kann nicht existieren. Wir müssen uns dem entschieden entgegensetzen, weil die Deutschen damit unterdrückt würden.

Aber nichts gegen ein Europa als Staatenbund. Ein Staatenbund kann vielleicht auch verhindern, daß kriegerische Auseinandersetzungen stattfinden, aber ein Bundesstaat zerplatzt in sich.

Wir waren ein Machtfaktor, und das müßten wir wieder werden, der im europäischen Gespräch etwas auszusagen hat, den man nicht einfach an die Wand quatschen konnte. Wir sind schon die Wirtschaftsmacht. Welche Möglichkeiten hätten wir z.B. Polen gegenüber? Die haben wir unterstützt für nichts und wieder nichts. Man hätte zumindest Gegenleistungen fordern müssen: Richtet wieder deutsche Schulen ein, verbietet das nicht! Man hätte sagen können: Ermöglicht einen besseren Verkehr, daß Deutsche wieder Besuchsreisen machen können. An Polen hätte man Gegenforderungen stellen können, und man hätte auch etwas erreicht.

Oder das Beispiel Ostpreußen. Die Russen haben im Grunde kein Interesse an dem ostpreußischen Gebiet, weil es eine Exklave ist. Das sollte man als Politiker ausnutzen und sagen: Jawohl, wir unterstützen euch, aber bitte laßt auch die Siedlung zu. Und nicht: Nein, siedelt mal die Wolgadeutschen wieder in der Ukraine an.

Das ist sicher fremd für sie, und genauso fremd ist Ostpreußen, aber in Ostpreußen wären sie wenigstens wieder in einer deutschen Umgebung. Das sind Sachen, die jeder deutsche Politiker durchführen müßte: nichts geben, ohne gleichzeitig Gegenforderungen zu stellen.

Als es um die Frage der Ostverträge ging, habe ich wieder begonnen, politisch zu arbeiten. Bis dahin hatte ich nichts gemacht, denn ich hatte mit meinen Kindern reichlich zu tun. Als es hieß, Moskauer und Warschauer Abkommen, da habe ich mich politisch engagiert, das war 1970. Es ging darum, ob man die Ostgebiete aufgeben solle, und es ging um die Anerkennung der Grenzen. Da habe ich sehr stark politisch gearbeitet.

In Versammlungen der CDU habe ich mich in große Dis-

kussionen verwickelt. Einen sehr regen Gedankenaustausch und Schriftverkehr hatte ich mit Herrn Lummer gehabt. Wir harmonierten ganz gut. Lummer sagte immer: »Ich freue mich, daß Sie da sind, Frau Schaffer. Sie können manches sagen, was ich nicht sagen kann.« Auch auf viele Bundestagsabgeordnete habe ich meine Briefe losgelassen und mich darin gegen die Ostverträge ausgesprochen.

Dann bin ich erstmalig einer Partei beigetreten, das war die NPD. Ich glaubte, daß es die einzige Partei sei, die die Ostinteressen wahre. 1970 war ich in die Partei eingetreten, und Ende der 70er hatte ich mich der Kulturgemeinschaft angeschlossen. Die hatten damals ihren Sitz noch in Bassum, das war ein Herr Manke. 1983 habe ich in Berlin selbst eine Kulturgemeinschaft gegründet, um auch hier politisch arbeiten zu können. Wir mußten uns Berliner Kulturgemeinschaft nennen, weil es schon die Deutsche Kulturgemeinschaft Urania gibt.

Das Ziel der Berliner Kulturgemeinschaft Preußen e.V. ist die Pflege und Erhaltung der deutschen Geschichte und der deutschen Kultur, des deutschen Brauchtums, der deutschen Kulturdenkmäler. Gott sei Dank gehen unsere jungen Leute nicht in die Diskotheken. Wir pflegen, neuerdings erst, ein bißchen stärker den Volkstanz, das deutsche Liedgut. Wir unternehmen auch Kulturreisen, vor allem nach Österreich, Südtirol. Einmal waren wir in Flandern, im Elsaß.

Seitdem es möglich ist, fahren wir auch in die Ostgebiete, z.B. nach Schlesien. Dieses Jahr ist Ostpreußen dran. Wir unterstützen z.B. die Aktion Nördliches Ostpreußen. Mit unserer Hilfe sollen die Rußlanddeutschen angesiedelt werden. Es wurde schon einiges dafür in die Wege geleitet, zum Beispiel wird Geld gesammelt, und dafür werden Trecker angeschafft, Siedlungshäuser aufgebaut.

Wir haben auch eine ständige Lehrerin dort im Einsatz. Die Schule ist in Gilgen, nein, in Trakehnen. Beide Orte sind vorläufig die Hauptstützpunkte für die deutsche Besiedlung. Geld schicken wir immer mal wieder hin. Es besteht eine Organisation, nicht nur von der Berliner Kulturgemeinschaft, sondern auch von der Deutschen Kulturgemeinschaft, die Frau

Grolitzsch leitet: die Notgemeinschaft für Volkstum und Kultur. Diese Notgemeinschaft sammelt Gelder und übernimmt auch Nachlässe, die dann für die Aktion Nördliches Ostpreußen eingesetzt werden. Mit russischen Organisationen arbeiten wir weniger zusammen, aber die dulden das wohlwollend.

Man hat beinahe dem Herrn Kohl angedeutet, daß sie das Land wieder zur Verfügung stellen würden. Er will es aber nicht haben und hält auch nichts davon, daß da Rußlanddeutsche angesiedelt werden sollen. Er hat ganz und gar negiert, daß dort die Deutschen hinkommen sind und daß es heute schon ein sehr starkes deutsches Siedlungsgebiet ist.

Die Berliner Kulturgemeinschaft Preußen e.V. ist eine kulturelle Vereinigung mit einer ganz klaren politischen Ausrichtung. Wir sind national-völkisch, ohne parteipolitisch gebunden zu sein. Wir sind rechtsextrem, das gebe ich zu, ohne daß wir gewalttätig werden, aber wir haben eine ganz klare rechte, nationale Haltung. Im großen und ganzen gesagt, ist unser Ziel ein wiedervereinigtes Deutschland in seinen völkerrechtlichen Grenzen – außenpolitisch. Die Grenzen des Deutschen Reiches sind für mich die von 1914, einschließlich der österreichischen Gebiete. Das Versailler Diktat ist völkerrechtswidrig und verstößt gegen das Selbstbestimmungsrecht der Völker. Es ist uns aufgezwungen worden durch Nötigung. Wenn wir es nicht unterschrieben hätten, hätte man die Hungerblockade fortgesetzt. Diese Bestimmungen sind, laut der Wiener Konvention[26] vom Mai 1969, völkerrechtswidrig. Damit ist die Grenzziehung, wie sie der Versailler Vertrag geschaffen hat und wie sie natürlich heute besteht, absolut völkerrechtswidrig und kann von uns nicht anerkannt werden. Unser innenpolitisches Ziel ist es, daß wir uns wieder auf unsere eigene deutsche Kultur, unser deutsches Brauchtum besinnen und das auch pflegen. Wir wollen die Jugend, die völlig ohne Geschichtsbewußtsein aufwächst und falsch indoktriniert ist, von der Geschichte unterrichten und in ihnen das Kulturbewußtsein stärken. Sie sollen diesen Amerikanismus, dem wir leider völlig verfallen sind, erkennen.

*Wir arbeiten nicht nur mit einer kleinen Gruppe zusammen.
Zu unseren Veranstaltungen kommen immer ca.100 Leute aus
allen möglichen Gruppen, Parteien und Organisationen.*

*Das war mein Ziel bei der Gründung der Kulturgemeinschaft
in Berlin, daß wir ein Sammelpunkt sind für viele nationale
Gruppen und Gruppierungen. In der Jugendarbeit arbeiten wir
vor allem mit der Wiking-Jugend zusammen, dann mit der NPD,
mit den Jungen Nationaldemokraten, mit der DA, die wieder verboten ist, und mit verschiedenen anderen Organisationen.*

*Wir wollen die Zusammenfassung aller nationaler Kräfte
erreichen, und das machen wir im Kleinen. Es ist schwierig,
das für eine Wahl zustande zu bringen, denn Parteipolitiker
kochen immer in ihrem eigenen Saft. Ein Herr Schönhuber[27]
und ein Herr Frey[28] ordnen sich nicht unter, die wollen die
Führenden sein. Mit denen haben wir weniger zu tun, aber
ihre einzelnen Gruppen arbeiten mit uns zusammen.*

*Wir sind uns ziemlich einig, daß wir zusammengehen soll-
ten. Ich kenne Hübner, Priem und Worch. Die DA, die Wiking-Jugend arbeitet vor allem brauchtumsmäßig mit uns zusammen. Wenn wir z.B. einen Ostpreußenabend oder einen
Tiroler Abend machen, umrahmen sie diese Veranstaltungen
mit Volkstänzen und Liedern.*

*Die Wiking-Jugend ist eine sehr kulturbewußte Jugendbe-
wegung, die das Brauchtum sehr stark pflegt. Diese gute Zu-
sammenarbeit gibt es schon jahrelang. Auch die Zusammen-
arbeit mit der NPD, mit den Alternativen, ist gut.*

*Wenn ich einen Herrn Priem auch nicht gerade übermäßig
liebe, aber er verhält sich immer ruhig und gesittet bei mir, das
kann ich nicht anders sagen.*

*Man begegnet sich immer wieder. Wir haben sehr viele Ta-
gungen, wo immer wieder verschiedene Leute zusammenkom-
men und häufig die ähnlich gelagerten. Frau Grolitzsch ist
Österreicherin und arbeitet mit der Deutschen Kulturgemeinschaft in der BRD. Sie macht regelmäßig Seminarwochen.*

*Dann die Gesellschaft für freie Publizistik, die macht auch
ihre Tagungen, genau wie der Lesekreis der Historischen Tatsachen. Da findet ein reger Gedankenaustausch statt, und*

dort lernen wir uns kennen. Es hat auch den Vorteil, daß man zu den eigenen Veranstaltungen Redner von außerhalb hinzuziehen kann.

Neulich hat bei mir Herr Motschmann, Professor an der HdK, gesprochen. Der ist sogar kirchlich eingestellt und hat bei uns am 18. Januar '94 über ein nicht alltägliches Thema geredet: »Die Reichsgründung im Urteil von Marx und Engels«. Bei uns gehaltene Vorträge haben im allgemeinen ein sehr gutes Niveau. Durch die verschiedenen Tagungen finde ich sehr viele Leute, die ich dann bitte, auch bei uns zu sprechen. Finanzielle Unterstützung erhalten wir nicht. Wir haben Schwierigkeiten, jedesmal Säle zu bekommen und kriegen die nur dadurch, daß wir sehr hohe Saalmieten zahlen. Ich halte es für wichtig, daß es gemacht wird. Wir haben mindestens eine Aktion im Monat vor.

Schwierigkeiten haben wir auch, das ist sehr schwerwiegend für uns, durch die autonomen Gruppen in Berlin. Wenn die wissen, daß wir Veranstaltungen haben, dann kommen sie und wollen stören. Seit ein paar Jahren arbeiten wir in dieser Hinsicht sehr gut mit der Polizei zusammen.

Woher die das wissen? Wir melden ihnen nicht, daß wir eine Veranstaltung haben. Die sind immer an unserem Treffpunkt und passen auf, daß wir wenigstens diesen Treffpunkt ungestört verlassen und unsere Leute sammeln können. Wir geben nie bekannt, wo wir etwas machen. Es wäre Leichtsinn, das den Leuten gleich zu sagen. Wir geben einen Treffpunkt an, und von dort aus erfolgt die Weiterleitung. An diesem Treffpunkt ist die Polizei meistens anwesend. Wir hatten schon unangenehme Zusammenstöße.

Zweimal wurden Leute von uns krankenhausreif geschlagen. Es erfordert eben immer ein bißchen Mut, zu unseren Veranstaltungen zu kommen, den haben aber die Leute. Vorwiegend sind es junge Leute, die kommen. Der Altersspiegel liegt im Durchschnitt bei 30 bis 35 Jahren. Ältere sind auch ein paar da. Ganz alte, so wie ich, ganz wenige. Die können nicht mehr so gut und sterben auch langsam aus. Durch die Wiking-Jugend, die Jungen Nationaldemokraten haben wir

DKG Berlin

Deutsche Kulturgemeinschaft Berlin   Anschrift: Dr. Ursula Schaffer
Prinz-Friedr.-Leop.-Str. 52
1000 Berlin 38

Einladung

Zur Rassenkundeschulung

mit einleitender Morgenfeier

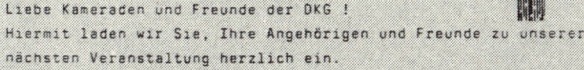

Liebe Kameraden und Freunde der DKG !
Hiermit laden wir Sie, Ihre Angehörigen und Freunde zu unserer
nächsten Veranstaltung herzlich ein.
Rasse beruht auf gemeinsamer Erbmasse. Diese bedingt die besondere
körperliche und geistig-seelische Leistungsfähigkeit. Es gibt Rassen, die Hochkulturen schaffen können, und solche, die sich aus
eigener Kraft niemals emporheben werden. Es gibt Rassen mit
heldischer Haltung und solche ohne Kampfesmut.
Die Kulturleistungen sind ausschließlich Schöpfungen hochwertiger
Rassen. Rassengleiche Menschen verbindet der gemeinsame Blutstrom.
Der Aufstieg der Menschheit folgt oder hört auf mit der Erhaltung
der Reinheit und der Stärke der kulturschöpferischen Rassen. Jeder
Rassenmischung folgen Verfall, Entartung und schließlich der Untergang. Indem die Geplante multikulturelle Gesellschaft diese eiser-
nen Gesetze der Natur leugnet und deren Vernichtung plant, zerstört
sie die Wurzel unseres Volkes.
Diese Rassengesetze zu vermitteln, ist das Ziel der von Sepp Biber
vorgetragenden Rassenkundeschulung. Sie soll uns vermitteln und
klar vor Augen halten, für was Wir zu kämpfen haben:
    Die Sicherung des Bestehens und der Vermehrung unserer
    Rasse und unseres Volkes und die Reinerhaltung unseres Blutes!

Teffpunkt: U-Bhf. W. Schreiber-Pl. (Linie U 9) Ausgang Fröhaufstr.
    Am Sonntag, den 15.3.92 um 10°° Uhr
    Veranstaltungsdauer 10:30 - 18:00

Teilnahmegebühren:		
Erwachsene		17.-DM
Schüler, Studenten, Erwerbslose...		13.-DM
Mitglieder		10.-DM
Gestaltende Mitwirkende		8.-DM

In der Hoffnung auf Ihren zahlreichen Besuch
Ihre DKG Berlin

Einladung vom 15. 3. 1992 zur »Rassekundeschulung« der rechtsextremistischen
»Deutschen Kulturgemeinschaft Berlin«, gegründet von Dr. Ursula Schaffer

sehr viele junge Leute, viele Studenten dabei. Das ganze Bildungsniveau ist einigermaßen hoch.

Die gesamtdeutsche Geschichte ist verfälscht worden von Friedrich dem Großen, schon vom Mittelalter an. Das versucht man auch heute noch. Ich erinnere nur an die Wikinger-Ausstellung, wo man wieder das Gebiet östlich der Oder als slawisches Gebiet betrachtet hat.

Dort haben Germanen gesiedelt, und Germanen haben das Land kultiviert. Nachher haben Deutsche aus diesem Land gemacht, was es einmal gewesen ist, nämlich die Kornkammer des Deutschen Reiches. Unter polnischer Herrschaft wurde sie dann zu einem Notstandsgebiet, das nicht einmal fähig ist, sich selbst zu ernähren.

Auch die Geschichtsdarstellung heute in den Schulen betrachte ich als falsch. Deshalb wollte ich nachher gar nicht mehr in der Schule arbeiten. Ich wäre in zwei, drei Tagen sowieso wieder rausgeflogen.

Allein was man aus Bismarck gemacht hat, die Einstellung, die man ihm unterstellt. Sicher, er hat dieses »Blut und Eisen« gebraucht. Aber dieses Zitat, das war jetzt bei Motschmann sehr interessant, haben auch Marx und Engels immer wieder gebraucht – und genau im Sinne wie Bismarck.

Oder z. B. die Kriegsschuldfrage des I. Weltkrieges. Erstaunlich ist doch, daß sich alle Parteien in der Weimarer Republik gegen diese Kriegsschuldlüge gewandt haben. Nicht eine einzige Partei, bis auf die Kommunisten, hat die Lüge anerkannt, daß Deutschland der Schuldige am Krieg gewesen sein soll. Auch die Abtrennung des polnischen Korridors zwischen Pommern und Ostpreußen, der Freien Stadt Danzig, des Sudetenlandes, hat keine einzige Partei anerkannt. Und heute stimmen sogar die nationalen Parteien wie die CDU mit »ja« und bejubeln diesen Beschluß. Das sind Dinge, die mir zu denken geben. Die jungen Leute, die zu mir kommen, sollen die Tatsachen erfahren. Deswegen geben wir ihnen die Hefte in die Hand. Neulich habe ich wieder ein paar junge Leute hier gehabt, die konnten sich aus meiner Bibliothek aussuchen, was sie haben wollten. Früher oder später wandert die doch irgendwohin, hoffentlich nicht auf die Müllhalde.

Ich habe es auch meiner Tochter zur Aufgabe gemacht, was sie nicht haben will und die anderen auch nicht, das soll sie einmal diesen jungen Leuten überlassen. Die sollen herkommen und sich aussuchen, was sie gebrauchen können von meiner Literatur. Wissen ist notwendig, das ist unsere beste Waffe.

Unsere Leute lesen sehr viel, sowohl ältere Geschichte als auch die Kriegs- und Nachkriegsgeschichte. Es ist notwendig, daß man dieser, in meinen Augen falschen Geschichtskenntnis von der Ursache des Krieges und den Anfängen ein wahres historisches Bild entgegenstellt. Man muß das den jungen Leuten immer wieder klarmachen, daß die das auch erkennen, und man muß es belegen.

Sicher, es gibt auch andere Darstellungen. Die kann man ihnen auch zeigen, und dann können sie entscheiden, wo es mehr Nachweise gibt. Wörtliche Zitate lassen sich nicht umdrehen. Und wenn Churchill gesagt hat: »Wenn Deutschland zu stark wird, muß es wieder zerstört werden«, kann man nichts dagegen setzen, wenn feststeht, wo und an welchem Tag er das geäußert hat.

Oder als ein deutscher Jurist, Professor Grimm, dem Sefton Delmer[29], dem er sich nicht zu erkennen gegeben hat, sagte: »Sie müssen jetzt mal mit den Lügen über Deutschland aufhören! Wir haben jetzt Waffenstillstand«, da hat der gesagt: »Wir fangen jetzt erst an, bis kein Deutscher mehr von einem anderen etwas annimmt.« Sefton Delmer hat sich zu seinen Kriegslügen bekannt, zu seinen Verunglimpfungen der Deutschen. Genau wie im I. Weltkrieg die Deutschen den Kindern die Hände abgehackt haben sollen, genauso ist es jetzt mit den Hinmordungen der Juden und der anderen. Ich erinnere an Katyn. Das hatte man auch versucht, den Deutschen in die Schuhe zu schieben. Bis dann eben herauskam, daß es nicht die Deutschen, sondern die Russen gewesen sind.

Die sagen das, damit sie sich mit ihrer Kriegstheorie nicht selbst in den Rücken fallen, damit man den Deutschen immer als Verbrecher hinstellen kann. Um so mehr ist er erpreßbar.

Wir sind doch erpreßbar dadurch!

Wir haben Milliarden an die Juden gezahlt, und wir zahlen auch Milliarden an die Russen. Damit wir schuldhaft bleiben und der Deutsche sich mit Asche bewirft und »Mea culpa, mea culpa!« ruft, deswegen wird das gepflegt von den anderen, und die Wahrheit wird verheimlicht.

Man kann gegen diese Propaganda eine Gegenpropaganda aufstellen, und mit der Zeit wird sich schon die Wahrheit herauskristallisieren. Davon bin ich überzeugt.

Z.B. auch die vielen Gräber von Unbekannten im russischen Besatzungsgebiet. Als ich im Frühjahr in Schlesien war, haben wir Lamsdorf[30] aufgesucht. Dort sind nach dem Krieg 3 900 Deutsche von den Polen erschossen worden, nur weil sie Deutsche waren. Das weiß kein Mensch, und es wird auch nicht gesagt. Auschwitz kennen alle. In der Zeitung stand, daß Frau Laurien wieder mit Jugendlichen nach Auschwitz fährt. Da habe ich ihr einen Brief geschrieben, sie möchte doch auch nach Lamsdorf fahren und dort einen Kranz für die 3 900 Deutschen niederlegen.

Sie hat mir zurückgeschrieben, sie habe schon von Lamsdorf gehört, aber es sei so minimal gegenüber Auschwitz, daß es sich nicht lohne, dahin zu fahren. Das gibt mir eine CDU-Politikerin zur Antwort. Das ist doch eine Schande, bloß weil es dort nicht in die Millionen geht. Aber wie viele Lamsdörfer sind es in Polen gewesen? Der Bromberger Blutsonntag ist ja ein Begriff.

Vielleicht haben Sie auch von Nennersdorf gehört, das vorübergehend von den Russen erobert war, da fanden die deutschen Soldaten, als sie wieder einmarschierten, die Frauen an den Toren in Christushaltung angenagelt. Sind das keine Verbrechen? So etwas prägt einen, das vergißt man das ganze Leben nicht.

Ich habe sehr viel über diese Dinge gelesen und lese auch heute noch sehr viel darüber, um es immer wieder den jungen Leuten in die Hand geben zu können und zu sagen: »Bitte, hier habt ihr Material. Schlagt das den anderen um die Ohren!« Es ist nicht einfach, aber es ist wenigstens noch eine Lebensaufgabe, die man hat. Nun bin ich so alt geworden, nun kann ich auch noch ein bißchen kämpfen.

Zu Leuten, die in Wehrsportlagern mit Waffen schulen, haben wir keine Beziehung. Ich kann auch nicht beurteilen, ob das stimmt. Die Wiking-Jugend wird nicht militärisch ausgebildet, nicht mit Waffen. Ihre Lager sehen so aus, daß sie vorwiegend weltanschaulich unterrichtet werden, daß sie in Brauchtum und Liedgut sowie historisch geschult werden, daß sie gesund leben. Natürlich pflegen sie den Sport und letztendlich auch den Verteidigungskampf, Karate und Yiu Yitsu. Das wird ihnen beigebracht, das ist selbstverständlich, aber es ist kein Wehrsport mit Waffen.

Ich weiß nicht, wie Priem mit Waffen arbeitet. Wenn er bei mir in Erscheinung tritt, außer seinem ungepflegten Äußeren, verhält er sich ruhig, das kann ich nicht anders sagen, genauso Worch. Ich bin überfragt, was da wirklich ist. Es gibt natürlich unter jungen Leuten immer welche, die es im geheimen immer mit etwas treiben, was man an der Spitze gar nicht weiß und gar nicht gutheißt. Da ist keiner gefeit davor, daß sich solche Leute einschmuggeln. Das ist ohne weiteres möglich, das will ich nicht leugnen. Aber von den Leuten, die aktiv bei mir mitmachen, hat keiner Waffen.

Es war auch keiner in Rostock oder Hoyerswerda oder Solingen dabei. Das waren örtliche Kräfte, die einfach verbittert über die Zustände sind, die diese Asylanten in ihren Orten hinterlassen.

In Rostock war es wohl schlimm. Da war die ganze Umgebung dieser Siedlung verwahrlost und verschmutzt. Die schmeißen ihren Abfall überall hin und lassen ihre Abortgeschichten überall liegen. Daß das natürlich zu Widerständen führt, besonders wenn junge Ehepaare, junge Leute keine Wohnung bekommen, aber die Asylanten kriegen alles, das ist doch klar. Da spielt nicht nur der normale, gesunde Neid, sondern da spielt auch der Volkserhaltungswille eine Rolle. Daß da so etwas vorkommt, ist unentschuldbar in meinen Augen. Wenn ich es auch nicht billige, aber die Schuldigen sind die anderen, die diese Zustände zulassen.

Aber etwas anderes kann diese Asylantenpolitik nicht bezwecken. Wir haben schon fast 6 Millionen Ausländer bei uns, und es wächst weiter an. Damit wird das deutsche Volk unterhöhlt. Ich erinnere nur an den Ausspruch von dem Kaufmann, dem Juden aus New York, der gesagt hat: »*Nach dem Krieg müssen wir so viele Ausländer nach Deutschland schicken wie möglich, um das deutsche Volk kaputtzumachen.*« *Das ist die Politik, die schon 1945 in Amerika geplant war und die sie heute noch praktizieren.*

Was heißt, die Asylantenpolitik hat sich verändert? Haben Sie schon gemerkt, daß es weniger werden? Es werden vielleicht nicht mehr ganz so viele anerkannt, das mag schon sein. Und natürlich muß man eine andere Einstellung zu den Kriegsflüchtlingen haben. Aber was haben hier Ghanesen zu suchen? Was gehen uns die an? Wir sollten für die Deutschen sorgen, das ist meine Meinung, und uns nicht unentwegt um Ausländer bemühen. Wenn man z.B. nach Neukölln kommt, nach Kreuzberg vor allem, und diese Türken sieht, dann hat man das Gefühl, man ist nicht mehr in Deutschland. So etwas läßt sich auch kein anderes Land bieten. Warum nimmt nicht Amerika, das nur 40 Menschen auf dem Quadratkilometer hat, Asylanten auf? Wir haben 240 Menschen je Quadratkilometer und müssen alle Leute aufnehmen. Die könnten doch genausogut nach Amerika gehen oder nach Australien.

Das fängt bei den Vietnamesen an. Warum müssen die nach Deutschland kommen? Australien liegt doch viel näher, ist ihnen klimatisch ähnlicher und ist auch ein leeres Land. Deutschland ist völlig überfüllt und hat durch die kleine Wiedervereinigung große soziale Probleme zu bewältigen.

In Mitteldeutschland muß die Industrie und die Wirtschaft erst wieder aufgebaut werden. Da liegt alles darnieder. Dafür sollten wir unsere Gelder ausgeben und nicht für Asylanten. Ich bin dagegen, daß man Asylanten ausräuchert. Diese Methode habe ich noch nie gutgeheißen, kann ich auch heute nicht gutheißen. Meine jungen Leute, von denen würde sich keiner an solchen Dingen beteiligen. Warum zum Beispiel werden bosnische Flüchtlinge überhaupt zur Flucht veranlaßt? Wenn man endlich einmal die Zufuhr von Benzin, das heute absolut notwendig ist, stoppen würde. Aber dazu kommt es nicht, weil daran wieder welche verdienen. Es wäre durchaus möglich, den Krieg in Bosnien zum Stillstand zu bringen, wenn man den Erdölhahn zudrehen würde. Außerdem ist der ganze jugoslawische Staat ein Kunstgebilde, das, genau wie die Tschechoslowakei, wie Deutschland durch den Versailler Vertrag geschaffen worden ist und von Anfang an den Keim des Auseinanderfallens in sich trug.

Als Touristen sind Ausländer natürlich herzlich willkommen. Ich habe auch nichts gegen Studenten in einem begrenzten Umfang, wenn sie wieder gehen und ihr Wissen, das sie hier erworben haben, ihrem eigenen Volk zugute kommen lassen.

Ich sehe aber nicht ein, daß Ausländer Wohnungen, Sozialunterstützung, auch die enormen Kindergelder bekommen. Wir haben selbst soviel Not im eigenen Land. Schuld an diesen Verhältnissen ist unsere Regierung, die wir heute haben. Die ist auch daran schuld, daß wir jetzt die Ostverträge haben, so wie sie sind. Wie kann man freiwillig Land aufgeben? 1976 sagte das Bundesverfassungsgesetz aus, daß Deutschland in seinen völkerrechtlichen Grenzen anerkannt ist und die Ostgebiete nur Verwaltungsgebiete sind. Heute sagt man, das sind schon Staatsgrenzen, und gibt diese Gebiete damit preis. Man verstößt gegen das eigene Grundgesetz.

Daß die Berliner Kulturgemeinschaft e.V. ein Sammelpunkt für viele nationale Gruppen und Gruppierungen ist, hat sich am besten in Halbe gezeigt. Beim letzten Aufmarsch, der erlaubt war, das war 1991, hatten wir 1 500 Leute aus verschiedenen Organisationen beim Totengedenken in Halbe versammelt. Es waren Schönhuber-Leute dabei, und die DVU war auch vertreten. Alles verlief ruhig und diszipliniert und hat bei der umliegenden Bevölkerung durchaus einen Eindruck hinterlassen.

In den beiden Jahren, wo die Veranstaltung in Halbe zustande kam, werden sie dort keinen einzigen unter Alkohol Handelnden getroffen haben. Es ist für uns selbstverständlich, daß an diesem Tag jeder Herr seiner selbst ist. Beide Veranstaltungen verliefen in absoluter Ruhe und Friedfertigkeit. Sogar die Polizei mußte zugeben, daß es beide Male disziplinierte Veranstaltungen gewesen waren.

Nur von linker Seite ging eine Gefahr aus, von der rechten Seite überhaupt nicht. Die Linken hatten zur Gegendemonstration aufgerufen. Das ist schon ein Zeichen dafür, daß die Krawalle verursachen wollten, nicht wir.

Eine solche Veranstaltung planten wir auch für 1992. Dafür hatten sich sogar 2 500 Leute angemeldet. Das geht natürlich nicht, das mußte verboten werden. Es war eine rein politische, keine rechtliche Entscheidung. Man wollte vermeiden, daß die Rechten sich artikulieren und einen Zusammenschluß haben.

Wir müssen bedenken, daß es viele Rechte gibt, die sich gegenseitig nicht grün sind, sondern in Konkurrenz stehen. Es ist uns gelungen, durch unsere Kulturgemeinschaft alle unter ein Dach zu fassen. Diese Veranstaltung war ein typisch nationalbewußtes Bekenntnis.

Ich meine, die Überschrift »Die Würde des Menschen ist unantastbar«, da möchte ich sagen: aber nicht die der Deutschen.

Haben Sie an diesem Tag ein einziges Wort gehört über die Todesopfer in den russischen Gefangenenlagern, über die in den amerikanischen Gefangenenlagern? Kreuznach in den Rheinwiesen hat über 1 Millionen Todesopfer gefordert. Darüber wurde nicht gesprochen. Es wurde nur über angebliche NS-Opfer gesprochen. Es wurden auch nicht die Bombenangriffe über Dresden und Hamburg erwähnt.

Es fiel nicht das Wort, daß die Flüchtlingsschiffe beschossen wurden, die die Flüchtlinge aus Ostpreußen und auch die Soldaten aus dem Baltikum zurückbrachten. Es war unsere Aufgabe, diese Dinge zu erwähnen. Ich kann auch gleich sagen, warum wir Halbe gewählt haben. Das ist einmal wegen der größten Kesselschlacht, die unmittelbar vor Kriegsende um Berlin stattgefunden hat. Zum anderen aber auch, weil dort die Toten von Ketschendorf mit beigesetzt sind.

Ketschendorf war ein russisches Konzentrationslager mit sehr vielen Opfern auch unter der Zivilbevölkerung. Frauen, selbst Kinder und Greise wurden dort ermordet.

Aus diesen Gründen haben wir ganz bewußt Halbe gewählt,

nachdem die Möglichkeit bestand, nicht nur in Westdeutschland eine Veranstaltung zu machen, sondern eine Gesamtveranstaltung im mitteldeutschen Raum.

Die Schließung des Friedhofs in Halbe am Volkstrauertag 1992 war eine Unverschämtheit. Es wollten auch Privatleute, die dort Angehörige liegen haben, ihre Kränze niederlegen, aber sie wurden daran gehindert. Daß man den Deutschen verwehrt, ihrer Toten zu gedenken, ist nur in Deutschland möglich, das gibt es in keinem anderen Land.

Wir sind ein Volk, das verschiedene politische Meinungen hat. Die Presse sorgt ja dafür, daß dieses angebliche Schreckgespenst des Nationalsozialismus nicht untergeht, daß es erhalten bleibt. Aber Faschismus ist etwas völlig anderes als Nationalsozialismus.

Der Faschismus ist etatistisch. Das beste Beispiel dafür ist Südtirol, wo der Faschismus Mussolinis das Deutschtum, das Volkstum unterdrückt hat. Der Nationalsozialismus aber baut als völkische Idee auf dem Volkstum auf. Das ist der Hauptunterschied zwischen Faschismus und Nationalsozialismus. Daß sie natürlich beide diesen Staat bejahen, das ist etwas, was uns mit ihnen verbunden hat.

Wir mußten aus staatspolitischen Gründen mit Mussolini zusammengehen. Vielleicht gar nicht mit wahrer Leidenschaft, denn wir hatten unsre Deutschen in Südtirol nicht abgeschrieben. Aber wir waren dazu gezwungen, denn wir konnten nicht noch eine Front aufmachen.

Man kann von einer Niederlage sprechen, weil eine Veranstaltung, die geplant war, nicht stattfinden konnte. Sie haben etwas verhindert, aber sie haben uns nicht kaputtgekriegt. Der Widerstand ist nach wie vor da. Wir arbeiten im Stillen weiter, wie wir bisher gearbeitet haben. Und wir werden weiter versuchen, die Jugend für die nationalen Belange zu aktivieren.

Bei der Jugend aus der ehemaligen DDR und der BRD gibt es ein einheitliches nationales Bewußtsein. Vielleicht sind die aus Mitteldeutschland sogar etwas radikaler als die Bundesdeutschen, weil sie so lange unterdrückt worden sind.

Das ist ganz klar: Wenn man dauernd unterdrückt wird, werden auch die Gegenkräfte wachgerufen und gefördert. Aber sonst merkt man da keinen Unterschied.

Ich war jetzt eine Woche in Naumburg an der Saale. Dort haben wir mit der Bevölkerung Kontakt aufgenommen. Es war sehr erschütternd, wie deren Hoffnungen durch die Wiedervereinigung betrogen worden sind. Die Industrie und die Wirtschaft dort werden nicht unterstützt, sondern es kommen westdeutsche Firmen dahin und nutzen das Land aus.

Wir haben in Naumburg erlebt, daß eine Zuckerfabrik eingehen mußte, weil eine westdeutsche Firma woanders Zucker hinhaben wollte.

Ein Kalkwerk mit früher 6 000 Beschäftigten hat jetzt noch 300 Beschäftigte, weil es eine ausländische Firma ist. Das verbittert natürlich die Leute. Wir haben mit Bedauern festgestellt, daß in Mitteldeutschland eine außerordentliche Verbitterung gegenüber den deutschen Verhältnissen herrscht. Das treibt natürlich die Gegenkräfte an die Oberfläche.

Die sammeln sich einmal in der PDS und zum anderen im rechten Lager.

Sie haben jahrelang gehofft, es ändert sich zum Guten. Es ändert sich nicht zum Guten, sondern es wird so, daß sie arbeitslos werden. Nehmen Sie die Leute von Bischofferode! Daß die Leute verbittert sind und dann nicht gerade CDU wählen, ist wohl klar. Warum muß man ihnen eine westdeutsche Firma vor die Nase setzen? Warum muß man hier sogar die Konkurrenz aus dem Ausland einsetzen? Die Verbitterung in Mitteldeutschland ist außerordentlich stark.

Die Bauern sind am Verzweifeln. Sie sagten: »Es lohnt sich nicht, daß wir etwas anbauen, denn es ist alles zu teuer.« Überall entstehen die großen Märkte, Billigmärkte auf plattem Land. Der Verbraucher, der natürlich billig kaufen will, geht dann dahin, und das eigene Gewerbe geht kaputt.

Sicher, wirtschaftlich und umweltmäßig ist dieses Land kaputt. Wenn man die Tagebaugebiete der Braunkohle sieht, es ist erschütternd. Unser Land war in jeder Beziehung besser. Aber diese Ausbeutung, die dort jetzt einsetzt, die ist auch ver-

kehrt, das sagen die auch. Sie werden nicht als gleichwertig behandelt, sondern eher: Wir müssen euch jetzt alles zeigen. Es ist bestimmt ein großes Problem gewesen, dieses Gebiet wieder zu vereinnahmen, aber es wurden dabei auch viele Fehler gemacht. Ich bin kein Wirtschaftler, um beurteilen zu können, wie man es hätte anders machen müssen, aber so hätte man es nicht verändern dürfen.

Das war erschütternd in Naumburg, was die Bauern uns erzählten. Ihre Verbitterung war durchaus verständlich, und das macht sich bei den Wahlen bemerkbar.

Ich wundere mich gar nicht, daß die PDS dort so stark vertreten ist. Viele sagen: »Uns ging es damals besser. Wir hatten alle Arbeit.« Natürlich haben sie nicht so intensiv gearbeitet, wie wir das gewohnt sind. Sie sind das auch heute noch nicht gewohnt. Man muß sie nicht von heute auf morgen umstellen wollen, sondern man muß hier langsam, aber mit Sicherheit aufbauen. Das wird nicht gemacht. Es wird ihnen einfach etwas vor die Nase gesetzt. Man hätte anders eingreifen müssen und z.B. nicht einfach den Tagebau der Braunkohle stillegen dürfen. Mit Umweltmaßnahmen hätte man das Schlimmste bekämpfen können, aber die Arbeitsplätze erhalten.

Genauso sieht es dort mit den Wohnungen aus. Die Wohnungen, die sie jetzt kriegen, sind zu teuer. Das westdeutsche Kapitalsystem setzt sich durch. Früher hatten sie Wohnungen zu annehmbaren Preisen, wenn auch primitivere. Sicher, die Wohnungen verkamen, aber heute haben sie gar keine. Man hätte dort nicht so mit unserem kapitalistischen System eingreifen sollen, sondern man hätte langsam sanieren sollen, wenn es auch ein bißchen gedauert hätte. Das ist etwas, weswegen wir mit unseren jungen Leuten öfter mal in diese Gebiete gehen, damit sie das auch einmal sehen und Kontakt zur Bevölkerung kriegen und die Probleme kennenlernen.

Es gibt keine Ruhe. Ruhe gibt es nur dann, das hat schon der amerikanische Präsident Lincoln gesagt, wenn eine Sache gerecht geregelt ist. Südtirol ist nun seit 1918, also bald 70 Jahre, italienisch. Es gibt keine Ruhe in dem Land. Es gibt immer *wieder Unruhen, und die muß es auch geben. So lange, bis durchgedrungen ist, daß die Südtiroler Deutsche sind und daß wir wieder mit Tirol vereinigt werden wollen. Im Osten ist es nicht mehr ganz so, weil man die Leute alle vertrieben hat.*

Kein Franzose hat damals auf Elsaß-Lothringen verzichtet. Das war wieder ein Grund, einen Krieg anzufangen, obgleich Elsaß-Lothringen deutsches Land war. Straßburg ist eine deutsche Stadt. Sie wurde von Deutschen gegründet, und die Geschichte ist deutsch, bis Ludwig XIV. die Stadt widerrechtlich erobert hat. Seitdem ist Elsaß-Lothringen ein Streitpunkt und wird es so lange bleiben, bis zumindest die Minderheitsrechte gewahrt werden. Es ist dasselbe, was man schließlich im Osten erreichen will: daß die Deutschen mindestens wieder gleichberechtigt sind. Dann bietet der Osten wieder Siedlungsraum in ungeheurem Maße. In den Ostgebieten ist die Siedlungsdichte bei 100 Einwohnern je Quadratkilometer, da könnte man durchaus wieder Deutsche zwischensiedeln.

Ich habe es kaum für möglich gehalten, daß diese Teilwiedervereinigung gelang. Mein nächstes Ziel ist die völlige Wiedervereinigung, daß wir unseren Osten einmal zurückgewinnen. Und wir müssen etwas gegen die Überamerikanisierung tun und zum eigenen Volkstum zurückfinden. Deutschland ist heute ein Land, das in sich völlig uneins ist, ein stark amputiertes Gebilde.

Zu Deutschland gehört selbstverständlich auch Österreich. In den Volksabstimmungen, die 1921 in Österreich stattfanden, sprachen sich 93 bis 95% für den Anschluß an Deutschland aus. In der Weimarer Nationalversammlung wurden die Plätze für die österreichischen und sudetendeutschen Abgeordneten freigehalten, weil die zu Deutschland gehörten, aber die Alliierten haben es verboten. Unter Androhung der Wiederaufnahme der Hungerblockade durften keine weiteren Volksabstimmungen stattfinden.

1938 hat Hitler dann eine Volksabstimmung gemacht, in der sich ebenfalls 93% für den Anschluß aussprachen. Heute behauptet man, die Österreicher sind ein eigenes Volk. Die sind kein eigenes Volk, sondern wir sind ein Volk.

Genauso wie wir ein Volk sind mit den sogenannten Ost-
deutschen, wie man heute immer sagt, anstatt Mitteldeut-
schen. Wir sind ein Volk und haben eine Kultur. Das ist etwas,
was wir vor allem der Jugend immer wieder sagen müssen. Es
wird ihnen in der Schule nicht beigebracht. Dort werden un-
sere Leute auch ein bißchen aufmüpfig. Die Wiking-Jugend ist
ja eine Jugendorganisation, und die Jugendlichen treten den
Lehrern durchaus offen entgegen.

Haider[31] *ist auch der Meinung, daß Österreich zu Deutsch-*
land gehört. Ganz Österreich sagt: »Wir sind keine Nation.
Wir gehören zur deutschen Nation, zum Deutschen.« Haider
ist zwar kein Nationalsozialist, und er betont das auch immer
wieder, aber das ist zweitrangig. Wichtig ist, daß er sich als
Deutscher fühlt. Die Österreicher sind keine eigene Nation.
Sie sprechen die deutsche Sprache. Sie haben unsere Kultur-
tradition. Sie haben das größte deutsche Theater, nämlich das
Wiener Staatsschauspiel, die Wiener Oper. Sehr viele Schrift-
steller gehören einfach zu uns. Das ganze Bild Österreichs,
nehmen wir die Bauern, nehmen wir die Städte, nehmen wir
Wien, ist deutsch geprägt. Was ist daran eine eigene Nation?
Das muß man den Leuten immer wieder sagen, und man
muß es pflegen. Deswegen haben wir auch die vielen Kultur-
fahrten nach Österreich gemacht, vor allem auch nach Südti-
rol, um das den Leuten anschaulich zu zeigen.

Es bleibt nur der gewaltfreie Weg. In den letzten Jahren hat
sich schon ein Wandel vollzogen, das läßt sich nicht leugnen.
Es interessieren sich heute viel mehr Menschen für die poli-
tisch-nationalen Belange als ein paar Jahre früher. Ob sich
außenpolitisch einmal etwas ändert …

Ja, wenn wir nichts tun, dann bestimmt nicht. Aber wie z.B.
das Ziel Ostpreußen zeigt, sind schon Anfänge für nationale
Arbeit da, das Land nicht durch Kriegerisches, aber durch die
Wirtschaft und durch innere Kolonisation für uns zu gewin-
nen.

Zunächst erst einmal, daß man die Forderung stellt, daß
die Deutschen wenigstens ihr Deutschtum pflegen können,

daß die deutschen Schulen wieder die deutsche Sprache haben. Jeder, dem man ein Stück von seinem Garten nehmen würde, einem Deutschen, einem Herrn Kohl z.B., der würde sich aufregen. Daß man aber den Deutschen das gesamte Gebiet genommen hat, daß man ihr Eigentum, was seit Generationen in ihren Familien ist, geraubt hat, das rührt den nicht an. Das sind Ungerechtigkeiten. Und solange diese Ungerechtigkeiten bestehen, so lange gibt es auch keinen Frieden. Sicher, Waffenstillstand gibt es, aber es gibt keinen Frieden.

Allein kann man das nicht schaffen. Deshalb stehen wir auch auf dem Standpunkt: Erst einmal eine Mannschaft sammeln, die in der Lage ist, das zu artikulieren, was sie wollen, und es dann auch schrittweise umsetzen. Auch die Wiedervereinigung mit Österreich, früher oder später kommt sie, das ist unaufhaltsam. Was zusammen gehört, wird auch zusammenwachsen, wie Kohl so schön sagt. Bloß handelt er nicht danach.

Über Shirinowski ist man sich noch nicht im klaren, da er die verschiedensten Äußerungen macht. Ich kann mir wirklich kein Urteil erlauben, weil ich nur darauf angewiesen bin, was ich höre. Aber ich werde die Gelegenheit haben, mit Haider zu sprechen, der jetzt mit Shirinowski zusammen war. Der ist auch national und hat ja mit Shirinowski in Österreich verhandelt, ebenso Frey. Vielleicht erfährt man dann mehr.

Die Aussagen bisher sind wirklich sehr verschieden. Einmal will Shirinowski uns mit Atombomben überziehen, und andererseits will er, daß Polen wieder zwischen Deutschland und Rußland aufgegliedert wird. Dann hat er gedroht, wenn wir die Serben angreifen, greift er für die Serben ein. Das sind alles noch Unklarheiten.

Meine Tochter, die kleinste, ist politisch absolut indifferent. Die sagt immer: »Du wirst es schon richtig machen, Mutti!« Die Stiefkinder sind sehr stark von mir beeinflußt. Die große Tochter ruft mich immer an: »Mutti, ist es richtig, wenn ich NPD wähle?« Ich sage dann: »Ja, die kannst du wählen.« Meine andere Tochter in Berlin, die auch zwei Kinder hat, die ist politisch ähnlich eingestellt wie ich, aber nicht aktiv.

Ich habe die Kulturgemeinschaft jetzt abgegeben an einen Jüngeren und bin ins zweite Glied getreten. Mein erster Stellvertreter ist jetzt Vorsitzender, und ich bin die zweite Vorsitzende.

Der Vorsitzende der Berliner Kulturgemeinschaft Preußen e.V. ist seit Januar 1994 Herr Bolt, ein Student.

Man wird wahrscheinlich noch von mir reden, aber das ist ganz klar, wenn man das jahrelang gemacht hat.

Heute wird die Nationalitätenfrage für alle akut. Man sieht es überall: die Bretonen, Basken, die Iren. Es ist nicht mehr auszumerzen. Sie wollen alle ihre Nationalität erhalten. Ein Völkergemisch, wie die UdSSR es gewesen ist oder die USA es sind, kann man auf die Dauer nicht erhalten. Die Rassenkämpfe in den USA führen einmal zu Auseinandersetzungen, die das ganze Land zerschlagen können. Nehmen Sie Israel und die Araber! Nehmen Sie Südafrika! Überall setzt sich der Nationalismus durch. Warum nicht auch bei uns? Früher oder später kommt er.

Nachdem ich das Gespräch mit Frau Schaffer geführt hatte, mußte ich ein weiteres Mal zu ihr. Sie hatte einige Anmerkungen, die sie mir mitteilen wollte. Außerdem benötigte ich die Autorisierung ihres Textes. Wieder diese Prozedur: Haare färben, schminken, auspolstern. Es war ein warmer Julitag, als ich mich zu ihr auf den Weg machte. Während der Fahrt stellte ich mir vor, was wohl passieren würde, wenn mir die Schminke im Gesicht schmilzt. Hitzephantasien! Es wird schon alles gut gehen!

Ich wollte dieses zweite und letzte Gespräch schnell hinter mich bringen.

Bei ihr angekommen, korrigierte Frau Schaffer einige Namen, die ich falsch verstanden hatte. Sonst beließ sie den Text so, wie er hier vorliegt.

Anschließend kam sie noch einmal auf die falschen Geschichtsdarstellungen zu sprechen. Offensichtlich ließ ihr dieses Thema keine Ruhe. Als Beispiel führte sie diesmal den Tod von Rudolf Heß am 17. August 1987 an. Der könne sich in der Festung Spandau gar nicht selbst erhängt haben. Sogar der damalige US-amerikanische Festungskommandant Eugene K. Bird habe angegeben, daß Heß ermordet worden sei. Warum sollte sich Heß auch selbst töten, wenn er doch kurz vor seiner Entlassung stand? Sicher hätten die Alliierten verhindern wollen, daß Heß nach seiner Freilassung die »Wahrheit« verkünden würde.

Der Tod von Heß ist bis heute nicht schlüssig aufgeklärt und bietet deshalb immer wieder Anlaß zu Spekulationen. Aber Frau Schaffer, der nichts Beweisbares zur Verfügung steht, machte daraus sofort ein weiteres Beispiel für ihre Verfolgungstheorie: alle gegen Deutschland. Schon der Aggressions- und Expansionspolitiker Adolf Hitler benutzte diese Methode, um aus seinem Angriffs- einen Verteidigungskrieg zu machen.

Ich erinnere in diesem Zusammenhang an die Zwischenfälle mit dem Sender Gleiwitz, die als Grund bzw. Rechtfertigung für den Überfall Hitlerdeutschlands auf Polen herhalten mußten. Dabei hatten die Deutschen alles selbst inszeniert! Davon spricht Frau Schaffer aber nicht. Sie redet über den Bromberger Blutsonntag, über Lamsdorf, über Katyn.

Die armen Deutschen!

Und um es mit den Worten von Frau Schaffer zu sagen: »Deutschland wurde zum Krieg gezwungen.« Dieser Denkungsart, die bei Frau Schaffer bis in die 30er Jahre zurückreicht, ist sie bis heute treu geblieben. Die Deutschen endlich von ihrer Schuld freizusprechen, das ist das Ziel, nicht nur von Frau Schaffer. Die Russen hätten damals den Krieg sowieso geplant. Die Deutschen sind ihnen nur zuvorgekommen, sozusagen in Notwehr.

Man kann es hin- und herdrehen, tausendmal das Wenn und Aber abwägen, der Fakt bleibt: Deutschland und nicht die Russen, nicht die Engländer, nicht die Franzosen haben den ersten und nicht nur diesen Schritt zur Entfesselung des zweiten Weltkrieges getan.

Was Frau Schaffer mit ihrer Argumentation auch bezweckt, ist die Legendenbildung um die deutsche Geschichte in diesem Jahrhundert. Dabei verwebt sie ihre revisionistischen Ansichten geschickt mit Halbwahrheiten, neuen Geschichtsdarstellungen und alten Ansichten. Als Argument dienen ihr dann im besonderen falsche Geschichtsdarstellungen zum Beispiel der Russen, siehe Katyn.

Bei unserem zweiten Gespräch bat ich sie, noch einige Fragen zu Passagen zu beantworten, die mir unklar waren. Sie hatte nichts dagegen. Als wir gerade über das Ministerium für Raumplanung sprachen, klingelte es plötzlich an der Wohnungstür. Ich sprang sofort auf, so erschrocken war ich.

»Wer ist denn das?« fragte ich entsetzt.

Ach, meinte sie, das wäre Herr Bolt.

Auch wenn ich ihren Nachfolger bei der Berliner Kulturgemeinschaft Preußen e.V. nicht kannte, hatte ich Angst, ich könnte ihm schon einmal begegnet sein. Was dann? Ich hatte die Autorisierung noch nicht!

Herr Bolt trat durch die Tür, als wäre er hier zu Hause. Frau Schaffer hatte erzählt, daß er ein Student sei, aber so hatte ich ihn mir nicht vorgestellt. Ich sah einen hünenhaften Mittzwanziger mit Nickelbrille vor mir. Er trug eine HJ-ähnliche Kleidung und sah aus, als wäre er einer Dokumentation über das Dritte Reich entsprungen.

Er fragte mich barsch nach meinem Namen und was ich wolle. Frau Schaffer fühlte sich bemüßigt, mich zu verteidigen, und erklärte mein Anliegen. Er nahm sofort die herumliegenden Textpassagen zur Hand und begann zu lesen. Ich stellte nur noch eine Frage und beendete dann das Gespräch mit Frau Schaffer. Ich hatte furchtbare Angst. Wenn Frau Schaffer auf meinen Schmink- und Verkleidungsaufzug hereinfiel, diesem Typ würde bestimmt etwas auffallen. Am liebsten wäre ich ohne die Autorisierung gegangen. Aber ein Versuch mußte sein. Ich zog den Vertrag aus der Tasche und bat sie, zu unterschreiben. Wieder ging Herr Bolt dazwischen. Was das solle und wieso ich eine Autorisierung wolle. Ich riß mich zusammen und erklärte scheinbar ruhig und etwas gelangweilt, mein Professor brauche eine Bestätigung für die Richtigkeit der Angaben. Er gab sich geschlagen, und Frau Schaffer unterschrieb. Ich verabschiedete mich. Dabei fragte mich dieser Typ noch einmal nach meinem Namen.

So schnell wie an diesem Tag war ich noch nie in meinem Auto und unterwegs in Richtung Innenstadt. Nur weg! In der Masse verschwinden! Wer weiß, was dem sonst noch eingefallen wäre.

Für den 1. Mai 1991 hatten wir die Erlaubnis, auf einer Feierstunde der Deutschen Alternative (DA) bei Cottbus zu drehen. Es war das erstemal, daß ich überhaupt an einer Veranstaltung dieser Partei teilnahm.

Ich hatte mir inzwischen Kleidung besorgt, die ungefähr der szeneüblichen entsprach. Ich trug Doc-Martens-Stiefel und eine Lederjacke, dazu meistens schwarze Jeans. Immer mehr paßte ich mich äußerlich der Welt der Neonazis an. Dadurch wurden die Schwierigkeiten geringer, mich ungehindert unter ihnen zu bewegen. Aber ungefährlich war das nicht. Die Gratwanderung zwischen äußerer Anpassung und innerer Haltung hinterließ psychisch ihre Spuren in mir. Ich dachte immer weniger darüber nach, warum und wofür ich das alles eigentlich tat. Das Thema »Rechtsradikalismus« verselbständigte sich beinahe. Ich verlor den Gegenpol immer mehr aus den Augen. Die zwei, drei Journalisten, die ich kannte, und die sich ebenfalls mit dieser Thematik beschäftigten, hatten dieselben Probleme. Wir konnten uns zwar untereinander austauschen, helfen aber nicht.

Immer wieder gab es auch Gerüchte, daß der eine oder andere Kollege eigentlich ein »Rechter« sei. In den Diskussionen um Bonengels Film »Beruf Neonazi« erlebte ich es 1993 wieder.

Frank Hübner, Vorsitzender der DA, hatte für seine Maiveranstaltung 1991 einen Kulturhaussaal in einem Dorf bei Forst gemietet. Wir trafen Hübner am Hauptbahnhof in

94

Cottbus. Von dort aus wollte er uns weiterleiten. Wohin es genau gehen sollte, hatte er vorher nicht bekanntgegeben. Später stellte ich fest, daß es eine Vorliebe von Hübner war, Journalisten mit unheimlichem Aufwand durch die Gegend zu dirigieren, ohne daß diese wußten, wohin es am Ende gehen sollte.

Also Treffpunkt Hauptbahnhof Cottbus. Zu unserer Sicherheit befahl Hübner zwei nicht gerade schwächliche Skinheads an unsere Seite. Sicher tat er das auch, damit wir nicht unbeaufsichtigt drehen konnten. Mit dem Personenzug, mit ungefähr 50 Neonazis fuhren wir dann nach Forst an der deutsch-polnischen Grenze. Auf dieser Fahrt machte ich einige Interviews. Die Stimmung im Zug war locker und relativ friedlich. In Forst angekommen, wurden wir am Bahnhof von einem riesigen Polizeiaufgebot und mindestens 100 Nazis erwartet. Zu Fuß ging es dann weiter nach Sacrow. Dort waren noch einmal 50 Leute, die aus anderen Bundesländern direkt zum Veranstaltungsort gekommen waren. Ich lernte Heinz »Nero« Reisz aus Langen kennen. Reisz ist ein 55jähriger Kühnen-Getreuer und Chef der Kleinstpartei »Deutsches Hessen«. Außerdem war Michael Petri anwesend, zu dieser Zeit Landesvorsitzender der Deutschen Alternative Rheinland Pfalz. 1993, nach dem Verbot der DA, gründete er die Partei Deutsche Nationalisten (DN) in Mainz.

Auch Roman Dannenberg, damaliger Landesvorsitzender der DA Sachsen aus Hoyerswerda, traf ich an diesem Tag zum erstenmal.

Die Veranstaltung begann am frühen Abend. Ihr Motto lautete: »1. Mai – Tag der deutschen Arbeit«. Dementsprechend waren auch die Reden.

Reisz sprach alles an, was zu diesem Zeitpunkt öffentlich in der Bundesrepublik diskutiert wurde. Zum Beispiel wollte er Honecker ein goldenes Denkmal bauen, weil der den einen Teil Deutschlands »so schön ausländerfrei« gehalten habe. Dannenberg stotterte sich mehr schlecht als recht durch die hohlen Phrasen seines Parteiprogramms.

Mit dem Satz »Wir sind das beste Volk der Welt!« beendete er seine Rede. Dann kündigte Hübner den »Kampfredner« Michael Petri an. Der damals 21jährige Petri schmetterte seine Parolen derart wütend und zackig in die Menge, daß nicht einmal Zeit zum Luftholen blieb. Ich hatte das Gefühl, daß er sprachlich geschult war. Er beeindruckte durch seine Redegewandtheit, aber seine Argumente wurden dadurch nicht besser. In Erinnerung blieb mir der Satz: »Und irgendwann haben wir eine Außenministerin, die ein Kopftuch trägt, und einen Bundeskanzler, der schwarz ist.« Petri erhielt an diesem Tag den meisten Applaus.

Nach dem offiziellen Teil der Veranstaltung gab es für alle Anwesenden eine warme Mahlzeit: Kaßler mit Blumenkohl und Kartoffeln, gezahlt aus der DA-Parteikasse. Außerdem wurden Naziaufnäher, DA-Parteiprogramme, die aktuelle Ausgabe der DA-Zeitschrift »Brandenburger Beobachter« und DA-Regenschirme verkauft. Irgendwann stellte Hübner mir seine hochschwangere, nicht einmal 20jährige Frau Anka vor. Mir gegenüber verhielt sie sich äußerst zurückhaltend.

Die Nazifrauen, die, wie Anka Hübner, in diesem Buch zu Wort kommen, kenne ich nun schon seit Jahren persönlich. Allesamt präsentieren sie sich ungern in der Öffentlichkeit, verweigern sich den Medien. Es ist mir nur selten gelungen, eine dieser Frauen vor die Kamera zu bekommen. Dabei wurde deutlich, daß diese Frauen selbst an ihrem Doppelbildnis arbeiten. Einerseits geben sie vor, nur so dabeizusein, nicht wirklich zu den politisch Aktiven zu gehören, eben eine passive Rolle zu spielen. Sie wollen, mehr als ihre männlichen »Kameraden«, in ihrer Umgebung, ihrem sozialen Umfeld unerkannt und scheinbar unschuldig bleiben. In diesem Bestreben werden sie von ihren »Kameraden« kräftig unterstützt.

Auf jener Veranstaltung der DA am 1. Mai 1991 machte ich ein kurzes Interview mit der hochschwangeren Anka. Anschließend verbot mir Frank Hübner dessen Veröffentlichung. Dabei hatte ich sie nur gefragt, ob sie stolz auf ihren Mann sei, was sie mit: »Ja, ich bin sehr stolz auf Frank!« beantwortete. Die Anweisung des wie immer mit seidener Bomberjacke bekleideten Hübner kam mit Nachdruck, von einigen herumstehenden Skinheads mit aggressiven Blicken bekräftigt. Nach dem Motto: »Wir haben es alle gehört und werden darauf achten!« beobachteten sie mich und das Kamerateam noch eine Weile. Es hätte ja sein können, daß ich heimlich versuchte, doch noch ein paar Bilder von Anka zu drehen. Die Glatzen waren sich der Macht, die sie über uns gnädig zugelassene Journalisten hatten, durchaus bewußt. Als »Unbeteiligte« fühlt man sich so einer Situation hilflos ausgeliefert.

In persönlichen Gesprächen nahmen die Frauen in der rechten Szene nie ein Blatt vor den Mund, machten aus ihren Motivationen, Aktionen und Zielen kein Hehl.

Ich mußte versuchen, diese Frauen zum Reden zu bewegen, zum Reden in der Öffentlichkeit. Ich hatte die Hoffnung, daß es ohne Kamera, in einer intimeren Atmosphäre eher möglich wäre. Ich war erstaunt, wie gut das funktionierte.

Anka traf ich im Laufe der letzten zwei Jahre häufig wieder. Ich mußte ihre gerade geborene Tochter begutachten und hörte mir am Telefon ihre Sorgen an, die sie sich über die häufige Abwesenheit ihres Mannes machte. Mit der Zeit verlor sie ihr Mißtrauen mir gegenüber immer mehr. Als ich sie fragte, ob sie mir ein Interview für ein Buch geben würde, sagte sie erst einmal ab. Eine Woche später bat ich sie trotzdem noch einmal darum und erreichte mit der Zusicherung, sie könne den Text autorisieren, ihr Einverständnis.

Anka Hübner ist sehr pressescheu und hat bisher kaum Interviews gegeben. Sie ist für mich interessant, weil ich glaube, daß die politische Haltung, die sie heute vertritt, viel mit der Beziehung zu ihrem Mann Frank Hübner zu tun hat. Bei ihr habe ich immer das Gefühl, wenn sie sich zufällig in einen anderen Mann verliebt hätte, würde sie heute auch eine andere politische Meinung vertreten. Nun also ist es Frank Hübner, in den sie sich verliebte und den sie 1991 heiratete.

Als ich zu unserem erstem Interviewtermin nach Cottbus fuhr, bereitete ich mich unterwegs darauf vor, daß sie es sich doch noch anders überlegen könnte. Ich hatte das Gefühl, Frank Hübner sei gegen das Interview. Das entspräche ihm jedenfalls. Sein eigener Drang zur Selbstdarstellung ist sehr groß. Vielleicht fühlte er sich übergangen, wenn ich mich dieses Mal nur für seine Frau interessierte. Als ich in Cottbus ankam, war nur Anka Hübner da. Ich fragte sie gleich nach ihrem Mann und sprach auch von meinen Zweifeln, was ihre Bereitschaft zu dem Interview betraf. Sie erklärte, daß Frank ihr bei diesen Entscheidungen nicht reinreden würde. Außerdem sei er mit der Tochter gerade beim Arzt. Ihre Autonomie erstaunte mich. Ich hatte mir sein eheliches Verhalten autoritärer vorgestellt.

Ich war zum erstenmal in der Hübnerschen Wohnung: Nirgends ein Hinweis auf die vorherrschende politische Meinung erkennbar. Nicht einmal die obligatorische Deutschlandkarte hing an der Wand. Ich fragte mich allerdings, wie sie sich ihren Lebensstandard finanziell ermöglichten, denn beide arbeiteten seit Jahren nicht mehr.

Als erstes erzählte Anka Hübner mir von ihrem Piercingtermin, den sie an diesem Vormittag gehabt hatte. In ihrem linken Nasenflügel glitzerte ein frisch gestochener Nasenstecker.

Irgendwie ähnelte sie eher einer Edelpunkfrau als der Gattin eines Naziführers. Sie war mit Lederhosen und einem langen weißen Pullover bekleidet. Ihre Haare trug sie jetzt wie Nena, denn Anka Hübner ist Nena-Fan. Sogar ihre zweijährige Tochter Elisabeth erkennt schon jedes Nena-Lied, wenn es im Radio gespielt wird.

Das Interview war unproblematisch. Anka Hübner erzählte mir alles, was ich wissen wollte.

Besonders die Schilderung ihrer Jugendzeit bereitete ihr großes Vergnügen. Auffällig war dabei, daß sie diese Erinnerungen im Sinne ihrer heutigen politischen Einstellung »geradebog«.

So war sie natürlich nie wirklich Punk gewesen, sondern einfach nur »anders« oder »dagegen«.

Höhepunkt dieser Umwertungen war der Satz: »Da wußte ich, das ist es.« Er vermittelt den Eindruck, als wäre sie schon immer auf der Suche nach gerade dieser politischen Richtung, der nationalsozialistischen, gewesen.

Später kam Frank Hübner doch noch dazu. Auch er sah den Nasenring seiner Frau das erstemal. Er war darüber ziemlich entsetzt. Ihm war wohl klar, daß das Äußere seiner Frau nicht so richtig zur »Szene« paßte. Eine Weile mokierte er sich über den neuen Schmuck von Anka. Sein größtes Problem schien zu sein, daß sie demnächst zu einer Lesung fahren wollten, wo auch viele Altnazis anwesend sein würden. Was sollten die denken, wenn Anka Hübner so völlig »undeutsch« auftauchte? Wie sollte er selbst die Eskapaden seiner Frau verteidigen? Ein schwerwiegendes Problem für einen deutschen Neonazi.

Einige Wochen später führte ich mit ihr ein Ergänzungsinterview. Wieder war Frank Hübner nicht anwesend. Ich hatte für die Autorisierung das erste Interview mitgebracht. Sie veränderte es nur unwesentlich. Einige Formulierungen und Wiederholungen strich sie heraus.

Das Lesen und Korrigieren dauerte eine Zeit. Als Frank Hübner kam, erwartete ich, daß er sich für das Interview seiner Frau interessieren und eventuell auch noch Korrekturen vornehmen würde. Dem war nicht so. Er nahm nicht einmal eine Seite in die Hand. Ihn interessierte der Verbleib von Ingo Hasselbach, dem Nazi-Aussteiger aus Berlin. Aus seinem gespielten Desinteresse für den Aussteiger und seinen scheinbar beiläufigen Fragen nach ihm, bemerkte ich, wie wichtig Hübner das Thema und die Person Hasselbach waren.

Anschließend stellte ich Anka Hübner noch einige Fragen. Auch dabei ging es um den Ausstieg Ingo Hasselbachs. Was sie dazu zu sagen hatte, schockierte mich. Sie war sich sicher, daß er seine »gerechte Strafe« noch erhalten würde. Und sie war offensichtlich enttäuscht von diesem »Verräter«. Ich fragte mich, ob sie auch mich einmal als Verräterin bezeichnen würde, die bestraft werden müsse.

Der Kontakt zwischen Frank Hübner und mir hatte sich in den letzten beiden Jahren ziemlich gefestigt. Ich hatte bei unseren Treffen nicht einmal etwas von meiner persönlichen Einstellung durchblicken lassen. Ich wußte, daß Hübner und andere Nazis mich für naiv hielten. Vielleicht wurden die Nazis deshalb mir gegenüber immer zutraulicher. Hübner ging sogar so weit, mir eine Mitgliedschaft in der DA nahezulegen. Die Vorstellung, verkünden zu können, daß er sogar Journalisten in seiner Partei habe, erfreute ihn. Hübner behandelte mich auch gern wie seine persönliche Pressefrau. Das entstand dadurch, daß ich mehrmals ohne Kamera in Cottbus gewesen war. Mehrmals nahm ich an Treffen zwischen ihm und seinen »Kameraden« teil, ein andermal lud er mich zu einem Skinheadkonzert ein. Ich hatte angedeutet, daß mich das interessieren würde.

Mein Ziel war es, einmal auf so einem Konzert zu drehen. Dafür mußte ich ja in diese Szene reinkommen und die Leute kennenlernen.

Ende 1992 war klar, daß die DA verboten würde. Die Frage war nur, wann? Für einen eventuellen Beitrag zum DA-Verbot fuhr ich an einem Mittwoch im Dezember 1992 nach Cottbus, während in Berlin ein Team auf meinen Anruf wartete. Sollte Hübner mich mit Kamera auf dem Kameradschaftsabend zulassen, würde es sofort nach Cottbus bzw. Groß Gaglow aufbrechen.

Im »Wassermann« in Groß Gaglow waren schon vier Teams, die ebenfalls drehen wollten. Ich setzte mich nicht zu ihnen, sondern mit Hübner und seinen »Kameraden« an einen anderen Tisch. Ich dachte, das wäre die einzige Chance, Hübner gnädig zu stimmen.

Wer mich so sah, mußte denken, ich gehörte zu Hübners Leuten. Der genoß diese Situation. Er mokierte sich über die wartenden Journalisten. Für mich war es einfach nur demütigend.

Eine Kamera hatte er nicht zugelassen, auch nicht meine. Dann sollte der Kameradschaftsabend beginnen. Alle anwesenden Neonazis gingen in den Saal, und die Tür wurde hinter ihnen geschlossen. Ich wollte gerade losgehen, da kam Hübner noch einmal heraus und sagte: »Franzi, kommst du endlich?!« Ich war perplex. Er holte mich in den Saal, damit ich an der Veranstaltung teilnähme. Ich weiß nicht, ob er das tat, um mich zu kompromittieren, oder einfach nur, weil es ihm Spaß machte, mich zu schockieren.

Der Kameradschaftsabend an sich war uninteressant. Es ging um Treue zur Sache und um fehlende Gelder. Wenigstens letzteres war beruhigend. Am nächsten Tag wurde die DA verboten.

Das merkwürdige Verhältnis, gemischt aus Koketterie und Vertrauen, das Hübner und seine Frau Anka zu mir hatten, werde ich in ihren Augen enttäuschen. Sie ahnen nicht, welche Form dieses Buch haben soll. Anka und auch alle anderen Frauen kennen ihre jeweiligen Monologe, mehr aber nicht.

Frank Hübner machte einige Male Anspielungen darauf, ob ich etwa in Hasselbachs Fußstapfen treten wolle, was das Buch betrifft. Daß es wirklich so sein könnte, daran hat er nicht ernsthaft gedacht.

Die Frage bleibt, was mir passiert, wenn dieses Buch erscheint. Anka Hübner selbst gibt die Antwort: »Nicht die Obersten in der Naziszene werden etwas tun, sondern die, die auch Asylbewerberheime anzünden.«

Sachsenhausen
Zündelten die Juden selbst?

sf. Brandanschlag auf die Baracken im Konzentrationslager Sachsenhausen bei Oranienburg. Die Weltpresse hat ihre Sensationsmeldungen, und das wird für Gesprächsstoff in der Zukunft sorgen. Deutsche Politiker gleich welcher Größenordnung sinken pflichtschuldig in die Knie und bewerfen ihr und auch unser Haupt ungefragt mit Asche.

Eine nüchterne Betrachtung ist dennoch angebracht, denn bei all diesen Ereignissen muß natürlich immer die Frage gestellt werden, wem ein solcher Anschlag eigentlich nützt.

Israels neuer Ministerpräsident **Rabin** war vor einigen Wochen in Bonn. Die Gespräche seien konstruktiv gewesen, so die Verlautbarungen. Über Geld sei nicht gesprochen worden. Dann hörte man aber plötzlich doch, daß Herr **Rabin** gern mit dem Sümmchen von 2 Milliarden Deutsche Mark nach Tel Aviv zurückgekehrt wäre. Seine Gesprächspartner in Bonn hätten ihm den desolaten deutschen Finanzzustand klargemacht. Die Reaktion des israelischen Regierungschef ist nicht bekannt. Er kehrte jedenfalls nach einem Besuch des Konzentrationslagers Sachsenhausen in seine Heimat zurück.

Einige Tage später kommt es dort zu den bekannten Brandanschlag. Von Profis durchgeführt, meint die Polizei. Die zerstörten Exponate seien aber nur Duplikate.

Ein Vergleich drängt sich auf. Im Dezember 1959 wurde die Welt aufgeschreckt durch Hakenkreuzschmierereien an der Kölner Synagoge. Als Täter konnten sehr schnell zwei Mitglieder der örtlichen Deutschen Reichspartei festgemacht werden. Die entscheidenden Hinweise hierfür kamen übrigens von der eigenen Partei. Einige Jahre später konnte man lesen, daß beide für den DDR-Staatssicherheitsdienst und für den israelischen Geheimdienst **Mossad** tätig waren.

Das ganze muß natürlich in einem weiteren Zusammenhang gesehen werden. 1959 wollte der damalige Bundeskanzler **Konrad Adenauer** den Israelis keine weiteren Wiedergutmachungszahlungen mehr leisten.

Beeindruckt von dem weltweit inszenierten Getöse gegen Deutschland wurden dann ganz schnell neue Milliardenzahlungen an Tel Aviv vereinbart.

Zurück zur Gegenwart, zu Sachsenhausen. Welcher normale Deutsche, selbst wenn er den allgemeinen KZ-Rummel nicht mehr hören kann, ist in der Lage, so gezielt gerade dieses Objekt in dem Lager auszusuchen? Eine Holzbaracke ist schnell wieder errichtet, und die Orginalexponate gibt es ohnehin noch. Die "Aufmerksamkeit" der entsprechend munitionierten Weltpresse ist sichergestellt, und unsere deutsche politische Klasse reagiert ohnehin wie gewünscht. Welcher Bundeskanzler und welcher Finanzminister kann jetzt noch den finanziellen Wünschen des Staates Israel widerstehen?

Wie lange werden wir diesmal warten müssen, bis mehr als 2 Milliarden Deutsche Mark in die Kassen der israelischen Regierung fließen?

Auch dieser Anschlag auf das Konzentrationslager Sachsenhausen wird sich im Laufe der Zeit aufklären. Wir, die Redaktion des **Brandenburger Beobachter**, werden diese Angelegenheit weiterhin beobachten.

5

Auszug aus dem Mitteilungsblatt der Partei »Deutsche Alternative« (DA) »Brandenburger Beobachter« vom Oktober/November 1992 mit dem Versuch, in zynischer Weise Opfer zu Tätern zu machen

Anka Hübner
Da habe ich gleich gewußt, das ist es

geboren 1972 in Altdöbern, Ehefrau und Mutter, besondere Kennzeichen: Nasenring

*Ich bin nicht auf der Linie meiner Eltern gelaufen. SED und so, das hat mich nicht interessiert. Ich habe, wie man in der Jugendzeit so ist, Sprüche gemacht, daß ich hier nicht bleiben will in der DDR, daß ich ausreise, wenn ich 18 bin. Wie man das so dahersagt, aber für meine Eltern war das gleich ein Schock. Die haben an der Parteischule gearbeitet. »Wir verlieren unsere Arbeit. Wir kriegen Ärger. So etwas kannst Du doch nicht sagen.« Dann kam auch die Schule wegen meines Outfits. Ich bin sehr verrückt durch die Gegend gerannt mit meinen kahlgeschorenen Haaren. Ich habe immer extra gemacht, daß ich auffalle und daß ich nicht einverstanden bin mit den Dingen, die da so laufen. Das hat ihnen nicht gefallen. Mein Vater ist damit gar nicht zurechtgekommen. Der wollte, daß ich in die Partei gehe, die üblichen Karrieren. Ich wollte nicht einmal ein FDJ-Hemd anziehen. Ich habe Sperenzchen gemacht, und er ist damit nicht klargekommen. Vieles war vielleicht auch im jugendlichen Leichtsinn: FDJ-Bluse locker vorne zusammengebunden und die Ärmel abgetrennt, damit es mal ein bißchen modisch aussieht. Ich weiß noch, daß es ab meiner Generation keine Baumwollhemden mehr gab, sondern nur noch diese ekligen Synthetics. Wenn ich schon muß, dann wollte ich wenigstens ein Baumwoll-FDJ-Hemd, die sahen wenigstens noch nach etwas aus. Irgendwo habe ich auch noch so eins aufgegabelt. Die gab's ganz schwierig. Das war dann so ein ganz altes, noch von jemandem, der schon raus war aus der Schule. Die Synthetics habe ich überhaupt nicht angezogen. Ich habe lieber die Strafe auf mich genommen, wenn ich ohne ankam. Es war mir zu eklig.
Die Schule ist auf meine Eltern zugegangen: »Es geht nicht,*

wie Anka und ihre Freundin rumlaufen. So etwas gibt es nicht ... und was die für Äußerungen tätigen ... zum Wehrerziehungsunterricht kamen sie mit rot gefärbten Haaren.« Das durfte halt nicht sein.

Die Äußerungen habe ich damals gar nicht so ernst genommen. Aber die anderen haben es ernst genommen. Für mich war das eher wie im Stabüunterricht. Alle haben immer gesagt: »Ja, ja, toll und alles ist schön hier. So muß es sein.« Und wir haben immer gesagt: »Nö, Westen, das ist das Wahre. Das ist doch das Letzte hier. Wir wollen hier nicht sein.«

Wenn die Schule auf die Eltern zugegangen ist, dann haben die versucht, mit Verboten durchzukommen. Das hat alles nur noch schlimmer gemacht, das Gefasel am Abendbrottisch: »Es muß doch so sein und so sein. Warum kannst Du das nicht so sagen, wie wir das sagen?«

Das hat immer genau das Gegenteil bewirkt. Ich habe mich auch nicht getraut, dann noch große Reden zu schwingen. Mein Vater war sehr, sehr streng mit mir, da habe ich mich nicht getraut, noch groß was zu sagen. Aber wenn ich dann doch einmal eine Äußerung gegeben habe, dann war das: »Ich würde nie in die Partei gehen. Was ihr macht! Ihr redet den anderen nur hinterher. Müßt ihr das sagen, was alle sagen?«

Ich habe immer extra nicht gemacht, was alle von mir verlangt haben. Ich war schon immer so gewesen. Ich mache nicht gern das, was andere mir sagen. Ich mache gern, was ich für richtig halte, was ich mit mir ausmachen kann, mit meinem Wissen und nicht, weil andere das sagen. Da sind wir immer aneinandergeraten, weil meine Eltern gesagt haben: »Ist doch egal, was du denkst. Hauptsache, du sagst nach außen hin das Richtige. Wir arbeiten, zwar nur angestellt, an der Parteischule, aber trotzdem, das ist doch wichtig.« War ja auch so. Wenn du ein Studium machen wolltest, mußtest du in die Partei, sonst ging das nicht. Ich bin dann gar nicht mehr für ein Studium in Frage gekommen. Wenn man politisch in der Schule nicht auf der richtigen Wellenlänge war, dann hat man auch die entsprechenden Noten dafür gekriegt. Egal, ob man sich angestrengt hat oder nicht. Wenn man das einmal merkt, strengt man sich nicht mehr an. Heute ärgere ich mich darüber. Ich habe nur noch so gelernt, daß es mit Ach und Krach reichte, daß ich versetzt wurde, durchkam. Ich habe mich nicht mehr bemüht. Es war mir egal.

Ich sollte ein Junge werden, aber ich war ein Wunschkind, so wie ich das weiß. Ich bin leider kein Stammhalter geworden. Die Enttäuschung war ein bißchen groß, als ich ein Mädchen war, denn das Erstgeborene sollte eigentlich ein Junge werden. Wie alt meine Eltern da waren, weiß ich gar nicht. Ich glaube so 21, 22, normal halt, wie es damals so war: heiraten und dann ein Kind. Ich habe noch eine sechs Jahre jüngere Schwester.

Damals haben wir noch auf dem Dorf gewohnt, meine Eltern bei meiner Oma in Calau und manchmal in Werchow bei meiner Uroma. Später sind wir dann nach Cottbus gezogen, und hier ist meine Schwester geboren. In die Kinderkrippe bin ich nicht gegangen, weil wir auf dem Dorf gewohnt haben, und da war ja meine Oma. Ich bin ein Jahr lang in Cottbus in den Kindergarten gegangen, das weiß ich noch.

In der Zeit, an die ich mich noch erinnern kann, haben wir schon in Cottbus gewohnt. Da war ich fünf, sechs Jahre. Warum wir nach Cottbus gezogen sind, das weiß ich nicht. Meine Oma und mein Opa, die sind auch nach Cottbus gezogen. Wahrscheinlich war es wegen der Arbeit. Auf dem Dorf ist das ja nicht so günstig mit der Arbeit. Aber warum gerade Cottbus?

Vielleicht weil es die nächstgrößere Stadt hier ist. Meine Eltern haben gleich in der Parteischule gearbeitet.

Mein Vater hat Gärtner gelernt, eben bürgerliche Mittelklasse. Meine Mutter hat Wirtschaftspflegerin gelernt. Damals gab es auf dem Dorf noch nicht so viel Auswahl. Den Beruf gibt's jetzt gar nicht mehr, der wird auch nicht mehr anerkannt. Jetzt arbeitet sie in der Küche. Mein Vater macht heute Landschaftsgestaltung in einem Betrieb. Früher, zu DDR-Zeiten, waren sie beide Angestellte in der Bezirksparteischule der SED. Meine Mutter war dort auch in der Küche, ganz normal.

Sie hatte damit nicht viel zu tun. Mein Vater technischer Leiter. Das waren keine richtigen Parteiberufe.

Jetzt geht's meinen Eltern nicht mehr so gut nach der Wende. Meine Mutti war kurzzeitig arbeitslos. Die Wohnung kostet jetzt knapp 1 000 Mark, und da knabbern sie natürlich ganz schön dran. Die Kinder sind aus dem Haus, und die Eltern sitzen allein in der riesigen Wohnung, aber sie wollen auch nicht raus. Sie haben sich festgesetzt, wie das so ist. Im Prinzip sind sie noch jung, 42 beide, das ist noch nicht die Welt, sie könnten noch einmal wegziehen. Ich weiß nicht, ob sie das wollen. Ich habe keinen guten Kontakt zu ihnen. Mit meiner Mutter ja, mit meinem Vater habe ich kein so gutes Verhältnis, eher gespannt. Mit mir sind sie nicht zurechtgekommen.

Auf die Schule habe ich mich nicht gefreut. Ich habe einen Tag vorher geheult und gesagt: »Mami, ich will nicht gehen. Ich will bitte nicht gehen.« *Ich habe morgens geheult, als ich dann gehen mußte. Ich habe meine Zuckertüte gekriegt und war gar nicht glücklich darüber. Ich habe gesagt:* »Ich gebe alle Süßigkeiten zurück, aber ich möchte nicht zur Schule.« *Ich wollte da nie hin. Viele haben immer gesagt:* »Wenn du aus der Schule raus bist, wirst du dich danach sehnen, irgendwann einmal zurückzugehen.« *Nie. Ich war nie so. Ich habe gesagt:* »Ich bin nicht so.« *So war es dann auch. Ich war froh, daß die Schule vorbei war. Schule, dasitzen und irgendwas lernen, das war noch nie mein Fall. Ich habe mich auch nicht angestrengt.*

Die Lehrer, die wurden damals danach bezahlt, wie gut ihre Schüler waren. Als es dann an die Prüfungen ging in der 10. Klasse, hatte ich Schiß, daß ich in Chemie geprüft werden würde. Davon hatte ich überhaupt keinen Schimmer. Ich fragte meine Lehrerin: »Komme ich denn dran bei Ihnen?« *Und sie hat dann gesagt:* »Nee, mit dir will ich mich hier nicht reinreißen.« *Wahrscheinlich wurden die auch angegriffen, wenn einer durchfiel. Sonst hätten sie mich aus Trotz nehmen können, da sie wußten, daß ich in Chemie nichts weiß oder nicht viel weiß.*

Ich war sehr sportlich, und ich hatte auch immer gute Sportlehrer, die gesehen haben, daß ich Talent habe. Dafür habe ich mich interessiert ... Ich wäre gut etwas geworden. Die haben damals schon in der 5. Klasse gesagt: »Du gehst bestimmt einmal auf die Sportschule.«

Aber da wußte ich, die Sportschule ist wieder so parteimäßig. Ich hatte auch nicht den Ehrgeiz gehabt. Ich wollte lieber rumrennen und jugendlich sein, aber die harten Anforderungen der Sportschule wollte ich nicht.

An die Pionierzeit kann ich mich nicht mehr erinnern. Ich weiß, daß ich Pionier war, mußte ich ja, waren ja alle. Als Kind kannst du auch nicht sagen: »Ich bin kein Pionier.« Es waren nur die keine Pioniere, deren Eltern in der Kirche waren. Das waren die einzigen, die davon befreit waren, und die von der Friedensbewegung, die waren auch nicht bei den Pionieren. In den zwei Schulen, wo ich war, gab es nie jemanden, der nicht dabei war.

Bei den Pionieren habe ich noch nicht aufgemuckt. Ich habe mich zwar nicht an Aktivitäten beteiligt, aber zum Appell bin ich schon mit meinem Halstuch gekommen, sonst hätte es sicher auch Ärger gegeben. In der FDJ, das war ab der achten Klasse, da war ich dann schon alt genug, daß mir das Ganze nicht mehr so gefällt. Das habe ich nicht mehr so gern gemacht.

Meine Eltern haben nicht mit mir gelernt, überhaupt nicht. Die ersten Jahre haben sie noch kontrolliert, was ich gelernt habe. Aber mich abgehört, so wie man das kennt, das glaube ich nicht. Nein, das haben sie nicht gemacht. Später sowieso nicht mehr. Sie haben gesehen, daß es mit mir keinen Zweck hat, daß ich das nicht mit mir machen lasse.

Meine Eltern wollten wahrscheinlich, daß ihre Kinder mehr erreichen und ehrgeiziger sind, als sie selber es waren, daß ihre Kinder lernen. Sie haben aber gemerkt, daß das nichts wird. Ich war nie der Typ, der sich nachmittags hingesetzt hat und sein Schulbuch durchgegangen ist zum Lernen. Im Gegenteil, die Bücher sind gleich in die Ecke geflogen, wenn ich nach Hause gekommen bin.

Ich war nicht sehr ehrgeizig, weil's mir auch keinen Spaß

gemacht hat. Und je mehr mein Vater auf mich eingeredet hat,
daß ich lernen und gut sein muß, desto schlechter wurde ich
eigentlich in der Schule. Der Druck war einfach zu groß. Wenn
ich einmal eine Vier hatte, habe ich sie immer rausgerissen
und im Nachttisch versteckt. Über ein Jahr hatte sich das an-
gesammelt, da waren dann fünf, sechs Seiten drin. Die hat
mein Vater gefunden, da war was los. Ich mußte nachts aufstehen und alle Hefte, die ich hatte, alle Schulhefte, noch einmal neu abschreiben, von Anfang bis Ende. Je mehr mein Vater auf mich eingeredet hat, desto verbockter wurde ich auch.
Ich habe dann nichts mehr gemacht.

Manchmal hat mein Vater einen Rappel gekriegt und
Schulaufgaben kontrolliert, konnte die aber selbst wahrscheinlich gar nicht nachvollziehen. Mathematik, dieses ganze
Formelgerechne, das hatten die damals gar nicht. Als er sah,
daß er da nicht groß weiterkommt, hat er bloß noch kontrolliert, daß ich es gemacht habe.

Meine Freundin und ich waren ein bißchen verrückt, schon
vom Aussehen. Ich glaube, wir beide haben uns gesucht und
gefunden. Ich war erst allein in der Klasse, und sie kam neu
dazu. Das war in der sechsten oder siebten Klasse. Wir waren
der gleiche Schlag und haben uns sofort verstanden. Wir haben uns gegenseitig immer reingesteigert, haben das alles
nicht so ernst genommen, gelacht über alles, gackrig, affig.
Wenn ich sie nicht gehabt hätte, dann wäre alles anders gekommen, alles. Meine ganze Lebensentwicklung wäre anders
gekommen, das weiß ich ganz genau.

In der Schule haben sie uns nicht für voll genommen: »Ach,
die beiden wieder. Am besten, ihr setzt euch gleich ganz hinten
hin.« Wir sind immer aufgefallen, das ist heute noch so. Wenn
ich einen Lehrer treffe, heißt es: »Ihr beiden, ihr habt uns immer Ärger gemacht.« Wir haben oft geschwänzt, haben im PA[32]
den Bus wegfahren lassen und sind nach Berlin gefahren, um
der Stadt zu entfliehen.

In Berlin hatten wir einige Bekanntschaften, da waren wir
viel. Sobald ein freier Tag war, 7. Oktober oder 1. Mai, sind wir

nach Berlin gefahren, da wollten wir immer hin, das war für uns das Größte, immer nach Berlin.

Vieles wissen meine Eltern auch heute noch nicht, als ich angeblich in die Schule gegangen bin und gar nicht dort war. Das ist mit den Jahren immer schlimmer geworden. Wir waren z.B. angeblich beim Arzt und sind die ersten beiden Stunden nicht gegangen. Wir haben morgens eine Flasche Haarspray gebraucht, da ging das natürlich nicht so schnell.

Wenn man sich heute die Fotos ansieht, dann sagt man: Du warst ja mal Punk. Das habe ich nicht so empfunden. Ich war nicht mit Absicht Punk. Ich erschrecke manchmal richtig darüber, wenn ich die Fotos sehe. Ich erschrecke über mich selbst, wie ich damals aussah, und frage mich: »Da haben meine Eltern nichts dazu gesagt?« Weil die streng waren. Sie haben das nicht für voll genommen, weil es nach und nach kam. Erst ein bißchen und dann immer mehr. Wenn man einen jeden Tag sieht, kommen einem Veränderungen nicht so stark vor, wie wenn man jemanden sieht und dann erst wieder nach drei Monaten, völlig kahl.

Das ist wie bei meinem Kind. Mir fällt nicht auf, daß sie wächst. Aber jeder andere sagt: »Die ist aber groß geworden, hat sich verändert.« Mir fällt es nur anhand der Fotos auf.

So haben sich die Eltern wahrscheinlich auch daran gewöhnt. Und außerdem: Was sollten sie sagen?

Ich weiß noch, daß ich mal eine Hose hatte, an die ich Sicherheitsnadeln von oben bis unten rangemacht habe. Da ist mein Vater immer durchgedreht. Ich habe sie früh, wenn ich zur Schule gegangen bin, drangemacht, und wenn ich nach Hause kam, alle wieder abgemacht und versteckt. Am nächsten Morgen wieder das Gleiche. Das war dann zu hart.

Auch Ohrlöcher und so, da mußten sie ganz schön knabbern, aber die Haare selber …

Mit dem Nasenstecker habe ich das immer so hingekriegt, daß sie das nicht schnallen. Ich habe ihn reingemacht und, wenn ich zu Hause war, wieder rausgemacht und dann wieder reingemacht. Da war ich so 13, 14 Jahre alt.

Ich weiß noch, daß meine Eltern eine Reise nach Leningrad

BEREICH OST

NEUE FRONT IN DER DDR

ZWEI KAMERADSCHAFTEN GEGRÜNDET

Am 9.November 1989 fiel die Mauer; und sofort gelang es uns, Kontakt aufzunehmen mit bekennenden Nationalsozialisten in Mitteldeutschland:
Die Existenz eines NS-Untergrundes in der DDR war uns schon seit Jahren bekannt, die hohe Zahl von Aus- und Übersiedlern in unseren Reihen bedeutete für uns auch das stetige Fließen von Nachrichten über den NS-Freiheitskampf - wenn auch oft mit jahrelanger Verspätung.
Mitte der 80er Jahre hatte unsere Gemeinschaft mit der Gründung eines Bereiches Ost schon einmal versucht, in der DDR organisatorisch Fuß zu fassen.
Doch erst jetzt ist es wirklich gelungen:
- Am 22.12. wurde die erste, am 29.12. die zweite mitteldeutsche Kameradschaft der NEUEN FRONT gegründet. Einzelheiten können aus Sicherheitsgründen nicht berichtet werden, doch können wir mitteilen, daß die Kameraden ausnahmslos bekennende Nationalsozialisten sind, die schon vor dem 9.11. zum NS-Untergrund gehörten und sich nunmehr als Teil unserer Gemeinschaft verstehen.

Sie bilden die mitteldeutsche SA!

Erstes Propagandamaterial wurde aus dem Westen geliefert und in der DDR verbreitet. Wir drucken in diesem Heft erstmals einen Zeitungsartikel aus der DDR-Presse ab, der bestätigt, daß unsere mitteldeutschen Kameraden mit ihrer politischen Arbeit in unserem Sinne und mit unserem Material begonnen haben!

Am 13.1.1990 und am 20.1.1990 traf der Chef mit den Kameradschaftsführern zusammen. Ergebnis ist ein "Arbeitsplan Ost", der die Aufbauarbeit unserer Gemeinschaft im Bereich Ost festlegt.
Ziel der politischen Arbeit in den nächsten drei Monaten ist die Unterstützung des Aufbaus einer legalen Wiedervereinigungspartei in der DDR, die Radikalisierung der Demonstrationen mit der Forderung nach sofortiger Volksabstimmung über die deutsche Einheit und mit der Fahne schwarz-weiß-rot, in der auch unsere mitteldeutschen Kameraden die wahre Nationalfahne der Deutschen sehen!
Im Übrigen besteht ein regelmäßiger Kontakt im Rahmen der STURM-ABTEILUNG der NEUEN FRONT: Brandenburgische SA-Kameraden nahmen beispielsweise am Kaderappell der hessischen SA am 20.1. teil.

Darum auch in der DDR
HINEIN IN DIE SA!
FÜR DAS DEUTSCHE REICH!

41

Auszug aus einer Flugschrift der »Deutschen Alternative« (DA) mit einer Bundesgeschäftsstelle in Bremen und einer Kontaktadresse in München. Frühjahr 1990

BEREICH OST

Gau Sachsen

DA-ORTSVERBAND DRESDEN GEGRÜNDET

Die DEUTSCHE ALTERNATIVE (DA) ist die erste gesamtdeutsche Partei! Noch im Dezember wurde der Ortsverband Dresden gegründet. Am 13.1. nahm eine Delegation der Dresdner Parteigenossen am DA-Reichsparteitag nahe Bonn und an der Demonstration der Initiative VOLKSWILLE in Bonn teil (Berichte in diesem Heft).
         Der Dresdner Ortsvorsitzende sprach vor dem DA-Reichsparteitag in einer mitreißenden und umjubelten Rede, die allen Zweiflern bewies:
WIR SIND EIN VOLK!
WIR WERDEN WIEDER EIN REICH SEIN!
WIR HABEN IN WEST- UND MITTELDEUTSCHLAND EINE REICHSTREUE WIEDERVEREINIGUNGSPARTEI - DIE DEUTSCHE ALTERNATIVE!

Juristisch gesehen muß die DA in der DDR eine eigenständige Partei im Rahmen der DDR-Gesetze sein und deshalb ein gemäßigtes Parteiprogramm vorweisen. Die westdeutsche DA mischt sich dabei nicht ein; uns genügt das Bekenntnis der DA in Mitteldeutschland zur Einheit Deutschlands, zur inneren Einheit der Partei und zum Deutschland-Plan des DA-Vorsitzenden Capitan WALTER.
Im Februar wird der DA-Ortsverband in Dresden um seine Registrierung nachsuchen und damit den Versuch machen, als Ortsgruppe einer legalen Partei eingetragen zu werden. Auch wenn die DA in der DDR noch weniger als die in der BRD eine nationalsozialistische Partei sein kann, wünschen wir ihr als reichstreue Wiedervereinigungspartei alles Gute und viel Erfolg. Für die DA ist übrigens der Zeitraum bis zum Mai für eine Wahlteilnahme in der DDR zu kurz. Sie wird voraussichtlich die Wahl der am weitesten rechts stehenden Partei empfehlen, und im übrigen sich darauf konzentrieren, im Herbst zu den ersten freien Kommunalwahlen in Dresden anzutreten.

BEREICH OST

Gau Brandenburg

DA-ORTSVERBAND COTTBUS GEGRÜNDET

Nur wenige Tage nach der Ortsverbandsgründung in Dresden fand unabhängig davon eine DA-Ortsverbandsgründung im brandenburgischen Cottbus statt.
Der Ortsverband tagt einmal in der Woche, und seine Mitglieder beteiligen sich an den montäglichen Demonstrationen in der Stadt. Künftig werden die Kameraden versuchen, diese Demonstrationen in Richtung der Forderung WIDERVEREINIGUNG JETZT zu radikalisieren und die schwarz-weiß-rote Fahne zu zeigen. Die westdeutsche DA wird im Februar Flugblätter liefern, die dabei mithelfen sollen.
An eine offizielle Registrierung denken die Cottbusser Parteigenossen noch nicht. Sie warten erst einmal ein Ergebnis entsprechender Versuche der Dresdner Kameraden ab. Sie werden aber sofort nachziehen, sobald die Dresdner Registrierung er-

42

gewonnen hatten. In der Zeit habe ich das gemacht. Zwei Wochen waren sie weg, und da haben sie es nicht richtig mitgekriegt.

Ich wollte nur auffallen und anders sein. Ich war aggressiv. Mit Worten hat uns keiner für voll genommen, also probierte man es mit dem Aussehen. Dann kam der große Schock: »Wie sehen die denn aus?« Das wurde in der neunten und zehnten Klasse immer extremer.

Angefangen hat es in der achten Klasse. Da war es noch wenig, da waren die Haare ein bißchen hochgesteckt. Dann fing es an, kürzer zu werden, und wurde immer kahler und weniger hier oben. Aber es war, nicht wie heute, Punk, das war unpolitisch, und es war nur, um anders auszusehen, zur Szene in der Stadt zu gehören.

Die gefürchtete Szene, wo alle sagen: »Oh, die und so.« Wir hatten schon eine Clique gehabt, erst hier, im Stadtgebiet. Da waren wir auch gefürchtet, weil wir uns immer zusammengerottet haben, was verboten war. Oft kam auch die Polizei. Wenn da mehr als zehn Mann standen, dann war das schon schlimm.

Dann gab es die Szene, die die Stadt am liebsten ausgeschlossen hätte. Da waren wir auch öfter dabei, haben uns aber nicht so zugehörig gefühlt. Wir waren jünger, und das waren die Alten. Sie waren wie wir: Null-Bock, wir machen nicht mit. Da waren wir die Jüngsten, und das hat dann nicht geklappt. Man wollte dabeisein. Das, was jetzt Punk ist, so politisch wie heute, so links, so wollten wir überhaupt nicht sein. Wir haben uns keine großen Gedanken gemacht über Politik.

Vor den verordneten Politdiskussionen in der Schule hatten wir uns immer gefürchtet. Das war immer eine Stunde in der Woche. Einer aus der Klasse mußte über die politischen Ereignisse der Woche reden. Das ging dann so: Die Zeitungsausschnitte vorkramen und nachlesen, was drinsteht, und das auch noch gutheißen. Mehr war das nicht.

Ich habe mich immer über den Sportteil hergemacht. Hauptsache, nicht über Politik reden.

Sie haben immer gesagt: »Ihr beide werdet nie etwas erreichen.« Das haben sie uns prophezeit. Wir waren ja die einzigen, die keine Lehrstelle gekriegt hatten, als man sich darum kümmern mußte. Wir haben die auf den letzten Pfiff gekriegt, die noch übriggeblieben waren.

Die haben gedacht, wir werden Punks oder Hausbesetzer oder irgend etwas Blödes, jedenfalls nichts Gescheites. Jetzt sind wir die beiden einzigen, die Familie und Kinder haben. Viele sagen immer: »Wieso hast du schon ein Kind? Du bist noch so jung. Jetzt hast du dir das Leben versaut.« Darüber kann ich nur lachen. Was wir alles erlebt haben, da fangen die anderen jetzt erst an, und das ist nicht halb so schön wie das, was wir erlebt haben. Ich weiß auch nicht, was genau wir alles erlebt haben. Das kann man nicht so sagen.

Wir haben die Schule geschwänzt und sind auch nach Weißwasser gefahren, zu Alexandras alter Klasse. Die hat besser zu uns gepaßt, unsere war so streberhaft. Die in Weißwasser waren auch ein bißchen wie wir, so aufgedreht.

Wir haben nur Schoten erlebt, nur Blödsinn gemacht. Es gab immer Ärger mit uns. Wir waren auch die einzigen, die in der Schule geraucht haben. Da gab es Terror. Wir haben hinten gestanden in unserer Raucherecke, und dann immer alle: »Ja, die tun uns wieder … kriegen wir wieder Ärger.« Wir hatten auch einige Tadel wegen Rauchen auf dem Schulhof.

Wir haben schon echt lustige Stories erlebt. Anstatt Telefone zu löten im PA, haben wir uns erst einmal Ringe gelötet aus Lötzinn.

Und alle: »Was machen denn die beiden wieder für einen Mist?« Wir haben uns über alles und jeden lustig gemacht. Da war immer etwas los. Uns durfte keiner angreifen, das hat sich auch keiner getraut wegen des Aussehens, das hat so geschockt wahrscheinlich, daß sich das zwei trauten. Keiner hat etwas gesagt.

Deshalb kann ich nur darüber lachen. Ich habe wirklich viel erlebt und meine Jugend ausgekostet. Jetzt haben wir Kinder und sind ruhiger geworden und vernünftig. Alle wundern sich und erzählen: »Was, die beiden haben Kinder?« Die können sich das nicht vorstellen.

Die denken, wir sind noch wie früher. Unsere Klasse war unmöglich. Wir hatten immer Schmuck um, auch beim PA, aber das durftest du nicht. Deshalb haben wir nur den zweiten Platz belegt und nicht den ersten. Da gab es eine Geldprämie für jeden Schüler, und davon haben sie uns ausgeschlossen. Bei der Zeugnisausgabe haben sie gesagt: »Wir haben beschlossen, daß Alexandra und Anka kein Geld bekommen, weil wir wegen denen nicht den ersten Platz gemacht haben.« Oberstreberhaft.

Damit wir nicht arbeiten müssen, haben wir uns bei PA freiwillig gemeldet, daß wir eine Wandzeitung gestalten. Nur, damit wir nicht arbeiten müssen! Die Wandzeitung sollte über Brandschutz und Winterdienst gehen. Wir haben ein paar zerbeulte Autos, ein paar Witzbilder aufgeklebt, wir haben wieder auf lustig gemacht.

Alle Wandzeitungen waren immer unter dem Banner der SED, und wir haben eine Wandzeitung gemacht, die hat wie eine Bombe eingeschlagen. Das war der Oberhammer gewesen. Wir haben einfach Schneemänner gebastelt, denn es ging ja um den Winterdienst, und wir hatten keine Artikel. Das war ein riesiges Ding. Alle haben gestarrt und konnten nicht glauben, was wir da den ganzen Tag angestellt haben.

Wir hatten es dann bis zur Abschlußfeier von der Schule wieder vergessen. Auf einmal kommt unser PA-Lehrer rein und meint: »Anka und Alexandra, es geht um die Wandzeitung, die ihr mal gemacht habt. Könnt ihr bitte einmal kommen?« Wir sind gekommen und er: »Ihr habt den ersten Platz gemacht und 70 Mark gewonnen.« Das war echt der Hammer. Da kamen ganz viele Klassen, die in unserem Raum PA hatten, die fanden die Wandzeitung lustig.

Die haben gesagt, daß sie gut ist. Wer hat denn früher Wandzeitung gelesen? Kein Mensch, weil nur SED-Kram draufstand. Unsere war lustig gemacht. Wahrscheinlich haben alle Schüler gesagt, daß sie toll ist, und da mußten sie eingestehen, daß sie gut war. Da haben wir den Preis gewonnen. Wir konnten es nicht glauben und lachen heute noch darüber: »Eh, wir haben den Preis gewonnen und 70 Mark.« 70 Mark waren damals viel Geld, gerade als Schüler. Das Geld ist noch am Abend der Abschlußfeier draufgegangen.

114

Literatur habe ich sehr gern gehabt. Ich habe gern die Bücher von meiner Mutter gelesen, vor allem Kriminalbücher: Sherlock Holmes. Das hat mich immer interessiert, dieses logische Denken von anderen, wie man sich so etwas aus kleinen Beispielen, Beobachtungen am Menschen zusammenreimen kann. Das hat mich immer sehr fasziniert, und es waren auch die Lieblingsbücher meiner Mutter.

Ich habe auch einige Schulbücher gern gelesen. »Werner Holt«[33] war mein Lieblingsbuch, das hatte ich schon vor der Schule gelesen. Das ist ein starkes Buch. Sie hätten es dabei belassen sollen, das war gut. Der zweite Teil war natürlich das Letzte, das war Scheiße. Es ist zu weit gegangen. Es hat sich eh jeder seinen Teil bei der Sinnlosigkeit am Schluß gedacht. Ich habe sogar dieses Buch »Nackt unter Wölfen«[34] über das KZ Auschwitz von Bruno Apitz gern gelesen.

Wir mußten es lesen und haben dann eine Reise nach Buchenwald gemacht. Wir, ich und meine Freundin, haben das nun gleich wieder reingerissen. Wir hatten das Buch gelesen, und da ging es auch um den Bunker. Dieser Mandrill, der hat in dem Bunker die Leute gequält. In diesem Bunker waren wir nun gerade. Wir haben uns den fetten Mandrill, den sie im Buch ausführlich beschrieben haben, vorgestellt, wie der durch den Bunker rennt und die Leute schikaniert.

Da haben wir dann gelacht, und wenn ich mich jetzt manchmal mit Leuten unterhalte, die haben das auch gemacht, sie haben auch gekichert. Das ist, weil es aufgezwungen war, nur deshalb. Wir mußten da hinfahren. Du mußt da traurig sein, und du mußt jetzt gleich weinen, nach dem Motto: »Das Buch ist schrecklich ... sei froh, daß wir ...« Wir haben das so gesehen: unser schöner Wandertag für so eine blöde Reise.

Mein Vater ist jedes Jahr prophylaktisch mit mir nach Buchenwald gefahren. Beim erstenmal war ich vielleicht noch traurig, aber beim zwanzigstenmal hatte ich den Mist dann über. Jedes Jahr mußte ich mir den Film reindrehen und dann mit der Klasse auch noch dahin, obwohl wir doch woandershin wollten. Wir wollten immer eine Klassenfahrt nach Ber-

lin machen. Nein, nach Buchenwald mußte gefahren werden. Da haben wir uns dort lustig gemacht, aber das fanden die nun wieder gar nicht lustig.

An dem Buch hat mir die Schreibweise gefallen, dieses Erzählen. Jetzt, im nachhinein, finde ich das Buch schwachsinnig. Es wird beschrieben, wie sie das Kind da verstecken. Damals hat mir das gefallen. Es hat mich ergriffen, wie sie das Kind versteckt haben. Dann kamen die Worte: »Was machen wir jetzt?«, das hat ganz schön an den Nerven gezerrt. Im nachhinein finde ich das schwachsinnig, wo ich selber ein Kind habe und genau weiß, daß man ein Kind nie so verstecken kann, wie die das beschreiben. Das ist unmöglich.

Es sind Stellen beschrieben wie: »Jetzt kommt der Wärter gleich. Das Kind muß ruhig sein.« Sie haben dann auf das Kind eingeredet: »Du mußt jetzt still sein, sonst passiert dir etwas Schreckliches, sonst mußt du sterben.« Als wenn das Kind gewußt hätte, daß es um sein Leben geht, war es still. Das ist Blödsinn. Das ist wirklich Blödsinn. Ich habe das auch schon einmal versucht. Wenn ich mal nicht die Tür aufmachen wollte, wenn es geklingelt hat und ich zu dem Kind gesagt habe, es soll jetzt still sein und machte: »Pst, sei ruhig!«, dann war das Kind nicht ruhig. Es kann gar nicht begreifen, daß es still sein soll. Über ein Jahr haben sie das Kind versteckt, ewig, bis zur Befreiung, das kann ich mir nicht vorstellen. Alles war angeblich so streng. Fünfzigmal wurde durchgegangen, und sie mußten zum Appell raustreten. Daß sie da kein Kind gefunden haben ... Blödsinn.

Das Buch soll sich auf wahre Begebenheiten berufen, das ist für mich nicht nachvollziehbar. Vielleicht für einen Tag mal, aber nicht für solch eine Ewigkeit. Andererseits erklären sie wieder, daß du da nicht einmal eine Nadel verstecken konntest. Also kannst du auch kein Kind so lange verstecken.

Der Schulabschluß war besser, als ich gedacht habe. Ich bin mündlich in Literatur geprüft worden ... Da war ich froh, weil ich dort und in Geschichte wirklich gut war.

Die Prüfung selbst ... alle haben nun gedacht, wir beide fal-

len durch. »Ist ja klar, die beiden packen es nicht, vielleicht die schriftliche mit Vier und die mündliche mit Fünf.« Als wir dann beide Prüfungen jeweils mit Zwei gemacht haben, da konnte keiner begreifen, wie wir das gepackt haben. Sogar unser Oberstreber ist in Mathe durchgefallen. Wir haben wirklich gut abgeschnitten. Ich habe die zehnte Klasse dann mit Zwei oder Drei abgeschlossen, das war für mich wirklich gut.

Wenn ich Zeugnisse gekriegt habe, dann waren meine Eltern froh, wenn keine Vier drauf war. Sie haben es sich zwar immer angeguckt, aber etwas gesagt ... wir waren nicht so.

Wir haben nicht viel miteinander geredet. Ich war viel mit Verboten belastet, weil sie dachten, damit schaffen sie es, irgendwas Vernünftiges aus mir zu machen. Ich durfte z.B. nicht weggehen. Sie wußten, daß sie mich damit bestrafen können, wenn ich nicht nach Berlin fahren darf. Da sind wir halt an Schultagen gefahren, wenn es am Wochenende nicht ging. Deshalb war es mir auch egal, ob sie mein Zeugnis gut finden oder nicht. Das Abschlußzeugnis war aber wirklich gut. Ich war ganz schön stolz gewesen.

Dann kam die Lehre. Da bin ich gern gegangen. Ich habe Koch gelernt. Damals war es mein Traumberuf. Endlich kam etwas, was mir Spaß gemacht hat, wo ich weiterkommen wollte. In der Schule auch wieder nicht so. Da habe ich oft gefehlt, aber bei der praktischen Arbeit konnte mir nie einer etwas nachsagen. Ich wurde fast jeden Monat zum besten Lehrling ausgezeichnet, weil ich gut war.

In dieser Vorwendezeit habe ich mich nicht politisch engagiert, zum Beispiel an Friedensmärschen teinehmen oder so. Ich war nicht politisch, überhaupt nicht. Ich wollte nur nicht so sein wie die anderen. Ich wollte nie das machen, was alle machen. Wenn ich merke, daß irgend etwas alle machen, alle reden dasselbe, dann mache ich es gerade nicht. Das ist leider so bei mir. So bin ich. Ich weiß auch nicht, ob es ein Fehler ist.

Damals war ich unpolitisch. Damit wollte ich nichts zu tun haben, wo alle wieder nur reden: Frieden, Frieden, Frieden. Es war für mich sowieso bloß ein Abklatsch von dem anderen. Ich war nur nicht einverstanden mit all den Dingen. Aber daß ich mich besonders engagiert habe, damit es anders wird, nein, nie.

Für mich war klar, ich bleib nicht hier. Macht ihr doch, was ihr wollt! Ich mache nichts. Ich war noch ziemlich jung damals, und dann auf einmal kam schon die Wende, und alles hat sich geändert.

Ich wollte eigentlich immer weg, aber da habe ich mich dann gar nicht mehr geäußert. Ich glaube, ich war sehr in die Arbeit eingespannt, die mir eigentlich Spaß gemacht hat. An so etwas habe ich nicht mehr gedacht. Es war auch der Einfluß. Wir waren nicht mehr so zusammen, ich und meine Freundin. Dann haben wir uns nicht mehr so gegenseitig ... Es war zwar immer da, aber nicht mehr so verstärkt.

Auf einmal kam das mit der Grenzöffnung, wo ich meine Sachen hätte hinschmeißen und gehen können, wo alle von einem Tag zum anderen über Ungarn abgehauen sind, auch eine Lehrfreundin von mir. Die hat im Prinzip die Lehre abgebrochen durch ihr Abhauen.

Da wollte ich auf einmal nicht mehr, als ich wußte, ich kann jetzt gehen.

Ich wollte meine Lehre fertig machen, weil ich wußte, ich brauche sie. Auf einmal kam dann doch die Verantwortung hoch.

Viele haben hier alles hingeschmissen, haben alles verlassen und sind gegangen, das war mir zu abrupt. Es sind Leute gegangen, von denen du gedacht hättest, die hauen nie ab, die nie gesagt haben: »Ich bleibe nicht hier. Ich will hier nicht sein.«

Ich wollte die Lehre beenden und es mir dann überlegen. Da war auch der Reiz weg. Ich konnte dann dorthin fahren, wohin ich wollte. Am dritten Tag nach der Grenzöffnung bin ich in Berlin gewesen. Aber als ich dort rumgelaufen bin, hatte ich das Gefühl, Mensch, das hast du alles schon gesehen, das kennst du alles irgendwie schon. Im ersten Moment, das ganze Licht und alles ist toll, und die Schaufenster, aber das ist schnell vergangen.

Ich wollte dann hierbleiben, einfach nur noch hierbleiben, in Cottbus. Hier waren Freunde und Kontakte, das wollte ich nicht aufgeben. Das, weshalb ich abhauen wollte, war nicht mehr gegeben. Ich konnte jetzt verreisen. Ich fühlte mich nicht mehr eingesperrt und bedrängt: »Du mußt das so machen und so machen!«

In der Lehre habe ich relativ vernünftig ausgesehen. Ich habe meine Haare kurz schneiden lassen und ein ordentliches Bild abgegeben. Es war mir wichtig, daß ich erst einmal einen guten Eindruck hinterlasse. Bei der Arbeit ist es so, daß du, je nachdem, wie du aussiehst, schnell die Drecksarbeit machen kannst. Beim Beruf Koch kann es sein, daß du dann den ganzen Tag nur Töpfe abwäschst. Ich wollte wirklich kochen, da wollte ich weiterkommen. Im Sommer 1990 habe ich die Lehre beendet.

Frank habe ich an seinem Geburtstag kennengelernt, am 29. März 1990. Oder? Jetzt bin ich zwei Jahre verheiratet, 1991 war die Hochzeit.

Ich habe in der Gaststätte »Brunschwieg« gearbeitet, da war abends immer Tanz. Die ersten Westler waren da. Ich habe mit einer Arbeitskollegin Spätschicht gehabt. Sie hatte einen kennengelernt, den sie mir vorstellen wollte. Das war Peter, der Bruder von Frank. Als wir fertig waren, sind wir abends noch zum Tanz.

Sie ist dann zu Peter rübergezogen, nach Taunusstein. Ein Freund, der damals noch mit beim Tanz war, der hat mich dann eingeladen, zwei Wochen zu Besuch rüberzukommen. Ich war da und habe einmal gesagt: »Wir können ja Peter besuchen.« Wir sind zu Peter gegangen, weil auch meine ehemalige Arbeitskollegin da war, und dort habe ich Frank eigentlich das erstemal gesehen.

Es war keine Liebe auf den ersten Blick, gar nicht. Er war mir sehr sympathisch, weil er so eine freundliche Art hatte, aber ich habe ihn ungefähr nur eine Minute gesehen. Ein sympathisches Äußeres, aber ich hatte mir nichts dabei gedacht.

Wieder in Cottbus, war irgendwann auch der wieder da, der mich eingeladen hatte. Er hat gesagt: »Wir gehen noch ins Bahnhofsrestaurant, da feiert Frank seinen Geburtstag.« Da bin ich dann hin, und der hat mich gar nicht mehr erkannt.

Er hat mir die Hand gegeben und gesagt: »Hübner, Frank.«
Ich habe bei mir gedacht: Ist der blöd oder was? Stellt sich hier
mit seinem Namen vor, das kannte ich nicht. Von Männern
war ich das nicht gewohnt, so ein höfliches Auftreten. Ich habe
mich richtig erschrocken.

Dann haben wir uns täglich gesehen. Wir sind ins Gespräch gekommen, mal essen gegangen, das hat sich erst entwickelt. So richtig zusammen waren wir nach drei, vier Wochen. Es war eine Freundschaft, und daraus ist Liebe
geworden, aber erst später.

Der Freund war natürlich ganz schön am Hintern: »Ich
habe euch zusammengebracht.« Später ist er dann unser
Trauzeuge geworden.

Frank hatte drüben gerade seine Umschulung zum Bürokaufmann gemacht. Er ist fast jedes Wochenende runter nach
Cottbus gefahren, daß wir uns wenigstens die zwei Tage sehen.
Im März hatten wir uns kennengelernt, und im August 1990
ist er endgültig hergezogen, als die Umschulung zu Ende war.
Gleich, als er hier war, sind wir bei seinem Vater zusammen-
gezogen. Da haben wir ein halbes Jahr gewohnt.

Für Frank als Bürokaufmann gab's damals keine Arbeit in
Cottbus. Was sollte das sein ... Bürokaufmann ... und als
Mann? Später hatte sich rumgesprochen, was er ist und wer
er ist, und er hat dann aus diesem Grund keine Arbeit mehr
gekriegt. Da hieß es: »Ach, Herr Hübner ... nein, tut uns leid.«

Ich habe gekündigt, weil es Probleme gab. Es hat sich rumgesprochen, mit wem ich zusammen war. Ich habe selbst gekündigt, denn ich habe die Faxen dicke gehabt, wegen den Bemerkungen und so: »Einen Nazi zum Freund.« Das hatte sich
rasend schnell herumgesprochen. Es war kein Arbeitsklima
mehr. Wenn man sich nicht versteht, dann macht es keinen
Spaß, da will man auch nicht mehr hin. Jeder Tag war bloß noch
eine Qual. Ich habe gekündigt, weil ich dann auch stur bin.

Viele haben gesagt: »Du kannst doch nicht kündigen in der
heutigen Zeit. Du kriegst drei Monate Sperrfrist!« Ich habe gesagt: »Ich kündige. Mir doch egal.« Ich bin dann zum Arbeitsamt gegangen, und die waren nicht begeistert, daß ich selbst

gekündigt habe. Die wirklichen Gründe habe ich denen auch nicht gesagt. Ich habe persönliche Gründe angegeben. Wenn ich auf dem Arbeitsamt angegeben hätte, ich habe gekündigt, weil die nicht einverstanden waren, daß ich mit einem Nazi zusammen bin, so wie die es in ihren Worten ausdrücken. Ich habe das nie so gesehen. Dann wäre ich dort auch gleich wieder in Mißkredit gefallen, und das wollte ich nun nicht. Bei Behörden weiß ich, daß ich von ihnen abhängig bin. Da gibt es schon Minuten, wo ich mich so gebe, wie sie mich gern haben wollen. Sonst bin ich nicht so, aber wenn ich in Abhängigkeit stehe, unterwerfe ich mich dann doch schon einmal. Ich hatte wirklich meine Sperrfrist, das hat mich nicht groß gestört. Wenn man verliebt ist, dann stört einen das sowieso nicht.

Als ich Frank kennengelernt habe, da wußte ich von Anfang an, was er sagt und denkt. Das war genau meine Wellenlänge. Wenn ich es nicht gewollt hätte, dann hätte ich mich nicht mehr mit ihm getroffen. Aber ich wußte einfach, das ist genau mein Weg. Es gab in Cottbus nicht die Möglichkeit, darauf zu stoßen und es auch weiterzugeben. Vom ersten Tag an war mir klar, daß das genau das ist, was ich immer gedacht habe und worüber ich mich mit meiner Freundin unterhalten habe.

Ich bin relativ schnell zum ersten Treffen gefahren, zu Michael Kühnen. Das war gleich das erste Treffen nach der Wende, das war noch spektakulär. Da war noch nicht einmal die Grenzöffnung. Man durfte nur mit Paß hin- und herfahren.

Es war Kühnens erste Veranstaltung in Eisenach. Dort habe ich mich mit Frank getroffen. Ich habe gleich gewußt: DAS ist es. Das war gleich klar. Ich war total fasziniert und beeindruckt von Michael Kühnen. Ich wußte, hier möchte ich mich gern engagieren, obwohl ich das bisher nie wollte. Da wollte ich es sofort. Das war für mich der richtige Weg. Der ganze Demokratenquatsch, den wir dann gekriegt haben, das ist wieder nicht meine Sache. Wieder so ein Gequatsche, womit ich mich nicht identifizieren kann, überhaupt nicht, womit ich nicht klarkomme, wo ich immer der Angeschissene bin, wo die, die Kinder haben, nicht weiterkommen. Ich habe von Anfang an gewußt, da machst du mit, und da hast du genau den richtigen Mann gefunden.

Ich glaube, ich könnte nie mit jemandem zusammen sein, der anders politisch interessiert ist. Da würde es nur Streit geben. Manche können das, die brauchen das sogar, gegensätzliche Meinungen. Ich habe jetzt mal welche im Fernseher gesehen: eine Linke und ein Rechter. Da mußte ich mich anschnallen. Und die: »Ja, wir streiten uns manchmal.« Nein, damit könnte ich nicht ... worüber soll man sich denn dann unterhalten? Ich unterhalte mich über Politik. Wenn was läuft über Politik, dann diskutieren wir das aus: Das ist richtig, und das ist Scheiße. Wir sehen dieselben politischen Sendungen. Das wäre doch alles nicht möglich, wenn sich zwei total unterschiedliche Meinungen ... dann müßten wir jeden Tag streiten. Über was soll ich mich da noch unterhalten? Über Haushalt? Da habe ich wirklich keinen Bedarf, das würde für mich nicht in Frage kommen.

Als Vaterfigur habe ich Kühnen nie gesehen. Aber da, bei dem ersten Teffen, war ich sofort begeistert von seiner Art. Dieses Resolute, dieses Absolute, das hat mir gleich gefallen. Ich mag Menschen, die wissen, wo es langgeht, die total für das einstehen, was sie denken. Egal, ob es mir gefällt oder nicht. Wenn jemand wirklich bei seiner Meinung bleibt und die auch vertritt, auch wenn die ganze Welt dagegen ist, das finde ich gut. Weil es ist wie bei mir. Ich war immer anders als die anderen.

Ich finde es mutig, wenn alle gegen ihn sind, trotzdem noch zu sagen: »So ist es und nicht anders. Das ist meine Meinung.« Davor ziehe ich den Hut. Mir ging es jahrelang nicht anders. Ich war immer anders, als die es von mir verlangt haben. Dafür habe ich, genau wie es bei Kühnen war, nur Ärger und Strafen gekriegt. Aber das nimmt man halt in Kauf. Und ich war immer lieber mit Männern zusammen, die gesagt haben: »So und nicht anders!«, die wußten, wo es langgeht. Mit denen bin ich schon immer besser zurechtgekommen, seltener mit Frauen. Schon in der Schule habe ich mich mit Jungs besser verstanden, konnte ich mich mit ihnen besser unterhalten als mit Frauen. Ich komme mit vielen Frauen nicht zurecht. Ich weiß nicht, über was ich mich mit denen unterhalten soll.

Mit der DA-Gründung ging es schon los, als die das erstemal rüberkamen. Ich habe das live miterlebt, da war ich ja mit Frank zusammen. Die ersten Treffen, das Aufbauen und Arbeiten, das war von Anfang an da, das habe ich alles miterlebt. Ich fand es toll und war voll begeistert. Es hat mir Spaß gemacht, gefordert zu sein, mal etwas zu machen. Das war meine Welt, das alles hat mir gut gefallen. Ich habe weniger mitorganisiert. Ich bin viel mitgegangen und habe mir alles angehört und unterschieden, was Blödsinn ist und was gut ist. Da hat man sich erst einmal ein bißchen eingeordnet, außerdem war man neu.

Im Prinzip hat Frank alles gemacht, und ich bin mitgegangen, habe die Veranstaltungen besucht und mir alles angehört. Wir waren auch viel privat zusammen, ohne Partei. Dann kam die erste Wahl, die Halb-DDR-Wahl noch. Die DA wurde noch von der Volkskammer zugelassen. Das war die erste Wahlarbeit mit Kühnen. Da bin ich auch schon mal nach Potsdam gefahren, ganz allein, und hab Unterlagen abgeholt. Ich habe mich immer mit Frank abgesprochen und auch mal kleine Beratungen oder so organisiert oder ein paar Leute zusammengetrommelt, um etwas auf die Beine zu stellen. Oder Wahlhilfe, bei der Wahl kräftig mithelfen, Flugblätter verteilen und so.

Ich bin dann gleich in die DA mit rein. Als es hier die ersten Mitglieder gab, bin ich auch gleich Mitglied geworden. Ich habe mich auch damit beschäftigt. Alles, was Frank zugeschickt bekommt, lese ich. Manches ist mir zu intellektuell. Dieses Hochintellektuelle gefällt mir nicht. Ich bin mehr für das Volksnahe. Weil ich nicht damit einverstanden bin, wie es jetzt läuft. Also will ich sehen, wie ich es für die Leute machen kann, die nicht so gut dastehen.

Das intellektuelle Gefasele von denen, die sowieso einen Haufen Geld haben, das ist nicht meine Sache. Ich habe nichts und muß sehen, wie ich von einem Tag zum anderen komme. Ich lese das, oder wenn Frank mal sagt: »Hier, das mußt du lesen, das ist interessant« oder »Hier kann man etwas lernen«. Ich lerne gern etwas dazu. Er empfiehlt mir mehr, oder ich suche mir auch selbst mal was raus. Die Zeiten, wo ich Krimis gelesen habe, die sind vorbei. Dazu habe ich überhaupt keine Zeit mehr. Ich lese halt so seine Zeitungen, die er kriegt. Die lese ich dann abends, wenn mal nichts im Fernseher kommt.

Der größte Teil unserer Beziehung ist politisch geprägt, sehr politisch. Ich bin eigentlich ganz froh darüber und möchte es auch nicht anders haben. Die Schwierigkeit ist nur, wir sind beide Organisationtalente. Wenn er mal etwas organisieren muß, ein Treffen, oder wenn er etwas schreiben muß, einen Artikel, sehe ich ihm immer über die Schulter und sage dann: »Mensch, mach das doch lieber so oder so!« Jeder will es dann gern so machen, wie er's gern hätte. Ich bin manchmal auch eingeschnappt, wenn er es nicht so schreibt oder so macht, wie ich es mir denke. Aber ich bin auch froh, wenn er sagt: »Eh, toll, das ist eine gute Idee, das ist richtig, das mache ich so.« Oder: » Ja, den Satz schreibe ich lieber so, das ist gut.« Ich freue mich, wenn irgend etwas rein kommt, was ich gesagt, daß er etwas mit hineinnimmt, was ich ihm geraten habe. Da bin ich stolz drauf.

Meine Eltern haben sich von Anfang an gut mit Frank verstanden. Von seiner politischen Einstellung wußten sie am Anfang noch nichts, das kam erst später, als die ersten Fernsehberichte kamen, da waren wir schon ein halbes Jahr zusammen. Sie haben ihn als Netten kennengelernt, und sie haben ihn immer akzeptiert. Da gab es keine Probleme. Jetzt finden sie es sogar gut und haben ihn bei seiner Wahl unterstützt. Politisch unterhalten haben wir uns mit ihnen jetzt erst, seit seiner Wahl. Das geht prima, einwandfrei. Aber ehrlich gesagt, so oft gehen wir nicht zu ihnen. Mein Vater ist immer noch PDS. Bei der Wahl 1993 hat mein Vater die Bednarski gewählt, also zum Bürgermeister, die PDS-Kandidatin. Man mußte drei Kreuze für die Einzelkandidaten abgeben. Zwei hat er Frank gegeben und eins noch so einem PDS-Mann. Bei

»Kameradschaftsabend« im Jugendclub »Sandow« in Cottbus (Mai 1991); links Anka Hübner, in der Mitte Frank Hübner (Vorsitzender der »Deutschen Alternative«)

»Heldengedenktag« in Halbe; rechts Oliver Schweigert (Mitglied der »Nationalen Alternative« und der »Deutschen Alternative«, führender Neonazi in Berlin), in der Mitte Frank Hübner

Fotos: Gust/ZENIT

meiner Mutter war's genauso. Die hat als Bürgermeister die
Bednarski, also PDS gewählt und die anderen drei Kreuze
Frank gegeben. Sie kennt ihn und weiß, er redet keinen Stuß.
Sie wollte ihn unterstützen.

Frank hat mir keinen Heiratsantrag gemacht. Ich habe gesagt:
»Ich bin jetzt schwanger, und das Kind soll deinen Namen tra-
gen, und du sollst Rechte haben, und wir heiraten jetzt.« Am
nächsten Tag sind wir losgegangen und haben das Aufgebot
bestellt. Ich wollte nicht zu dick sein, wenn wir heiraten, und
ich wollte ein schönes Kleid haben.
Als ich im fünften Monat war, haben wir dann geheiratet.
Das hing schon mit dem Kind zusammen. Ich wollte unbe-
dingt, daß es als sein Kind akzeptiert wird. Wir haben dann
sehr schnell im kleinen Kreis geheiratet.
Frank war bei der Entbindung dabei. Den hätte ich nicht
gehen lassen, das war von vorneherein klar. Als ich noch nicht
schwanger war, als wir nur mal so über Kinder geredet haben,
da war schon klar: »Wenn ich mal ein Kind kriege, dann
kommst du mit und bleibst da auch.« Er wollte das auch. Am
Anfang vielleicht nur, weil ich es wollte, später dann aus Über-
zeugung.
Am 13. 6. 1991 war die Kleine dann geboren. Den Geburts-
schmerz habe ich mir schlimmer vorgestellt, tausendmal
schlimmer. Ich weiß, daß es ein starker Schmerz war, und ich
dachte, ich muß sterben, und habe gesagt: »Ich gehe jetzt nach
Hause. Ich will nicht mehr.« Aber das vergißt man wieder. Der
Schmerz der Fehlgeburt davor, der war tausendmal schlimmer.
Es war das schönste Erlebnis in meinem ganzen Leben. Die
Geburt meines Kindes war das schönste, und das zweitschön-
ste Erlebnis war, wie mein Mann das Bettchen mit Elisabeth
reingefahren hat und feuchte Augen hatte. Das war das
Schönste. So etwas gibt es nicht noch mal. Das waren die toll-
sten Stunden, die ich erlebt habe.
Frank ist ein sehr guter Vater, da gibt es nichts. Wenn das
Kind geboren ist, sagen viele, das ist Sache der Frau: füttern
und Windeln wechseln, aber bei uns war das nie so. Eine Wo-

che ist er nachts aufgestanden, eine Woche ich. Das ging immer hin und her. Jeder hat mal eine Woche was gemacht. Doch, er ist ein guter Vater. Wenn er jetzt auf einmal wegfährt, dann heult sie den ganzen Tag rum, weil ihr Papa nicht da ist. Das wäre nicht so, wenn Frank ein Vater wäre, der sich hier nur alle drei Tage sehen ließe und »Hallo« sagte. Ich will das auch, daß er von der Entwicklung viel mitkriegt. Es verändert sich so viel von Tag zu Tag. Elisabeth sagt neue Wörter und all so was. Manchmal kann ich es gar nicht begreifen, wieso sie etwas kann oder sagt. Wenn ich das nur für mich hätte ... Ich will das immer gern teilen. Ich erzähle es auch allen: »Mein Kind hat das und das gemacht.« Ich rufe dann spontan meine Oma an und erzähle ihr: »Elisabeth hat das und das gesagt.«

Ich wollte Frank immer mit einbeziehen. Auch in die Arbeiten, die nicht so toll sind, wie Windeln wechseln und nachts um drei am Bett sitzen, wenn das Kind brüllt und brüllt und brüllt und nicht schlafen will. Oder ich bin fertig vom Tag und will auch mal schlafen, dann hat er das gemacht. Das war immer so.

Als das Kind kam, hat sich sehr viel verändert. Da war auf einen Schlag ... auf einmal konnte ich zu keiner Veranstaltung mehr gehen, keinen Marsch, und alles, was mir immer gut gefallen hatte, wo ich aus Überzeugung hingegangen bin, das ist alles flachgefallen.

Es hat sich viel verändert. Auf einmal habe ich gemerkt, daß Frank nur noch unterwegs ist. Früher ist mir das nicht aufgefallen, weil ich überall mitgefahren bin. Das fand ich toll, ich habe endlich mal viel gesehen von Deutschland. Ehe ich mir das Ausland ansehe, muß ich mich erst mal hier umgucken. Und auf einmal konnte ich das alles nicht mehr, mußte aufpassen und zu Hause bleiben. Das ist schon frustrierend. Man will mitgehen, unbedingt. Auf einmal merkt man, jetzt sind es schon fast zwei Jahre, irgendwie gehört man nicht mehr so richtig dazu. Ich kenne viele Leute gar nicht mehr, die jetzt auf einmal dabei sind. Ich habe sie noch nie gesehen. Das ist natürlich blöd. Ich würde gern überall mit hingehen, aber das geht nicht. Manchmal ärgert mich das. Aber wenn ich dann die Kleine abends in ihrem Bett liegen sehe, *schlafend, dann weiß ich, daß es sich gelohnt hat, daß ich den ganzen Tag mit ihr zusammen war.*

Doch, Frank ist ein guter Vater. Ich glaube, er könnte sich die Kleine nicht mehr wegdenken, ich auch nicht. Aber ich weiß genau, daß sie ein Einzelkind bleiben wird. Ich kann mir keine weiteren Kinder leisten. Ich komme von einem Tag zum anderen, und das mehr recht als schlecht. Der Staat gibt mir nicht die Möglichkeit, mehr Kinder zu haben. Ich würde gern noch ein Baby haben, Kinder überhaupt, so zwei oder drei. Ich wollte eigentlich immer drei Kinder haben, eins oder drei, aber das geht nicht. Das ist nicht möglich. Ich weiß heute schon manchmal nicht mehr, wie ich dies und das bezahlen soll. Wenn es mir gegeben wäre, würde ich es machen, aber so kann ich es nicht. Das ist für mich ein Grund, den Staat mit allen Mitteln zu bekämpfen, weil man nur der Blöde hier ist.

Ich bin enttäuscht nach der Wende. Man hat dies und das gedacht, und dann kommt derselbe Kram wieder. Wenn du anders bist als die anderen, dann wirst du bekämpft mit allen Mitteln. Ich denke, hier kann jeder seine Meinung sagen. Wir können das anscheinend nicht. Das war eine ganz große Enttäuschung. Ich sehe jetzt, daß vieles, was damals war, zehnmal besser war als das, was jetzt läuft. Z.B. die ganze Jugendarbeit, gegen die ich mich so gesträubt habe. Die war aufgezwungen, aber wenn es auf freiwilliger Basis gewesen wäre, dann hätte ich es wahrscheinlich gern gemacht. Heute wird hier jeder sich selbst überlassen. Jeder soll selbst sehen, wie er klarkommt. Jeder denkt bloß an sich und: bloß nichts abgeben.

Zum Glück ist es hier nicht so, überhaupt in Mitteldeutschland, vor allem in unserer Straße. Wir helfen uns alle immer noch wie früher, Nachbarschaftshilfe. Und nicht so ein Geneide: Was hat die denn? Muß ich mir auch noch kaufen. Auch mit Kindern, das sind alles so Sachen. Wobei ich mich nicht in der typischen Mutterrolle sehe, die immer gefragt ist. Da habe ich meine ganz eigene Meinung. Ich kann doch dabeisein, ohne in allen Punkten alles nachzureden. Ich sehe das nicht so: Das ist mein Programm, und Punkt für Punkt muß ich nun so denken, wie es da steht. Nein, ich habe schon meine eigene Meinung und sage auch manchmal zu Frank: »Das finde ich nicht gut.«

Ich bin nicht für Abtreibung, um Gottes willen. Aber ich bin dafür, daß ich selbst bestimmen kann, ob ich abtreibe oder nicht. Ich würde nie sagen, ich will abtreiben oder ich würde abtreiben. Ich sage natürlich von vorneherein, daß ich nie abtreiben würde. Aber ich weiß, ich bin realistisch, wenn ich morgen schwanger werde, müßte ich abtreiben. Ich kann nichts anderes machen. Und es kotzt mich an, daß mir vom Staat vorgeschrieben wird, daß ich zu einer Beratung gehen muß, die völlig sinnlos ist. Wenn ich mich zur Abtreibung entschieden habe, dann habe ich mich dazu entschieden. Da wird mich die Beratungsstelle nicht mehr umstimmen. Und wenn sie es tut, wo ist dann die Beratung, wenn ich mein Kind habe? Da hilft mir auch keiner mehr. Da muß ich nämlich sehen, wie ich von einem Tag zum anderen komme.

Ich möchte Hilfe in Anspruch nehmen, wenn ich es möchte, und nicht, weil es mir vorgeschrieben wird. Ich muß doch selbst damit klarkommen. Und wenn sie immer erzählen, die Frauen in der DDR sind zur Abtreibung gegangen wie zum Friseur, darüber kann ich nur lachen. Das ist doch keiner Frau egal. Jede macht sich seine Gedanken darüber, und ich glaube nicht, daß irgend jemand da leichtfertig hingegangen ist, ohne sich Gedanken zu machen. Das war auch in der DDR nicht einfach. Da hast du deine Predigt gekriegt und mußtest dir Filme angucken, wie sie eine Abtreibung vornehmen, damit sie dich schocken. Ich möchte es selbst entscheiden können. Das ist mein Körper. O.k., wenn der Staat so ist, daß Kinder kriegen eine Freude ist, daß es belohnt wird, daß ich abgesichert bin und nicht der Blödmann, bloß weil ich ein Kind habe. Oder ich habe vielleicht sogar zwei, das ist noch schlimmer, oder drei, dann bist du Assi. So ist es leider. Wenn mir das alles gegeben wäre ... wie gesagt, ich würde gern Kinder haben, und ich sage natürlich, ich würde nicht abtreiben.

Bloß wenn's nicht geht, dann geht es nicht. Erst einmal geht es doch um mich und das Kind, das da ist, um das lebende Kind. Was nützt mir noch ein Kind, wenn ich es nun mit aller

Macht kriege, und dann kann ich dem Kind nichts bieten, gar nichts. Ich will meinem Kind alles bieten, und ich weiß, bei dem einen, da schaffe ich es. Aber noch ein zweites, da geht's nicht mehr. Dann muß das, was da ist, zurückstecken, und das, was ich noch kriege, hat sowieso nichts.

Im Sozialbereich muß eigentlich sehr viel verändert werden, fast alles, und nicht wieder so ein Gemuschel, so ein Demokratiegemuschel. Da muß schon ein Faden sein, ein fester Faden, eine Diktatur, eine Richtlinie. Nicht zuviel verordnet, aber eine klare Linie, an der man sich orientieren kann. Halt sehr viel im Sozialbereich, daß es mir besser geht, daß Kinder gefragt sind, gern gesehen sind. Daß ich vielleicht nur Hausfrau sein kann und dafür nicht behandelt werde wie: Die sitzt den ganzen Tag nur zu Hause. Vier, fünf Kinder und mich um den Haushalt kümmern, das würde ich gern wollen.

Die Frauen müssen nicht arbeiten gehen. Was drängeln die sich nun auch noch auf dem Arbeitsmarkt rum und wollen Tausende von Karrieren machen? Das soll zwar möglich sein für den, der's will, aber wer's nicht will, soll zu Hause bleiben und den Haushalt führen können und das auch als Arbeit bezahlt kriegen. Ich arbeite hier den ganzen Tag, das sieht nur keiner. Als Hausfrau kriegst du keine Rente, kein Geld, kein nichts. Da bist du drauf angewiesen, das kannst du dir im Prinzip nur leisten, wenn du einen Mann hast, der viel Geld hat. Sonst kannst du nicht zu Hause bleiben.

Ich würde mich aber gern den ganzen Tag um sie kümmern und nicht um fünf von der Arbeit zur Krippe hetzen, Kind abholen, zwei Stunden sehen, dann ins Bett packen. Und morgens, wenn ich sie sehe, gleich wieder zur Krippe bringen. Sozial muß sich hier viel ändern. So geht es nicht, daß man hier immer der Looser ist. Ich kriege sechshundert Mark vom Arbeitsamt und zahle sechshundert Mark Miete. Da weißt du, was mir bleibt: zweihundertsiebzig Mark Kindergeld. Die kann ich mir mit Elisabeth teilen. Sie trägt aber teurere Sachen als ich. Nicht, weil ich das will, sondern weil es sonst nichts Vernünftiges gibt. Alles, was mit Kindern zusammenhängt, muß billig sein. Ist es aber nicht, weil sie wissen, daß du darauf angewie-

sen bist, das zu kaufen. So etwas geht nicht. Das muß wieder wie in der DDR sein, als alles zu Spottpreisen abgegeben wurde.

Ich habe zum Glück meine Wohnung, und hier ist es noch nicht so, daß Vermieter sagen: »Ach, mit Kind … nein.« Aber bei einer Arbeit spüre ich die Benachteiligung schon. Erst einmal bin ich benachteiligt, weil ich 1½ Jahr zu Hause war. Auf dem Arbeitsamt haben sie gesagt: »Was, Sie sind so lange aus dem Beruf raus? Da will Sie keiner so richtig haben.«

Und dann so ein kleines Kind, das schreckt natürlich ab, das könnte ja mal krank werden.

Alle Arbeitsangebote, die ich bis jetzt hatte, es waren ja nicht viele, sind daran gescheitert, weil ich so lange raus bin. Das bin ich nur, weil ich das Kind bekommen und den Erziehungsurlaub in Anspruch genommen habe, um überhaupt ein bißchen Geld zu kriegen.

Die drehen sich das, wie sie wollen, furchtbar. Wenn ich noch mehr Kinder hätte, wäre es noch schlimmer.

Ich werde wahrscheinlich noch einmal eine Lehre machen. In dem Beruf, den ich gelernt habe, ist Schichtbetrieb gefragt. Das kann ich mit dem Kind nicht. Ich möchte es nicht mal da, mal dort kurz sehen. Ich will das Wochenende für meine Familie haben, und das kann ich als Koch nicht. Ich will einen Job haben von acht bis sechzehn Uhr und den Rest der Zeit meiner Familie widmen und trotzdem noch gut dabei wegkommen. Schichtarbeit kommt nicht in Frage. Das kann ich aber in meinem Beruf keinem Arbeitgeber anbieten, daß ich nicht in Schichten arbeiten kann. Also mache ich noch mal eine Lehre. Ich war heute bei der Beratung. Lehrstellen sind wohl einige vorhanden. Justizvollzugsbeamtin habe ich mir angeguckt. Das würde mir gefallen. Aber ich glaube, Beamter werde ich mit dem Mann wohl kaum werden können. Sonst habe ich keine Vorstellung, was ich dann mache. Aber es muß wohl sein, damit ich erst einmal eine Überbrückung habe. Da bin ich dann auch abends zu Hause und habe drei Jahre überschlagen, ohne faul zu Hause rumzusitzen.

*Das Verbot, das war vorauszusehen. Wir haben eigentlich je-
den Tag damit gerechnet. Wir hatten auch mit der Hausdurchsuchung gerechnet. So etwas hatte ich noch nie erlebt,
Frank schon öfter. Mein Kind war gerade geboren. Es war
wirklich sehr frustrierend. Jeden Tag habe ich damit gerechnet, aber als es soweit war, wo ich verschlafen aufstehen mußte
und gehört habe: »Polizei. Machen Sie die Tür auf!«, da ist
mir ein Schauer durch den Körper gelaufen. Mir war schlecht,
und ich wußte nicht mehr, was ich tun sollte. Aber nicht wegen mir. Wenn ich allein gewesen wäre, wäre mir alles egal ...
Aber wegen meiner Tochter, die hat noch geschlafen. Die geht
mir über alles. Nichts ist mir wichtiger als meine Tochter.
Dann poltern die hier rein und suchen meinen persönlichsten
Kram durch. Das konnte ich alles noch verkraften. Hauptsache, mein Kind wacht nicht auf. Die braucht ihren Schlaf.
Natürlich ist sie aufgewacht. Die Rücksichtslosigkeit gegenüber so einem Baby hat mich ganz schön getroffen.*

*Bei der zweiten Hausdurchsuchung mitten in der Nacht
haben sie gesagt, ich soll das Kind aus dem Zimmer tragen,
damit sie das Kinderzimmer durchsuchen können. Das war
erst einmal ein Schock für mich. Zum Glück gab's eine sehr
einsichtige Staatsanwältin, die ich bekehren konnte. Ich habe
gesagt: »Sie haben bestimmt auch Kinder. Die schläft nicht
mehr, wenn ich sie jetzt aus dem Bett hole. Dann plärrt die
hier die ganze Nacht.« Ich habe fast geheult. Ich war mit den
Nerven völlig runter. Alles, was an mein Kind geht, ist zuviel.*

*Ich brauchte es dann auch nicht rauszuholen. Die Staats-
anwältin hat gesagt: »O.k., machen Sie die Tür auf! Wir
gucken kurz durch.« Da war ich froh. Sonst wurde ich eigentlich bei beiden Hausdurchsuchungen gut behandelt. Es tut
natürlich weh, wenn persönliche Fotos und Briefe von früher
durchgegangen werden. Das geht einem durch und durch. Die
klatschen alles bloß zurück, und du mußt dann aufräumen.
Beim erstenmal, das weiß ich noch ganz genau, da war das
Kind gerade geboren. Wir hatten ein Fotoalbum angelegt von
der Kleinen. Da waren die ersten Babyfotos drin. Dann war
die Hausdurchsuchung zu Ende, und das Fotoalbum war*

Geschäftszeichen (bei Antwort bitte angeben) ☎ (0228) Datum

IS 1 - 619 312/20   681-1   8. Dezember 1992

Der Bundesminister des Innern, Postfach 170290, 5300 Bonn 1   Dienstgebäude Nr. 1

Deutsche Alternative
z. Hd. Herrn Frank Hübner
Berthold-Brecht-Straße 29

0-7500 Cottbus

z. Hd. Herrn René Koswig
Karl-Maria-von Weber-Straße 3

O 7513 Cottbus

Gemäß § 3 des Gesetzes zur Regelung des öffentlichen Vereins-
rechts (Vereinsgesetz) vom 5. August 1964 (BGBl. I S. 593) zuletzt geändert durch Gesetz vom 17. Dezember 1990 (BGBl. I
S. 2809) erlasse ich folgende

V e r f ü g u n g:

1. Die "Deutsche Alternative" richtet sich gegen die verfassungs-
    mäßige Ordnung.

2. Die "Deutsche Alternative" ist verboten. Sie wird aufgelöst.

3. Es ist verboten, Ersatzorganisationen für die "Deutsche Alter-
    native" zu bilden oder bestehende Organisationen als Ersatzor-
    ganisationen fortzuführen.

4. Das Vermögen der "Deutschen Alternative" wird beschlagnahmt
    und eingezogen.

Dienstgebäude
Nr. 1 Graurheindorfer Straße 198 Nr. 2 Dietkirchenstraße 28   Nr. 4 Husarenstraße 30   Nr. 6 Ulrich-von-Hassell- ☎ Vermittlung Telex   Teletex   Telefax
(Hauptgebäude)   Nr. 3 Graurheindorfer Straße 35 Nr. 5 Karl-Legien-Straße 156   Straße 66/76 (0228) 681-1   886806 228341 • BMI 681-46!
Kontoverbindungen: Bundeskasse Bonn, Landeszentralbank Bonn 38001060 (Dt. Z 38000000) · Postgirokonto Köln 11900-505 (BLZ 37010050)

Gerichtsurteil vom 8. Dezember 1992 über das Verbot der »Deutschen Alternative«
(Auszug)

weg. Ich habe geheult. Ich war verrückt. Ich sagte: »Frank, wie können die das machen? Warum tun die mir das an? Die können doch nicht das Fotoalbum wegnehmen von meinem Baby, das geht doch nicht.« Ich war total am Ende mit den Nerven.

Das Fotoalbum hat sich dann angefunden. Die haben das in den anderen Schrank geschmissen. Aber ich habe gedacht, die haben das mitgenommen. Und ich: »Frank, du fährst sofort da hin und holst das Album zurück! Das gibt's doch nicht. Das kann nicht sein.« Vieles verstehe ich nicht, wie das sein kann. Da sage ich immer: »Das kann doch nicht möglich sein. Wieso denn? Wir haben doch nichts getan.« Aber dann hat es sich angefunden, zum Glück. Da war ich wieder glücklich.

Hasselbach ist ein schöner Mann. Ich kannte ihn von Veranstaltungen als netten, freundlichen Frauentyp. Man denkt immer über viele, die neu dazukommen: Die bleiben nicht lange, oder der könnte mal aussteigen. Ingo Hasselbach war einer, bei dem ich nie gesagt hätte, daß er mal aussteigt. Es gibt immer fünf, sechs Leute, bei denen man sagt, die sind fest dabei, und da wird sich nie was dran ändern. Dazu hatte ich ihn eigentlich gezählt, aber da hab ich mich wohl geirrt. Daß ich mich so in einem Menschen täuschen kann, das hätte ich nicht gedacht.

Daraus kann man wieder nur lernen, daß man nicht jedem trauen kann. Ich bin sowieso jemand, der schlecht vertraut, schwer vertraut, also nicht gleich jedem. Hätte ich nicht gedacht von ihm und daß er dann so was erzählt. Das sind unwichtige Dinge. Die hätte ich im Fernsehen auch erzählen können. Der wird jetzt als Aussteiger hofiert, und »der bringt die tollsten Informationen«. Ich meine, da sind schon Dinge dabei, das hätte er wirklich nicht unbedingt sagen sollen. Vieles davon war allgemein bekannt. Er redet so viel von dieser ANS. Das hat sich schon seit Jahren im Sande verlaufen, soweit ich es weiß. Unwichtige Sachen.

Ich weiß nicht, wie er das schaffen kann. Der wird wohl entsprechende Leute kennengelernt haben. Komisch, bei ihm hätte ich es mir wirklich nicht vorgestellt. Klar war ich schockiert.

134

Kann man mal sehen, wie die Leute sich drehen können.

Daß er jetzt Mölln und Solingen als Aufhänger nimmt, das kann ich nicht verstehen. Trotzdem glaube ich doch an eine bestimmte Sache, das hat damit gar nichts zu tun. Das sind irgendwelche Irrläufer. Damit muß man nun mal leben, daß das so ist. Der große Teil der Bevölkerung kann hoffentlich auseinanderhalten, daß DAS und DAS was anderes ist. Daß er das jetzt als Aufhänger für seinen Ausstieg genommen hat, das nehme ich ihm nicht ab. Da muß was anderes gewesen sein. Ob es das Geld durch das Buch und die Filme war oder ob's sonstwas war. Diesen Grund, den er angibt, kaufe ich ihm nicht ab.

Es gibt viele Leute in der rechten Szene, die das nicht gutheißen. Die wenigsten finden das wahrscheinlich gut, aber deshalb nehme ich es nicht als Aufhänger: Ich steige jetzt aus. Das ist Unsinn. Das hat mit der Sache, für die wir kämpfen, gar nichts zu tun. Es ist nicht schön, aber es passiert nun mal.

Hasselbach war eigentlich auch von Anfang an dabei. Ich war mal mit Frank gleich nach der Eröffnung in der Weitlingstraße, da war er auch gewesen. Das ist wirklich einer, bei dem hätte ich es nie gedacht, nie, wirklich. Ich weiß nicht, wie ich ihm begegnen würde, wenn ich ihn nochmal sähe.

So fand ich ihn sehr sympathisch, aber was er jetzt so von sich gibt, das schadet natürlich. Dafür wird er seine Strafe noch bekommen. Das muß er halt mit seinem Gewissen ausmachen. Er sagt ja auch, daß ihm irgendwie mal was passieren könnte. Das halte ich für möglich. Nicht mal von der obersten Schiene oder so, wie er es darstellt, sondern vielleicht von irgendwelchen, auch wieder solchen, die Asylantenheime anbrennen. Daß halt so'ne sagen: »Mensch, das ist ein Verräter, mit dem müssen wir genauso umgehen.« Von Kleineren, auch von Mitläufern, denke ich, daß da eher was kommt. Die oberste Schiene tut sich doch mit so was nicht abgeben.

Was der da von sich gibt, das interessiert gar keinen, das haben die Leute schon vor drei Jahren im Interview erzählt. Da kam nichts Neues, und in jeder Talkshow hat er dasselbe runtergelabert. Die Medien sind halt heiß auf so was. Ganz unbedeutend war er ja nun nicht gerade gewesen. Jetzt sind sie froh, daß sie ihn präsentieren können. Nur, daß er das ausgerechnet ist, das hätte ich nicht gedacht. Das war ein Rückschlag. Aber nicht für die politische Szene, nur für mich.

Mich haben Mölln und Solingen auch geschockt. Das muß ja nun nicht sein. Trotzdem steige ich nicht aus, weil es damit gar nichts zu tun hat. Wenn es jetzt Frank gewesen wäre, o.k., da würde ich es mir überlegen, das wäre dann ... das könnte ich nicht mehr mittragen. Aber die Täter, die da präsentiert wurden, waren halbe Kinder. Wolltens machen, um aufzufallen oder in die rechte Szene zu kommen oder was sie dafür gehalten haben. Schwachsinnige Leute! Trotzdem steige ich nicht aus. Gefällt mir auch nicht. Davon haben sich viele distanziert.

Daß Frank aussteigt, ist wirklich sehr unwahrscheinlich. Da würde ich am Leben zweifeln. Da hätte ich wieder jemanden ganz falsch eingeschätzt. Aber das passiert nicht, da bin ich mir ganz sicher. So gut kenne ich ihn nun doch. Dann schon eher jeder andere, aber er nicht.

Ich plane meine Zukunft nicht. Ich lebe heute, und ich lebe jeden Tag neu. Ich hab noch nie in die Zukunft geplant ... Ich lebe immer von einem Tag zum anderen, das ist mir bis jetzt immer gut bekommen. Ich mache mir keine Gedanken über die Zukunft. Das kann man auch gar nicht, weil man bestimmte Dinge nicht absehen kann, die das Leben mit sich bringt.

Träume habe ich eigentlich auch nicht. Ich stehe jeden Tag auf und nehme den Tag so, wie er kommt, und kreier mir das selber, wie ich das gern möchte. Weit voraus plane ich nie, mal für'ne Woche oder zwei, einen Urlaub planen oder einfache Dinge. Aber große Dinge für die Zukunft plane ich nicht, die lasse ich alle auf mich zukommen.

Politisch möchte man natürlich, daß sich die Dinge verwirklichen, für die man kämpft, für die man viel opfert. Auch solche Dinge plane ich nicht.

Ich freue mich lieber über kleine Teilerfolge, die irgendwann mal zu'nem Ganzen führen.

Klar, sicher gibt es nach dem DA-Verbot noch eine Chance.

Aufmarsch von Neonazis am 9. November 1991 in Halle; links Frank Hübner, rechts »Ritterkreuzträger« Otto Riehs

»Heldengedenktag« in Halbe; rechts Frank Hübner, links Arnulf Winfried Priem (Anführer von »Wotans Volk« in Berlin)

Fotos: Gust/ZENIT

Es gibt immer Lücken, durch die man im Gesetz schlüpfen kann. Sowas ist immer möglich, das wird schon. Wird ja alles immer größer.

In eine andere Partei eintreten würde ich wahrscheinlich erst mal nicht. Eigentlich wollte ich in die Deutsche Liga eintreten. Da gab es in der obersten Ebene Ärger, daß sie Frank die Möglichkeit gegeben haben, sich zur Wahl zu stellen in der DL. Es gab großen Wirbel um seine Person, und sie haben sich auch verwehrt, daß er bei ihnen Mitglied wird. Da habe ich mir das natürlich auch wieder überlegt. Eigentlich hatten sie gesagt: Wir sind das Auffangbecken für alle rechten Gruppen.

Das wollte ich auch immer: Nicht diese vielen Gruppen, sondern eine große Partei, wo alle reingehen ohne Streitereien und Zank. Aber schon bei der kleinsten Kleinigkeit hat sich gezeigt, daß dem dann doch nicht so ist. Es gibt einfach zu viele kleine Parteien, die einzeln nichts bewirken können. Wenn es dann wieder eine große gibt, dann bin ich bestimmt bei den ersten Mitgliedsnummern gleich dabei.

Mich selbst als rechtsradikal bezeichnen? Das will man eigentlich nie. Kein Mensch will sich mit Negativem belasten. Die Leute draußen, die sagen: »Die Nazis oder die Rechtsradikalen.« Da sage ich doch nicht selber: »Ich bin ein Nazi.« Ich würde mich als normal denkenden Mensch bezeichnen. Ich würde mich überhaupt nicht als irgendwas bezeichnen. Ich mag das nicht: Der ist das und der ist das. Das, was ich sage und denke, das ist viel wichtiger, als zu sagen, ob das nun ein Nazi ist. Das ist sowieso ein blödes Wort. Das sind wir nun wirklich nicht.

Wenn ich nicht glauben würde, daß unsere politische Arbeit einmal eine Chance hat, dann würde ich das nicht machen. Ich hänge mich nie in Sachen, bei denen ich sehe, daß sie keinen Sinn, keinen Wert haben. Ich muß da schon mal Erfolg sehen. Und das Ziel, das muß ich im Auge behalten. Da geh ich nicht von weg, das weiß ich. Rückschläge lassen sich nicht vermeiden, damit muß man leben. Es ist zwar traurig, aber es geht immer weiter.

»Gautreffen – Brandenburg« am 30. Juni 1991 in Siewisch bei Cottbus; in der Mitte
Anka Hübner

Pfingstzeltlager von Anhängern der »Deutschen Alternative« im Mai 1991 in der Nähe
von Cottbus; in der Mitte (mit Schirmmütze) Anka Hübner

Fotos: Gust/ZENIT

Irgendwie geht's immer weiter. Und wenn ich nicht dran glauben würde, daß das irgendwann mal zum Ziel führt, dann würde ich es auch nicht machen. Warum soll ich meine Kraft hineinlegen und mir Ärger aufladen, für nichts und wieder nichts? Ich glaube, das macht keiner.

Und hier in der Gegend werde ich ja nicht schlecht behandelt, weil ich mit Frank zusammen bin. Im Gegenteil, da werde ich äußerst gut behandelt. Die grüßen mich überall: »Ach, Frau Hübner. Toll. Ihr Mann soll weitermachen!« Wenn so etwas kommt, das freut einen dann sehr. Weil man dann weiß, es hat einen Sinn, wenn er andauernd unterwegs ist.

Also ich glaube da schon dran. Nicht morgen, das wissen wir alle, und wahrscheinlich auch nicht nächstes Jahr, aber irgendwann schon. Es lohnt sich. Ich möchte gern, daß die NSDAP wieder zugelassen wird. Ich möchte es gern, aber ich glaube es nicht, in den nächsten zehn Jahren bestimmt nicht. Ich weiß nicht, das kann ich mir wirklich nicht vorstellen. Was man selber will und was Realität ist, ist doch etwas anderes. Natürlich will ich es, aber es wäre Quatsch, zu sagen, daß es morgen passiert oder in einem Jahr.

Auf der Veranstaltung am 1. Mai 1991 traf ich auch eine andere Frau das erstemal: Monika Baginski. Bei DA-Kameradschaftsabenden begegnete ich ihr wieder. Mir gegenüber war sie immer sehr freundlich. Einmal fragte sie mich, ob ich das Material einer Veranstaltung mit Kirk Lyons, einem Ku Klux Klan-Mitglied, Poul Knudsen, dem Vorsitzenden der Dänischen Nationalsozialisten, und Ewald Béla Althans[35] für sie überspielen würde. Sie hätte das Material gern zur Erinnerung auf Videoband.

Diese Veranstaltung im Sommer 1992 in Cottbus war eine von vielen in der ganzen Bundesrepublik, die Althans mit seinen »hochdotierten« Gästen besuchte. Althans hatte das gesamte Management dieser Nazitour in seinen Händen. Alle, Lyons, Knudsen und Althans, hielten Reden und baten um Geld für die Bewegung, für Leuchter, für Zündel.

Die Art, wie Althans diese rechtsextremen »Koryphäen«

präsentierte, halte ich für höchst gefährlich. Es schien unverkennbar, daß sich die Cottbusser durch ihre Gäste geehrt fühlten. Eine Glatze kam nach der Veranstaltung zu Lyons und steckte ihm 20 Mark in die Tasche. »Für Ernst!« (gemeint war Zündel) sagte er noch.

Die Veranstaltung der DA im Sommer 1992 hatte mir die Chance geboten, einen Kontakt zum Klan herzustellen. Ich machte nach dem offiziellen Teil ein Interview mit Lyons und unterhielt mich anschließend noch weiter mit ihm. Irgendwann fragte ich ihn, ob es möglich sei, Zeitungen des Klans zu bekommen. Außerdem wollte ich wissen, was es mit dem alljährlichen Treffen aller Klan-Gruppen in den Südstaaten Amerikas auf sich hat. Jeden Herbst treffen sich dort alle 20 Gruppen und Grüppchen des Ku Klux Klan.

Lyons bot mir an, sich darum zu kümmern, daß ich in den Presseverteiler des Klans aufgenommen würde. Außerdem lud er mich ein, an einem dieser großen Klan-Treffen teilzunehmen. Seitdem erhalte ich monatlich den »Klansman« und den »WAR« (White Aryan Resistance). An jenem Klan-Treffen teilzunehmen hat sich leider nicht ergeben.

Monika Baginski ist jung, einsam und brutal. Ihre Brutalität richtet sich nicht nur gegen andere Menschen, sondern in erster Linie gegen sich selbst. Besonders zum Ausdruck kommt es in ihrer Gleichgültigkeit, die sie sich selbst gegenüber hat.

Aufgewachsen in Lübbenau in Brandenburg, in einer sogenannten postmodernen, sozialistischen Plattenbausiedlung, war schon ihr sozialistischer Alltag von Alkohol geprägt. In Lübbenau wohnten vor allem die Arbeiter der Braunkohlekraftwerke, die sich in unmittelbarer Nähe befinden. In Vorwendezeiten erhielten auch die Entlassenen der Justizvollzugsanstalten Luckau und Schwarze Pumpe in Lübbenau Arbeitsplatzbindung und Wohnung.

Das soziale Milieu in dieser Stadt war von jeher geprägt von Spannungen zwischen den Bewohnern, die fast ausschließlich hinzugezogen waren. Eine gesunde Sozialstruktur, entstanden aus natürlichem Wachstum und städtischer Entwicklung, gibt es in Lübbenau wie auch in Hoyerswerda, Schwedt und Eisenhüttenstadt nicht. Nach der Wende verschärften sich die Spannungen in diesen Städten durch Arbeitslosigkeit, die aus der Schließung bzw. dem radikalen Arbeitsplatzabbau in den Kraftwerken resultierte. Dazu kamen Enttäuschungen über die wirtschaftliche Entwicklung im ganzen, wie auch privat. Die »stolzen Erbauer des Sozialismus«, für die sich viele Menschen in diesen Satellitenstädten irgendwann auch gehalten hatten, waren auf einmal nur noch Arbeitslosengeldempfänger. Eine Besserung der Verhältnisse war und ist nicht in Sicht. Mittelständisches Handwerk oder Industrie sind in diesen Regionen so gut wie nicht mehr vorhanden. Keinem sollte es, nach den Worten von Kanzler Kohl, schlechter gehen als bisher. Dieser Satz ist deprimierender Hohn für Menschen, die in den ehemalige Industriestandorten leben.

Bei Monika Baginski kommt dazu, daß der Arbeitsplatzverlust mit dem Scheitern ihrer Beziehung zeitlich ungefähr zusammenfällt. Das ist keine Entschuldigung für ihr Verhalten, aber eine vorsichtige Erklärung. Kurze Zeit später nimmt sie an Veranstaltungen und Kameradschaftsabenden der DA teil, wo ich sie schließlich kennenlernte.

Sich selbst eine Alternative zu suchen, sich neue Lebensperspektiven aufzubauen, dazu ist Monika Baginski, wie viele Menschen ihrer Generation und ihrer Herkunft, nicht fähig. Sie haben es nicht gelernt, weder von ihren Eltern, noch in der sozialistischen Gesellschaft, in der sie den bisher größten Teil ihres Lebens verbrachten. Die Lethargie, in die viele Bürger der ehemaligen DDR verfielen, ist heute noch in Lübbenau und anderen, gleichartigen Städten vorherrschend.

Einmal sprach ich mit dem Vater von Monika am Telefon. Ganz von selbst begann er zu erzählen. In seinen Worten kommen charakteristische Gedanken und Befindlichkeiten vieler Menschen aus dieser Gegend Deutschlands zum Ausdruck: »Viele Politiker geben mehr für Kriege als für die eigenen Leute aus. Das ist ein Verbrecherstaat. Als erstes müssen die Ausländer raus. Helmut soll von seinem Geld 10 oder 20 Prozent abgeben. Die Kanaken sind auch nicht besser. Die Großen stecken ein, und die Kleinen zahlen. So gibt es nie Zufriedenheit. Und was passiert mit der Jugend? Sie schwärmt für Adolf und kennt ihn nicht einmal. Die sind wie ein Rudel Wölfe, aber allein kriegen sie den Mund nicht auf. In solchen Verhältnissen geht nichts weiter.«

Monika wuchs in einem gewalttätigen Haushalt auf. Ihr Vater schlug die Mutter, selbst wenn eins der sechs Kinder dabei war. Gewalt in der Familie, ebenfalls sozialistischer Alltag.

Auch Monika hat keine Scheu vor Gewalt. Den Männern ebenbürtig sein, eine Art von Selbständigkeit, die in diesen Kreisen unter jungen Menschen immer populärer wird. Der Anschlag auf das Asylbewerberheim in Lübbenau ist der vorläufige Endpunkt in Monikas trauriger Karriere.

Nach der Haftentlassung am 18. März 1994 bekam Monika ein Arbeitsangebot in Lübbenau. Einen Tag hat sie gearbeitet, dann überlegte sie sich, daß sie für 1 100 Mark im Monat nicht arbeiten wolle. Die Hoffnung auf ein neues, angeblich sozialeres System mit autoritären Führungsstrukturen und scheinbarer Chancengleichheit für alle Deutschen wird für sie zur Alternative. Es ist angenehmer, von einer Lüge zu träumen, als sich mit der unangenehmen Realität auseinanderzusetzen.

Das Dritte Reich war, in der verklärten Darstellung rechtsradikaler Jugendlicher, die beste Regierungsform, die es je auf deutschem Boden gegeben habe. Nach dem Motto: »Sozialismus war es nicht, Marktwirtschaft ist es nicht, also kann es nur Nationalsozialismus sein« wird Hitlers größenwahnsinniges Evangelium wieder stubenrein gelogen.

»Gaskammern hat es für mich sowieso nie gegeben«, sagt Monika und läßt sich auf keine weiteren Erläuterungen ein.

Reue zeigt Monika nicht. Bei dem Anschlag auf das Asylbewerberheim kamen keine Personen zu Schaden – zufällig. Immerhin ist sie jetzt jemand in ihren Kreisen. Auch wenn sie nach ihrer Haftentlassung keinen Kontakt mehr zur DA hat, arbeitet sie schon wieder in einer neuen Gruppe mit. Welche Gruppe das ist, wollte sie mir nicht sagen. Im Mai 1994 war sie fast jedes Wochenende in Zeltlagern. Fotos davon zeigt sie nicht, weil die Personen darauf in Kampfanzügen abgebildet wären. An einem der Wochenenden wollte sie ihre vierjährige Tochter mitnehmen.

Monika Baginski behandelte mich während der Interviews wie eine nicht unsympathische Gleichaltrige. Manchmal, bei bestimmten Bemerkungen, hat sie Resonanz erwartet, die ich ihr verweigerte. So war sie sich die ganze Zeit nicht sicher, wie oder was ich denke.

Immerhin stellte sie mir für dieses Buch Briefe von Thomas Dienel und Ursula Müller, der Vorsitzenden der HNG, der Hilfsgemeinschaft für Nationale Gefangene und ihre Angehörigen, zur Verfügung. Ihre Grenze war, wie schon erwähnt, erreicht, als ich aktuelle Fotos von ihr haben wollte.

Eine Eigenart stellte ich bei Monika Baginski fest. Ich kenne viele Jugendliche, die schon Haftstrafen verbüßt haben. Allen war nach ihrer Entlassung eine ungeheure Aggressivität gemeinsam, verbal und körperlich. Bei Monika war das nicht der Fall. Im Gegenteil, sie wirkte sehr ruhig, manchmal sogar schüchtern. Dabei blieb es auch. Ihr Vater hat in diesem Punkt sicher recht: »Sie sind wie ein Rudel Wölfe, aber allein kriegen sie den Mund nicht auf.«

Äußerliche Veränderungen bei Monika sind Ausdruck innerer Umorientierung. Traf ich sie anfangs noch in hellblauen Jeans und weißer Bluse, so trug sie bei unserem letzten Gespräch hautenge, schwarze Jeans, ein schwarzes T-Shirt, 14locher Docs und eine NVA-Tarnjacke.

Ihr großes Problem ist nach wie vor der Alkohol. Wenn sie getrunken hat, brechen sich Haß und Verzweiflung auf brutale Weise Bahn. Sie selbst sagt, daß sie dann unberechenbar wird. Unter Alkoholeinfluß verliert sie jede moralische Hemmung. Wenn sie wieder nüchtern ist, rechtfertigt sie ihre Handlungen mit Sätzen wie: »Ich mußte meine Ehre wiederherstellen« oder »Es ist ja nichts passiert, und wenn etwas passiert wäre, dann ist es auch egal«.

Wie es wirklich für sie weitergehen soll, weiß sie nicht genau. Immer wieder sind Arbeits- und Wohnungsangebote von »Kameraden« im Gespräch. Herauszufinden, wie realistisch die Angebote sind, soweit kommt Monika nicht. Alle Angebote, die sie von Menschen außerhalb der Szene bekommt, nimmt sie nicht oder nur flüchtig wahr. Sie vertraut anderen Menschen nicht, ihren Eltern schon lange nicht mehr.

Immer mehr verstrickt sie sich in nationalsozialistische Zukunftsträume. Diese Träume, so denkt Monika, scheinen für die Deutschen die einzige Alternative. Wie das wirklich funktionieren soll, davon hat sie allerdings keine konkreten Vorstellungen. Den Deutschen soll es erst einmal besser gehen! Davon spricht sie genauso wie die anderen Frauen. Aber was das heißen soll, diese Frage können sie alle nicht beantworten. Geht es den Deutschen gut, wenn jeder Arbeit, ein Häuschen, ein Auto und drei Kinder hat? Wird das reichen? Geben sie sich damit zufrieden? Oder ist es erst genug, wenn die Deutschen die stärkste Macht sind und in Europa allein diktieren können, wo es langzugehen hat?

Monika Baginskis Hochzeitsfoto

Monika Baginski bei der Urteilsverkündung am 20. Januar 1993

Monika Baginski
... wäre es geplant gewesen, wäre es anders gelaufen

geboren im Mai 1970 in Lübben, Mutter, geschieden, besondere Kennzeichen: vorbestraft

Die Tat bereue ich nicht. Wenn es eine Tat gewesen wäre, dann hätte ich es auch nicht bereut.

Schwere Brandstiftung wäre es gewesen, wenn ich was abgefackelt hätte. Nach dem Paragraphen, nach dem ich verknackt wurde, hätte ich mindestens was abbrennen müssen. Ich habe nichts abgebrannt, also hätte ich gar nicht danach verurteilt werden dürfen, höchstens Landfriedensbruch. Schwere Brandstiftung wäre nicht gegangen, weil ich nichts abgebrannt habe. Weil es keine Beweise gab, haben sie das politisch hochgezogen. Es ging die ganze Zeit nur um die DA. Es ging gar nicht mehr um den Brand. Bloß, daß wir da, zwei andere Mädels und ich, meinen Molli auf die Erde gehauen und die beiden ihren Molli in die Tür gehauen haben. Mehr war nicht.

Wenn's passiert wäre, dann wär's eben passiert. Dann hätte ich das auch nicht ändern können. Ich meine, ich bin vielleicht da hingegangen mit dem Grund, daß ich was abbrenne.

Damit muß ich rechnen, daß ich was abbrenne, daß was abfackelt. Ich weiß ja, wie viele Leute im Haus waren. 140. Dann wären die eben alle abgebrannt. Das wäre zwar total Scheiße gewesen, weil man die doch abschieben kann. Die muß man nicht abfackeln.

Wenn die wenigstens selbst schon so weit denken würden. Wir wollen hier was aufbauen für unser Land, für unsere Jugend, für unseren Nachwuchs. Die müssen das doch auch irgendwie denken. Die können doch nicht ... Für mich geht das nicht, auf anderer Leute Tasche sitzen und schmarotzen. Ich als Deutsche, ich arbeite gern. Ich hab zwar keine Arbeit, aber ich will mir was aufbauen. Wenn ich mir was aufgebaut habe, dann kann ich mich daran erfreuen.

Dann sehe ich, ich hab was für mich und mein Land ge-
schaffen. Ich will das nicht alles in meine Tasche reinarbeiten.
Ich will auch, daß die anderen was davon haben. Vor allen
Dingen will ich, daß mein Kind mal 'ne bessere Zukunft hat.

Das war vor 20 Monaten, am 24. 7. 92, im Asylantenheim
Lübbenau, gleich vor der Haustür.

Zuerst haben wir einen Umtrunk gemacht auf'm Hafen,
draußen, bei den Holzbänken. Die Bullen haben uns vorher
schon mal belastet, weil die blöde Purka in ihrem Suff ihre
blöde Gaspistole ausprobieren mußte und zwei ältere Leute
mit Gas beschossen hat. Und wir saßen nun da wie doof.
Dann kamen die Bullen und haben gesagt: »Wenn ihr heute
abend noch mal was macht, seid ihr weg.« Da haben wir
genau das Richtige gemacht, für das wir wirklich wegkonnten.
Wir haben dann Flaschen gekauft und haben irgendwo
von einem Moped, das da auf'm Weg stand, unseren Sprit ge-
holt.

Dann sind wir da hinter. Irgendwie war das alles sinnlos,
weil's an Ort und Stelle nichts gebracht hat, was wir da ge-
macht haben. Das einzige, was es gebracht hat, war, daß wir
verknackt wurden.

Was nützt eine Nationalistin oder eine Deutsche im Knast,
wo sie draußen doch viel mehr machen könnte. Ich meine, ich
hätte irgendwann mal als Kandidatin zur Partei aufgestellt
werden können. Als Vorbestrafte sieht das schlecht aus. Ich
kann Zettel verteilen. Aber was machen die meisten? Schmei-
ßen die weg, und das bringt mir nichts.

Wär's geplant gewesen, wär's ganz anders abgelaufen, aber
es war ja nicht geplant. Es war schon aus dem Grund, daß wir
die weghaben wollten. Aber wie wir das Ding aufgezogen ha-
ben, in unserem Suff da hinterzustiefeln. Wir hätten das auch
anders und richtig machen können. Vor allen Dingen, das war
damals schon meine Meinung und ist es jetzt immer noch, die
abzubrennen, das bringt nichts. Das sind ja nicht die Draht-
zieher. Die sind nicht hier, weil ihnen das niemand erlaubt
hat. Die sind hier, weil die alle reingeholt werden. Deshalb hät-
ten wir vielleicht ein bißchen weiter fahren müssen, nach

Bonn vielleicht. Da wären uns viele noch dankbar gewesen. Aber so was, das bringt bloß einen schlechten Ruf.

Und weil ich nun »Eins, zwei, drei« gesagt habe, war ich Anstifter. Wenn mich jemand fragt: »Wann schmeißen wir denn?«, muß ich antworten, weil ich das so gelernt habe. In der Zeitung stand, wir haben gefeiert, aber das stimmt nicht. Wir sind dann noch mal hin und haben noch mal Sprit geholt. Wir wollten eigentlich noch was machen, aber das hatte nichts mit dem Asylantenheim zu tun gehabt. Da haben sie uns doch glatt erwischt. »Wir haben keinen Sprit geholt«, haben wir gesagt, und dabei hat es überall nach Sprit gestunken.

Dann hatten sie nur zwei Paar Handschellen mit. Wir mußten uns in 'n Dreck legen. Ich kam mir richtig bescheuert vor, ohne Handschellen, aber Hände auf dem Rücken und der Köter neben mir. Die haben uns gleich weggebracht. Wir waren ein paar Stunden in Lübbenau. Die Purka unten in der Zelle. Die Purka ist die, die mit mir immer in Gaglow war. Weil sie sich nicht ordentlich benehmen konnte, wurde sie unten in die Zelle gesperrt. Wir haben oben mit den Bullen gesessen. Dann haben sie uns nach Cottbus gebracht. Die kannten mich alle schon. Die haben sich gefreut: »Endlich mal wegen was Vernünftiges im Knast.« Früh haben sie uns zur Staatsanwältin gebracht.

Ich duchte, was ist denn nun los. »Sie haben keine sozialen Bindungen. Sie müssen vorläufig in'n Knast.« Soziale Bindungen, was zählt da alles drunter? Arbeitsplatz hatte ich gerade angeboten bekommen, eine ABM-Stelle. Das ist das erste, was zählt. Unterkunft hatte ich ja auch, Wohnung bei meinen Eltern. Weiter zählt da auch nichts groß drunter. Einkommen, naja, Arbeitslosengeld derzeit noch, aber als Fluchtgefahr … Da mußten sie uns ja verknacken. Wenn Fluchtgefahr besteht, dann kommst'de erst mal weg für eine Weile. Du könntest dich deiner Strafe entziehen, weil vorauszusetzen war, daß eine Strafe auf das Delikt folgt. Das ist schwachsinnig, das Ding. Die hätten mal überlegen müssen, daß ich, mit 'nem Kind, sicher nicht abhaue. Ich werde doch mein Kind nicht ein Leben lang dem Gehetze und den Verfolgungen aussetzen.

Dann kamen wir an im Knast in Luckau, und die Schließer haben uns erst mal belegt:»Scheiß Skinheads, Scheiße.« Die haben uns auch gleich mit 'nem Knüppel bedroht, zumindest mich, weil ich nicht so gesprächig war. Ich habe nur »hm« und so gesagt, weil ich ja nicht wußte, ob ich was Falsches sage. Da hat die eine Schließerin gesagt, wenn ich nicht ordentlich antworte, kriege ich gleich was mit dem Knüppel vorn Kopp. Fand ich natürlich gut. Da habe ich gar nichts mehr gesagt. Dann war's da aber gleich nett, weil aus jedem Fenster vom Männerhaus kam Oi-Musik raus.

Wir wollten ein Vierteljahr später zur Haftprüfung. Wenn dort festgestellt wird, daß man rausgelassen werden kann, weil die sozialen Bindungen doch bestehen, dann kommst'de erst mal raus bis zur Verhandlung. Das erstemal hatten wir eine Richterin. Die hatte gar keine Unterlagen über uns und hat gesagt:»Die Staatsanwaltschaft ist total dagegen, daß ihr rauskommt. Ich muß euch wieder verknacken.« Das zweitemal, als wir dort waren, war ein Richter da, weil die Olle zum Lehrgang war. Der hat den Rücktransportschein schon vor der Haftprüfung ausgefüllt und gesagt:»Die kommen sowieso wieder mit. Wir brauchen gar nicht zu verhandeln.« Dann hat er erzählt:»Wenn bei mir ein Molli in die Tür reinfliegen würde, würde ich mich auch nicht freuen. Und tschüß. Ihr könnt wieder fahren.« Das war's dann.

Die Verhandlung war ein halbes Jahr später, am 20. Januar 1993. Wir haben uns diese Dinger, die mit Kirschen gefüllt sind, die »Mon chéri« reingezogen. Ein ganzes, großes Ding, und da war das eigentlich ganz lustig, als wir da angekommen sind. Ich hatte kein schlechtes Gewissen. Warum auch? Bevor ich gefahren bin, habe ich gesagt:»Ich kriege 2 ½ Jahre«, weil ich das im Gefühl hatte. Bei uns wußten alle, daß sie's auf mich abgesehen hatten, weil ich eben auch noch DA-Mitglied war. Mich haben sie nicht gefragt:»Erkennen Sie hier im Raum jemand von der DA?« Meine Mittäterin hat gleich gesagt:»Nein.« Die hat auch gar nicht erst geguckt. Mich brauchten sie nicht zu fragen.

Kreisgericht Lübben
Nr. 44 Ls 20 g Js 433/92 (135/93)

Im Namen des Volkes !

Urteil

Strafsache gegen

1.   die Frau
        Brigitte M a a s k
        geboren am 07.09.1971 in Berlin
        wohnhaft: Schmiljanstr. 22
                  A - 1000 Berlin 41

        zur Zeit JVA Luckau

2.   die Frau
        Monika B a g i n s k i , geb. Schier
        geboren am 13.05.1971 in Lübben
        wohnhaft: Dr. A.-Schweitzer Str. 27
                  O- 7543 Lübbenau

        zur Zeit JVA Luckau

wegen : B r a n d s t i f t u n g

hat das Kreisgericht Lübben - Jugendschöffengericht -
in der Sitzung vom 20.01.1993
an der teilgenommen haben :

        Richter Wolfs
        als Vorsitzender des Jugendschöffengerichtes

        Steuerfachgehilfin Marina Krause
        Bauleiter Horst Lehmann
        als Schöffen

        Oberstaatsanwalt Pollender
        als Vertreter der Staatsanwaltschaft

        Rechtsanwältin Ute Quade
        als Pflichtverteidigerin für die Angeklagte zu 1)

        Rechtsanwalt Bäßler
        als Pflichtverteidiger für die Angeklagte zu 2)

        Justizangestellte Schneeweiß
        als Urkundsbeamtin der Geschäftsstelle

Auszüge aus dem Urteil des Kreisgerichts Lübben vom 20. Januar 1993 in der
Strafsache gegen Monika Baginski

151

für Recht erkannt:

Die Angeklagten, die Angeklagte Brigitte Waask als Heran-
wachsende im Stadium verminderter Schuldfähigkeit , sind
der gemeinschaftlichen vorsätzlichen Brandstifung in einem
schweren Fall in Tateinheit mit dem Verstoß gegen das
Waffengesetz schuldig.

Die Angeklagte Monika Baginski wird deshalb zu einer Freiheitsstrafe von 2 Jahren und 6 Monaten verurteilt.

Die Angeklagte Brigitte Waask wird deshalb zu einer Jugendstrafe von 1 Jahr und 4 Monaten verurteilt.

Die Jugendstrafe wird zur Bewährung ausgesetzt.

Die Angeklagte Monika Baginski trägt die Kosten des Verfah-
rens soweit sie verurteilt ist.

Von der Auferlegung der Kosten und Auslagen bezüglich
der Angeklagten Waask wird abgesehen.

Angewandte Strafrechtsbestimmungen :

§§ 306 , 52 , 25 Abs. 2 , 21 StGB
§§ 53 Nr. 4 , 37 Abs. 1 Nr. 7 Waffengesetz
§§ 1 , 105 JGG

Gründe :

I.

Die Angeklagte zu 1) , Brigitte Waask , hatte zur Tatzeit
das 20. Lebensjahr noch nicht vollendet.
Sie wuchs zusammen mit vier jüngeren Geschwistern , Kinder
unterschiedlicher Väter , bei der alleinerziehenden Mutter
in Berlin auf.
Der leibliche Vater der Angeklagten ist mehrfach strafrecht-
lich in Erscheinung getreten und wird derzeit polizeilich
gesucht.
Solange er noch bei der Familie war kam es zu Mißhandlungen
der Mutter und der Geschwister , deren Zeuge die Angeklagte
war.
Die Angeklagte wurde zwar ordnungsgemäß eingeschult , wie-
derholte aber die 3. Klasse. Nach 11 Schuljahren erreichte
sie den erweiterten Hauptschulabschluß .
Zu Hause hatte die Angeklagte, als Älteste, im Haushalt zu
helfen und schon früh Verantwortung für die jüngeren Geschwister zu tragen , da die alleinstehende Mutter be-
rufstätig war.
Sie begann eine Hauswirtschaftslehre , brach diese aber auf
Bitten der Mutter ab , um arbeiten zu gehen und Geld für die

im Hafen von Lübbenau herum.

Kurz vor 23.00Uhr bedrohte dort die anderweitig verfolgte
Jeanette Purka ein Touristenehepaar mit einer Schreckschußpistole. In der Nähe der Angeklagten befand sich eine Tele-
fonzelle , die seit 22.30Uhr von einem Touristen benutzt
wurde .
Da die Jenatte Purka selber telefonieren wollte, trat sie
mit gezogener Schreckschußpistole auf den Telefonierenden zu
bedrohte diesen und feuerte schließlich nach vier Leerzü-
gen einen Reizgasschuß auf den Touristen ab.
Die Angeklagten zu 1) und 2) beobachteten den Vorgang
aus der Nähe.
Durch das Touristenehepaar wurde die Polizei alarmiert ,
die um 23.00Uhr eintraf . Bei den Angeklagten und der anderweitig verfolgten Jenatte Purka , stellten sie die
waffenscheinpflichtigen Pistolen sicher und verwarnten die
Beteiligten .

Nachdem die Polizei sich wieder entfernt hatte blieben die
Angeklagten und die anderweitig verfolgte Jeanette Purka
im Hafen zurück.
Man beratschlagte , was man noch unternehmen könnte.
Wie schon früher am Abend schlug Jeanette Purka vor ,
Molotowcocktails zu bauen und gegen das Asylbewerberheim
in Lübbenau zu werfen.
Mit Brandstiftung am Asylbewerberheim in Lübbenau hatten die
Angeklagte zu 2) und Jeanette Purka bereits einige Tage zu-
vor bei einem anonymen Anruf auf der Polizeidienststelle
in Lübbenau gedroht.
In der Nacht des 23.07.1992 hatte die Purka die Idee wieder
aufgegriffen , die Angeklagten zu 1) und 2) hatten jedoch
zunächst keine Lust gehabt.
Jetzt , nachdem die Polizei unverrichteter Dinge wieder
abgezogen war , setzten sie die Idee, das Asylbewerberheim
in Lübbenau in Brand zu stecken, zielgerichtet in die
Tat um.

Aufgrund des zuvor gemeinschaftlich gefaßten Tatentschlusses
fuhren die Angeklagten und die anderweitig verfolgte
Jeanette Purka zunächst zu Willi´s Getränkeshop in Lübbenau
und kauften dort drei leere Flaschen und zwei volle
Flaschen Bier.
Sie fuhren dann mit den Rädern weiter in die Straße der
Jugend in Lübbenau zu dort abgestellten Mopeds.
Die Angeklagte zu 2) und Jeanette Purka ließen die Angeklagte zu 1) , die erhebliche motorische Ausfallerscheinungen
hatte, auf dem gegenüberliegenden Bürgersteig zurück, als
sie nun an einem der Motorräder Benzin in drei leere Bier-
flaschen abzapften, indem sie den Benzinschlauch lösten.
In die gefüllten Flaschen wurde sodann ein von der Angeklagten zu 1) zur Verfügung gestelltes und von den anderen
zerrissenes T-Shirt als Lunte gesteckt. Jetzt fuhren die
drei weiter zur Rudolf- Breitscheid-Straße , zum
Asylantenheim in Lübbenau.
Dort ließen sie gegenüber dem Getränkemarkt Bröske ihre

Fahrräder fluchtbereit stehen.
Sie gingen , die Angeklagte zu 1) schwankte , in Richtung
Asylbewerberheim.
In Ausführung des vorgefaßten Tatplanes stellte sich jede
der jungen Frauen gegenüber einen der drei Eingänge des
Asylantenheimes in einem Abstand von ca 2,5 m auf.
Die Angeklagte zu 1) wurde hierbei von den beiden anderen
vor dem den Fahrrädern zunächst liegenden Eingang postiert,
da sie beim Laufen Schwierigkeiten hatte.
Nachdem sie sich wurfbereit postiert hatten und die Lunten
ihrer Molotowcocktails entzündet hatten, zählte die Angeklagte zu 2) laut 1-2-3 an , warf jedoch nicht wie die
anderweitig verfolgte Purka auf 3 ihren Brandsatz gegen die
Tür des Asylantenheimes , sondern vor sich auf den Boden ,
weil ihr im letzten Moment der Gedanke gekommen war ,
daß sich in dem Asylantenneim Kinder aufhielten.
Tatsächlich hielten sich um diese Zeit 130 Personen davon
45 Kinder in dem Wohnheim auf.
Die Angeklagte zu 1) warf als letzte , da ihre Lunte zunächst nur geglimmt hatte . Auch sie warf jedoch ihren
Brandsatz gegen die rechte der drei Eingangstüren des
Wohnheimes , als die mittlere Tür, vor der Jeanette Purka
postiert war , bereits Feuer gefangen hatte.
Durch den von der Angeklagten zu 1) geworfenen Brandsatz
fing auch die rechte Tür des Asylantenheimes Feuer.

Im 4. Stock des Asylantenwohnheimes war eine Feier zugange.
Um die Feiernden zur Ordnung zu rufen befand sich der Hausmeister des Wohnheimes gerade im vierten Stock , als unten
die Brandsätze geworfen wurden.
Der Hausmeister, der Zeuge Goralski, beobachtete die Angeklagten und die anderweitig verfolgte Jeanette Purka , wie
die Angeklagte zu 1) ihren Brandsatz warf und mit den beiden anderen zu den Fahrrädern rannte und mit diesen flohen.
Zufällig kam eine Polizeistreife vorbei , mit deren Hilfe
es dem Hausmeister gelang die entflammten zwei lackierten
Holztüren des Wohnheimes zu löschen.

Die Angeklagten und die anderweitig verfolgte Jeanette
Purka flohen mit den Fahrrädern zurück zu der Stelle , wo
sie bereits zum ersten mal die Molotowcocktails abgefüllt
hatten .
Wieder füllten die Angeklagte zu 2) und Jeanette Purka
Benzin in Glasflaschen ab.
Hierbei wurden sie jedoch jetzt von der Polizei gestellt,
die alle drei festnahmen.

Zum Tatzeitpunkt, daß heißt im Zeitraum zwischen 0.00Uhr
und 0.30Uhr war die Angeklagte zu 1) mittelschwer bis sehr
schwer betrunken, während die Angeklagte zu 2) leicht an-
getrunken war.
Die der Angeklagten zu 1) am 24.07.1992 um 5.10Uhr entnommene Blutprobe ergab einen Mittelwert von 1,2mg/g Alkohol.
Bei der Angeklagten Baginski , die am 24.07,1992 um
5.15 Uhr entnommene Blutrobe ergab einen Mittelwert von
0.68 mg/g Alkohol.

Als Zuschauer, als Mithörer waren DA-Mitglieder da. Um zu hören, was sie wieder hetzen. Ich wußte, daß nicht viele kommen können, weil es ein blöder Tag war und weil nicht gerade öffentlich gesagt wurde, daß an diesem Tag Verhandlung ist. Das war schon wichtig, daß die da waren. Bloß, ich durfte mich gar nicht mit denen unterhalten. Ich durfte zwar einen Meter neben denen sitzen, aber unterhalten durfte ich mich nicht mit ihnen. Wenn ich einen Meter neben denen sitze, dann quatsche ich auch.

Wie ich bei der Verhandlung aufgetreten bin, war schon provokativ von mir gewesen, aber nicht, um politisch … Ich wollte mal wissen, wie die reagieren, wenn ich da mit Schwarz-Weiß-Rot ankomme und mit Stiefeln. Ich hatte auch keine anderen Klamotten. Naja, habe ich gesehen, wie sie reagiert haben. Stand in jeder Zeitung, ich hätte eine Reichskriegsflagge an.

Schwachsinn, totaler Schwachsinn. Schwarz-Weiß-Rot, ich meine, wären in der Abstimmung damals ein paar Prozent mehr gewesen, dann hätten wir heute bestimmt auch Schwarz-Weiß-Rot als Flagge und nicht Schwarz-Rot-Gold.

Wenn's um Flaggen geht oder um die Regierung oder wenn man als Land nicht mehr selber was zu sagen hat, bestimmen doch mehrere. So haben sie damals eben abgestimmt, daß nun Schwarz-Rot-Gold als Farben für Deutschland gelten und nicht Schwarz-Weiß-Rot. Genau weiß ich das nicht, aber es ist schon länger her, seit Kaisers-Zeiten.

Schwarz-Weiß-Rot? Das hat mich neulich schon mal jemand gefragt. Für mich sind das mit der Nationalität identische Farben. Normalerweise kam das immer von den Uniformen und vor allem vom Adler aus. Schwarz-Weiß-Rot, daß es eben für den Adler gilt. So kenne ich das.

Dann war ich ein bißchen deprimiert gewesen, daß es doch gestimmt hatte, was ich dachte.

Aber ich denke mir immer, wenn jemand 46 Jahre geschafft hat, dann schaffe ich auch meine 2 ½ Jahre, dann ist das ein Husten dagegen. Rudolf Heß hat 46 Jahre gesessen. So denken die meisten, um das hinter sich zu kriegen. Man muß sich da drin nicht schlecht fühlen. Warum auch?

Warum ich in die DA gegangen bin? Eigentlich hätte es auch gereicht, wenn man da mal zu Kameradschaftsabenden hinfährt. Das mit dem Eintritt, das war ein ganz ungünstiger Zeitpunkt, denn es war kurz vor meiner Verhaftung, ein paar Monate vorher. Ich wollte sie einfach unterstützen. Wir waren bei den Kameradschaftsabenden, aber mit der Zeit hat man schon gemerkt, daß wir mehr an der Flasche gehangen haben, als alles andere.

Wir haben uns manchmal bestimmt nicht gut benommen. Obwohl wir alle gar nicht so sind, wie wir uns gezeigt haben. Wir waren nicht die ollen Alkoholiker, die dumm quatschen. Ich meine, wir sind alle nicht dumm von der Schulbildung her. Daß wir alle zehn Klassen haben, ist sowieso logisch, für mich zumindest. Wir sind alle aus 'm Osten, und da war es nicht schwer, das zu kriegen. Auch so, ich kenne viele schon zehn Jahre, und so, wie ich die kenne, so sind die auch, aber die geben sich ganz anders. Vielleicht macht es das, wenn die auf einmal in Bomberjacke rumrennen, Stiefel anhaben, daß sie dann denken, sie müssen ein großes Maul haben.

Das ist auch das Bild, wie man uns kennt, aber so ist es gar nicht. Ich habe meine Gesinnung auch nicht verloren, wenn ich mir normale Sachen anziehe. Bei vielen ist das so: Jetzt bin ich heute mal einer. Jetzt mache ich mal einen auf Nazi. Und wenn ich die Bomberjacke wieder ausziehe, dann bin ich ein Anarcho oder so was. Dir reden hier auch viele nach 'm Mund. Jetzt, da ich wieder raus bin, sehe ich das. Die sind alle umgefallen, fast alle umgefallen. Alle haben lange Haare.

Eine Bomberjacke gehörte für mich zum Outfit dazu, und ich finde es schön. Nicht, um Leute abzuschrecken, das wäre das Letzte, was ich machen wollen würde. Ich will Freunde haben und keine Feinde. Mein Kind hat jetzt auch eine Bomberjacke. Die wollte sie unbedingt haben. Ich wollte ihr doch lieber eine andere kaufen. Nicht die Farbe, aber immer noch dieselbe Firma. Aber die wollte sie unbedingt haben, und die habe ich ihr gekauft. Kleine Doc Martens habe ich auch schon gesehen. Ich finde das süß.

Renee heißt eigentlich Hot Dog. Irgendwie kam das aus 'm

Amerikanischen. Meine Freundin, die kannte mal welche, und die haben gesagt, das heiße Hot Dog. Aber wahrscheinlich, weil wir mit Englisch sowieso nicht so bewandert sind und weil es viele Übersetzungen gibt, kam das falsch rüber. Heißer Hund, Hündin!

Vielleicht bin ich auch DA-Mitglied geworden, weil's die Partei mit dem meisten Zulauf war und weil ich unterstützen wollte, daß hier 'ne Partei irgendwann mal zur Wahl antreten kann. Ich bin auch immer von netten, intelligenten Kameraden wie Frank Hübner beeindruckt. Spinner gibt's genug. Find aber mal einen guten Kameraden, das ist ziemlich schwer geworden. Beeindruckend ... Er war eben halt nett.

Z. B. dieser Kasperle. Der ist ein urster Athlet. Jedenfalls ist der aus Lübbenau und haut total auf 'n Schlamm. Der quatscht einen Müll: »Ich habe neulich die Hakenkreuzfahne rausgehängt, und die Leute wollen das sehen.« Ich sage: »Bist du blöd oder was?« Damals waren wir mal da und haben uns abends unterhalten bei ein paar Bier, in der »Turbine« in Lübbenau. Da waren Jugendliche, er und ich. Die Jugendlichen und ich, wir hatten alle dieselbe Meinung, bloß er war total daneben.

Er wollte eben: »Wenn wir wieder mal an der Macht sind, dann schmeißen wir alle Leute raus.« Also die, die zum Beispiel nicht auf die Behörden gehören. Da haben wir dann gefragt: »Wo willst du denn die ganzen Arbeitskräfte, ausgebildete Arbeitskräfte, herkriegen?« Die haben sich einmal gewendet, die können sich auch zweimal wenden. Die kann man erst später, wenn man ausgebildete Leute hat, ersetzen. Aber man braucht doch erst mal jemanden, damit es weiter geht. Das ging uns allen auf 'n Sack. Wenn er jetzt mit auf 'ner Party ist, dann geht es meistens: »Kannst'de nichts anderes erzählen? Das kennen wir schon. Das kannst'de schon singen.« So ein Müll.

Er erzählt immer denselben Dreck von seinen ganzen Waffenlagern und so 'n Scheiß. Dabei hat der gar nix. »Ich kauf mir jetzt ein Auto.« Das war vor zwei Jahren, und heute hat er es immer noch nicht. Mit ihm sind wir damals zu Ka-

meradschaftsabenden hingefahren. Ich meine, er kennt auch wirklich nette Leute, die auch schon länger dabei sind. Aber ich hätte den Kasperle nicht in die Partei aufgenommen. Aber die meisten denken: bloß irgend 'ne Unterstützung, Leute, immer mehr, daß man Stimmen kriegt und daß man irgendwann mal sagen kann, unsere Partei hat so und so viele Mitglieder, und wir haben einen Haufen Zulauf.

Da zählt es vielleicht nicht ganz so. Aber auf den könnte ich gern verzichten.

Die Programmpunkte von der DA habe ich schon mal gelesen. Das Letzte, was sich ergeben wird von den ganzen Punkten: Unsere Länder wiederholen, das wird das Letzte sein, was passieren wird. An dem Punkt werden sich viele stoßen. So viele, wie vertrieben wurden, würde ich schon gern sehen, daß die ihre Heimat wiederhaben. Ist ja auch meine Heimat. Und daß die Ländereien da so verkommen. Wenn ich nach Polen fahre und sehe, wie das da alles aussieht, und sehe, das sind alles deutsche Häuser, wie die runtergekommen sind. Warum soll ich mir mein Land klauen lassen, wenn's doch mir gehört? Vor allen Dingen, was ich sowieso nicht verstehe, das waren Kriegszeiten, und es waren Kriegsgesetze.

Wie kann ein anderes System über das, was vorher war, was Recht und Ordnung war, urteilen und die Leute dafür verknacken? Die haben auf Ehre und Gewissen gehandelt. Die können jetzt nicht dafür in'n Bau gehen. Genausowenig, wie sie die Stasileute für irgendwas bestrafen. Die müssen sie entweder genauso verknacken und behandeln. Aber nicht nur, daß sie alle paar Jahre mal wieder 'ne Entnazifizierung machen, weil mal wieder was aufgebauscht werden muß.

Ich könnte darüber nicht urteilen, weil ich in dem System nicht gelebt habe, und dann kann ich die auch nicht dafür bestrafen.

Das DA-Verbot kam, als ich in U-Haft war. Aber erst mal bin ich sowieso der Meinung, es gibt viel zu viele Parteien. Eine würde für mich vollkommen ausreichen. Ich meine, das hat mich schon betroffen, aber man läßt sich ja nicht unterkriegen, bloß weil die Partei nicht mehr besteht. Das Zeichen zählt für mich nicht. Die Gesinnung zählt. Die Leute sind trotzdem alle ihrer Gesinnung treu, ob da die Partei besteht oder nicht. Hundert Parteien können nicht zur Wahl antreten. Was sind das für Prozente bei 'ner Wahl? Wenn du die alle zusammenkehrst, das ist doch viel besser. Da kommt wenigstens was bei raus. Die Reps und die DVU wären es für mich nicht. Die reden meistens auch so, wie sie's gerade brauchen. Wenn ich Schönhuber und Frey sehe, die scheffeln das ganze Geld in ihre Taschen. Die verkaufen das ganze Zeug bloß, um sich zu bereichern.

Aber daß dafür mal was rausspringt, daß man mal was sieht, daß das Geld irgendwo eingesetzt würde, zum Beispiel in der Wolgagegend Häuser bauen oder so. Das machen einige Leute. Die müssen das Geld noch erbetteln, weil da spenden nicht viele für Vertriebene.

Die Aktionen von Mölln und Solingen habe ich nicht gerade begrüßt. Erst mal spaltet sowas die Szene, und für mich sind das auch sinnlose Aktionen. Weil es genauso wenig bringt, als wenn bei uns was abgebrannt wäre. Warum soll ich die fünf Türken abbrennen, die schon ewig da wohnen? Die wären vielleicht mal zurückgegangen, egal auf welche Weise und wann. Vor allen Dingen, für mich waren das alles gekaufte Leute.

Schon wie die aussahen, so dreckig und schmantig und dann noch rote Schnürsenkel in den Docs und so. Nee, Schluß, liegt auch gar nicht auf meiner Wellenlänge. Vielleicht irgendwann, wenn die Zeit ran ist, aber jetzt brauche ich noch keine Gewalt anzuwenden. Wenn einer alleine losgeht und sagt, jetzt beginnt ein neuer Krieg, ich werde jetzt hier ein paar Leute abbrennen.

Vor allen Dingen glaube ich sowieso nicht alles, was da erzählt wurde, daß der angerufen und gesagt hat: »Heil Hitler! Wir haben jetzt was abgebrannt.« Welcher Idiot wäre denn so blöd? Ein Selbststeller! Aber eigentlich von der Gegenseite eine Strategie, um uns kleinzukriegen, um uns beim Volk so durch die Scheiße zu ziehen, daß uns keiner mehr wählen will. Wer *will denn welche wählen, die mit Mollis durch die Straßen rennen?*

Davon abgesehen, die komischen Lichterketten sind genauso hohl. »Erst die Kerze raus, und dann unterhalten wir uns!« Zwei Tage später steht wieder in der Zeitung, das und das war doch von anderen organisiert, das waren doch keine Rechten. Das mit dem Hakenkreuz im Gesicht von der Behinderten zum Beispiel. Mindestens ein Entschuldigung hätte kommen müssen. Aber die haben sie angezeigt: Tragen verfassungsfeindlicher Zeichen. Wir dürfen auch nicht mit 'nem Hakenkreuz rumrennen. Außerdem ist das Volksverhetzung. Rechte gegen Linke aufhetzen, das ist Volksverhetzung. Wenn du die Leute untereinander aufhetzt, das darfst 'de nicht, sonst wirst 'de verknackt.

Warum ich was gegen Ausländer habe? Weil ich absolut was gegen Kultur- und Rassenmischung habe. Gegen Völkermord habe ich was. Ich kenne die Gesetze jetzt ganz gut.

Völkermord ist, wenn man mehrere von der eigenen Nationalität umbringt. Das ist schon oft genug geschehen. Steht zwar nicht in der Zeitung, aber es geschieht. Ich meine damit, daß die Bundesregierung selbst Völkermord begeht. Wenn man seine eigene Nation vernichtet, ob das die Bevölkerung merkt oder nicht, dann ist das Völkermord.

Die Bundesregierung macht das durch die Rassenschande, durch Völkervermischung, indem sie das deutsche Volk aussterben läßt und dieses Arische, dieses Reine dadurch verloren geht, indem sich Rassen mischen. Und wenn man eben die Abstammung vermischt, das Volk zugrunde richtet, daß es nicht mehr existieren kann. Wenn jeder 'nen Neger heiratet, dann gibt es irgendwann das deutsche Volk nicht mehr. Die eigene Rasse ist wahrscheinlich gar nicht mehr auf ihre eigene Abstammung bedacht, weil sie sich mit Ausländern abgeben und Kinder zeugen. Auch diese ganze Kulturvernichtung von unserem Volk. Wenn es die deutsche Kultur irgendwann nicht mehr gibt, dann gibt's auch das Volk nicht mehr, weil die Kultur nicht mehr weitergegeben werden kann. Es werden kulturelle Richtungen gemischt.

*Ich finde unsere deutsche Kultur schön. Wenn ich auf ein-
mal sehe, daß 'n Neger anfängt, so 'n Schuhplattler zu tanzen,
finde ich das widerlich.*

*Überall, wo du hingehst, du siehst alles kulinarische Essen
oder so 'n Mist. Das kriegst du alles. Wenn du mal was Schönes zu essen suchst, was Deutsches, Eisbein oder so, da mußt
du schon lange suchen. So etwas esse ich aber gerne. Daran
liegt es aber nicht unbedingt. Die gehen mir unheimlich auf 'n
Sack. Wenn mir ein Schwarzer auf der Straße begegnet, das
finde ich widerlich. Ich finde das abstoßend. Ich finde das total eklig, diese wulstigen Lippen, diese Nasen ... wahrscheinlich immer hochgezogen.*

*Ich finde auch, die werden zu sehr vom Staat unterstützt. Vor
allem vielleicht ... auch, weil ich ... kann schon sein, daß das
mein Hauptproblem ist, weil ich immer ... ich hab schon vor der
sogenannten Wende wenig verdient. Ich habe aber gut gelebt. Ich
habe auch nie einen Kanaken in meiner Umgebung gesehen.*

*Jetzt, auf einmal, kriege ich keine Arbeit, bloß weil man die
als Billigkräfte anwerben kann. Unsereins hat keine Chance
mehr, weil man einen reellen Lohn für seine Arbeit will. Leistung muß auch mit Leistung vergütet werden. Du kannst
dich nicht als Billigkraft verkaufen lassen. Auch wenn's kriminelle Deutsche gibt, die Ausländerkriminalität ist reingeholt. Unsere Kriminalität zu lösen, das ist schon eine Sache,
die wir lösen könnten. Aber wir können uns nicht noch Kriminalität aufladen, die nicht von unserem Volk ausgeht. Das
ist nicht wenig, was da an Kriminalität begangen wird. Die
Ursachen dafür liegen in der Überfremdung. Fremdarbeiter,
gut und schön. Wer Steuern zahlt und wenn's in Maßen bleibt,
kanns ja sein. Aber wenn hier Millionen Leute auf der Sozial-
kasse liegen, wo ich das überhaupt schon blöd finde, daß man
Sozialgeld an Deutsche zahlen muß. Wenn die ganzen Ausländer weg wären, dann wären die Arbeitsplätze schon mit
Deutschen belegt. Man kann nicht sagen, ein Deutscher würde
nicht bei der Müllabfuhr arbeiten, bloß weil das die ganzen
Türken machen. Wenn die das für weniger Geld machen, ist
klar, daß die Deutschen das nicht mehr kriegen.*

Dafür ist die Regierung verantwortlich. Die haben keinen Durchblick, weil die nur an'n Ruf im Ausland denken und in ihre eigenen Taschen scheffeln, anstatt zum Beispiel fürs eigene Volk was zu tun. Wenn Israel sagt, wir schicken die Kach-Truppe[36] rüber, um ein paar Nazis plattzumachen, weil ein Idiot oder weiß ich was ein Judengrab beschmiert hat, dann kann ich nicht einen Scheck von 250 Mille hinschicken, bloß damit die nicht hier ankommen und uns plattmachen. Sonst beschützen sie uns ja auch nicht. Die versuchen auch, uns überall zu unterdrücken und uns kaltzumachen, wo's geht, die Deutschen, die Nazis, wie sie uns betiteln. Obwohl ich mich absolut nicht als Nazi betitele, einfach bloß deutsch, das klingt besser in der Presse. Nazi hört sich ein bißchen böser an. Wenn die gegen uns mit allen möglichen illegalen Mitteln vorgehen, ist klar, daß man dann irgendwann mal illegal wird. Wenn's mit den bestehenden Gesetzen, mit denen man sich eigentlich auch wehren könnte, nicht geht, muß man ja.

Die vielen Parteiverbote treiben uns in'n Untergrund. Das bringt's, für die zumindest, überhaupt nicht mehr. Wie sollen die uns dann zu greifen kriegen? Eine Partei kannst'de greifen. Gegen die kannst'de was unternehmen. Aber wenn jeder einzeln läuft und jeder sein eigenes Ding macht, wie willst du die Leute dann kriegen? Kannst ja nicht alle verknacken.

Die Knäste sind eh überfüllt.

Mit meinen Elten habe ich politisch Schwierigkeiten. Die sind so 'n bißchen verblendet.

Der schöne, goldene Westen, der ist es nun auch nicht. Aber was im Fernseher gesprochen wird, stimmt eben doch noch. Die hatten nie so richtig 'ne Meinung gehabt, obwohl ich sagen muß, daß mein Vater ziemlich ausländerfeindlich ist. Aber wie ein deutscher Mann benimmt er sich bei weitem auch nicht immer. Ein deutscher Mann, der schlägt nicht seine Frau. Deswegen komme ich nicht klar mit meinen Eltern. Ich bin so und so auf der Seite meiner Mutter, und wenn ich dann den Streit geschlichtet habe, haben die sich beide wieder vereinigt, und ich bin dran. Das ist schon seit der Lehre so. Einen Prügelknaben gibt es überall, und das mußte wahrscheinlich ich sein.

Mein Vater ist aus der Gegend hier, und meine Mutter ist aus Vorpommern. In den Kindergarten bin ich nicht gegangen. Wir waren sechs Kinder. Bei uns war immer Stimmung.

Zur Schule ging ich in Lübbenau. Da habe ich auch schon immer meine Probleme gehabt, weil ich im Geschichtsunterricht nicht mit der Lehrerin übereinkam. Ich meine, da habe ich das alles zwar noch nicht so richtig durchgeblickt, aber was die mir da von den Kommunisten erzählt hat, das hat mir auch nicht gefallen.

Darauf bin ich eigentlich erst später gekommen, als ich mich mit 'nem politisch aktiven Skinhead unterhalten habe. Da habe ich erst mal überlegt, der denkt eigentlich was ganz anderes als du. Mußt dich mal erkundigen, wer hat denn nun eigentlich recht. Streiten wollte ich mich auch nicht, weil ich nicht wußte, wer recht hat, weil ich mich gar nicht für Politik interessiert habe.

Dann habe ich mich so 'n bißchen interessiert, und Mensch, der hat die richtige Meinung. Was hast du dich verarschen lassen die ganzen Jahre. Da war ich 17. Dann war das erst nach der Wende, als ich mehrere Leute kennengelernt habe. Vorher hatte sich so und so keiner zu erkennen gegeben, außer in meiner Lehre. Da war das auch schon so gewesen. Bloß, da fand ich das eigentlich blöd. Die haben sich nicht so ordentlich benommen, wie 'n Deutscher sein sollte. Die sahen nicht ordentlich aus, aber die haben alle »Sieg Heil« gebrüllt, und das fand ich blöd. Wenn die besoffen waren, dann sind die so durch die Straßen gezogen und haben das rumgebrüllt. Da habe ich gedacht, das können nicht die wahren Deutschen sein, von denen dir der erzählt hat. Das war zwischen '87 und '89. In der Zeit, da habe ich mich gefestigt in meiner Meinung.

1986 habe ich angefangen, Rinderzüchterin zu lernen. Eigentlich wollte ich Pferdezüchterin werden. Dafür habe ich mich auch jahrelang beworben, aber 40 Absagen gekriegt. Das war ganz schön hoffnungslos und ohne Delegierungsbetrieb sowieso sinnlos. Dann hab ich irgendwas mit Tieren … ist ja egal. Das war auch auf 'n letzten Drücker, so eine Notlösung gewesen. Kühe, dafür habe ich mich nie interessiert. Es hat

I H V e.V.

SONDERAUSGABE FÜR GEFANGENE

für
Recht
und
Wahrheit

Nr.1/2-02-94
2.Jahrgang

Internationales Hilfskomitee
für nationale politisch
Verfolgte
und deren Angehörige e.V.

IHV e.V. , Postf. 21 14 66 , 67014 Ludwigshafen

Sonderausgabe einer Druckschrift des »Internationalen Hilfskomitees für nationale politisch Verfolgte und deren Angehörige e. V.« vom 2. Februar 1994 mit den Haftadressen von Monika Baginski und Kay-Nando Böcker

Gefangene Kameradinnen und Kameraden,
die sich über Briefkontakt freuen.

Böcker Sven	Str.d.Aufbaus 14, 013139 Schwarze Pumpe
Baginski Monika	Karl Liebknechtstr.1 , 15926 Luckau
Bennewitz Markus	Fr. Olbricht-Damm 40 , 13627 Berlin
Bialas Frank	Krümmede 3 , 44712 Bochum
Bodemann Heiko	Str.d.Aufbaus 14 , 013139 Schwarze Pumpe
Böcker Kay-Nando	" " "
Danowski Mike	" " "
Dullin Dirk	Kühlungsbornerstr.29a , 18246 Bützow
Endmann Steffen	Dresdenerstr.1a, 04736 Waldheim
Fonck Achim	Postf. 100 17o, 4630 Bochum 7
Figelius Ricardo	Str.d.Aufbaus 14, 03139 Schwarze Pumpe
Gronewond Maik	Luisenstr.90 , 5200 Siegburg
Habla Jürgen	Karl-Marx-Str.8, 98617 Untermaßfeld
Hegemann Sascha	Wichernstr.5, 52525 Heinsberg
Jankowiak Mandy	Fr. Olbricht-Damm 17, 13627 Berlin
Just Torsten	Hinzistobel 34 , 88212 Ravensburg
Kaiser Rene˜	Kühlungsbornerstr. 29a, 18246 Bützow
Kellmann Frank	Dresdenerstr.1a, 04736 Waldheim
Kemper Erhard	Sennerstr. 250, 33659 Bielefeld
Kittler Michael	Heidestr. 41, 5860 Iserlohn
Koch Alexander	Gillstr.1, 58239 Schwerte
Labuhn Maik	Kühlungsbornerstr 29a, 18246 Bützow
Lehmann Michael	Str.d.Aufbaus 14, 03139 Schwarze Pumpe
Lösser Ralf	Karl-Marx-Str.8, 98617 Untermaßfeld
Lohß Frank	Glaubitzerstr.1 , 01619 Zeithain
Lotzmann Frank	Seidelstr.39 , 13507 Berlin
Maaßen Ralf	Kravehlstr. 59, 45130 Essen
Mefeldt Heiko	Alexander Puschkinstr.7, 99334 Ichtershausen
Müller Daniel	Alexander Puschkinstr.7, 99334 Ichtershausen
Neugebauer Sandro	Gartenstr.4, 07958 Hohenleuben
Nagora Marcel	Str.d.Aufbaus 14, 03139 Schwarze Pumpe
Perschel Marcel	Gartenstr.4 , 07958 Hohenteuben
Pohle Mike	Dresdenerstr. 1a, 04736 Waldheim
Raninger Oliver	" "
Rosemann Sven	Karl Marx-Str.8 , 98617 Untermaßfeld
Schale Jonas	Hermann Berderstr.8, 79104 Freiburg
Schewe Ronald	Georg Wittmannstr.346, 0-2130 Prenzlau
Schneider Andre˜	Postf. 66, 14770 Brandenburg
Schulz Bertram	Karl Liebknechtstr.1, 15926 Luckau
Schorrat Michael	Postf.66, 14770 Brandenburg
Schrödter Mirko	Karl Liebknechtstr.1, 15926 Luckau

3

keinen Spaß gemacht. Das war, mehr oder weniger, ein Trin-
kerverein gewesen. Die haben sich mehr in die Kehle geschüt-
tet, als sie abgemelkt haben. Das war ein totaler Spritverein.

Arbeiten konntest du auch für die, die besoffen in der Ecke
lagen. Das richtige Trinken kann ich schon da gelernt haben.
Da hat es aber keinen Spaß gemacht. Da fand ich es total wi-
derlich. So kann man den Jugendlichen auch keinen Weg ge-
ben, wie das da war. Da waren eh zu viele Arbeitskräfte, und
dann hat der mal rumgegammelt und der mal rumgegammelt,
und die haben'ne Party gemacht irgendwo in der Ecke. Da
fing es eigentlich an, daß alles bergab ging. Vorher war ich
eigentlich ein fleißiges, zielstrebiges Mädchen gewesen.

Nach der Wende bin ich meistens bloß saufen gegangen.
Wann hab ich die Arbeit denn ... im März 1990 verloren,
1991 kann auch sein. Das sind alles Daten, die ich mir nicht
merken will, weil es eine blöde Zeit war.

Dann streitet man sich hier zu Hause nur: »Du Scheiß-
nazi« und so ein Scheiß. Soll ich mir das anhören? Dann gehe
ich doch lieber woanders hin. Weil mit einemmal alle arbeits-
los waren, das muß alle mitgerissen haben, unheimlich. Die
haben alle bloß noch an der Flasche gehangen. Jetzt geht es
schon wieder. Jetzt haben einige schon wieder Arbeit. So sind
sie wirklich ganz, ganz nett. Viele saufen immer noch mäch-
tig. Mir geht das auf 'n Keks. Wenn'de hier irgendwo hingehst,
denken alle bloß ans Saufen.

Damals haben wir auch nur Müll gemacht. Wir waren gar
nicht mehr da. Wir waren total abwesend. Wenn wir uns jetzt
unterhalten ... Wir haben total abgedreht. Wir haben nur noch
gesoffen. Da waren irgendwelche Lübbenauer Trottels immer
bei mir, die was zu saufen mitgebracht haben. Unter der Wo-
che kamen irgendwelche Idioten immer abends an, und wer
mal keine Bleibe hatte, den habe ich bei mir pennen lassen.
Natürlich war ich dann Zahlemann und Söhne. Wer bloß mal
so vorbeikam ... das waren wirklich vernünftige Leute aus
der Gegend. In Lübbenau gibt's so was nicht. Da gibt's nur
Idioten. Aber die waren ganz nett und vernünftig. Die hatten
absolut nicht so 'ne Scheiße im Kopf wie wir. Wir hatten nur

noch mit den Bullen zu tun. Irgendwie ging mir das auch auf 'n Sack, aber irgendwie war es mir egal gewesen. Ich hatte sowieso nichts mehr.

Die letzten drei Monate vorm Knast standen wir jeden Tag unter Strom. Was mit der Außenwelt passiert, das wollten wir alles nicht mehr mitkriegen. Aber das hat es letztendlich auch nicht gebracht. Alle, die wir im Knast waren, haben uns wieder eingekriegt. Wir sind dahin wieder zurückgekommen, was wir wirklich sind und waren, keine Alkis, sondern vernünftige, ordentliche Menschen, alles auch Familienleute. Die meisten kamen aus Großfamilien.

Irgendwie war's ein guter Bremsklotz für mich, daß ich in den Knast kam, sonst wäre da bestimmt noch was Besseres rausgekommen als bloß die 2 ½ Jahre.

Damals, mein Mann, das war eine Suffbekanntschaft. Ich bin mal von zu Hause abgehauen, und da habe ich den kennengelernt. An was soll man sich sonst halten, wenn man nichts hat? Da war nun grad mal der da. Er war aus Nordhausen. Den habe ich irgendwo auf'm Konzert kennengelernt. Irgendwie waren da ganz viele Leute, und der hat mir gut gefallen. Da habe ich ihn rangezogen und gesagt: »Brauchst du eine Karte?« Ich hatte eine Karte zu viel und gab ihm eine. »Wir treffen uns nachher. Ich geb dir noch einen aus.« Das war's für den Abend. Ein halbes Jahr später bin ich in'n Urlaub gefahren. Gucke einer an! Steht der schon wieder neben mir. Seitdem haben wir uns nicht mehr getrennt. Irgendwie war das ganz nett, das Vierteljahr vor der Hochzeit, aber danach war es dann nicht mehr gut.

Den hätte ich nicht geheiratet. Der ist aber in'n Knast gekommen, weil er so 'ner Stasitochter eine geklatscht hat. Dann dachte ich mir, als Ehefrau kann ich den eher rausholen. Er war zwei Jahre älter als ich.

Wir haben dann geheiratet, bevor er in den Knast kam. Ich wollte den ja rausholen. Das ging nur als Ehefrau. Hätte ich es mal lieber nicht gemacht! Ein schwer bereuter Fehler. Meine Gutmütigkeit wird mich noch mal zu Tode bringen. Die hat mir noch nie was Gutes gebracht.

Wenn man das in dem Alter sagen kann, würde ich sagen, ich habe ihn geliebt. Politisch haben wir nichts gemacht. Zu den Zeiten ging das auch noch gar nicht, da hast'de noch mehr Stasi am Arsch gehabt als so schon. Wir hatten immer irgendwie eine Bewachung mit uns, wenn wir mal zu so 'nem komischen Metal-Konzert gefahren sind, was er gern gehört hat. Wenn wir dann früh wiederkamen vom Konzert, waren immer die Autos da. Ich bin da mitgefahren, aber das war mehr zum Saufen.

Dann bin ich nach Thüringen verschollen. Zuerst war ich in Sömmerda, dann Meiningen, Suhl und Nordhausen. Meiningen, Suhl und Sömmerda, das war innerhalb von zwei Monaten, kurz nach der Lehre. »Endlich keine Arbeit mehr. Jetzt machen wir erst mal ein bißchen einen auf Saufen.« In Nordhausen habe ich in einer Gaststätte gearbeitet, aber auch bloß als Aushilfe in der Küche. Scheiße. War ich ab und zu mal da und wollte dann Köchin lernen. Aber da sind wir ziemlich schnell weg, weil wir mit den Eltern nicht klargekommen sind. Wir haben da bei seinen Eltern gewohnt. Besser als hier war's auf jeden Fall. Dann sind wir zurück und haben geheiratet, wie dumm. So eine Hochzeitsgesellschaft und die ganze ekelhafte Verwandtschaft!

Dann ist er für acht Monate in den Knast gekommen. Für 'ne Backpfeife ist das viel. Nach sechs Monaten ist er rausgekommen. Da war ich fast am Entbinden. Ein Vierteljahr später haben wir unsere Wohnung gekriegt. So lange haben wir bei meinen Eltern gewohnt, bei meinen Eltern, zu viert im Zimmer, mit Kind. 1989 ist das Kind geboren, genau neun Monate nach der Hochzeit. Das war ein Wunschkind von uns beiden. Dann sind die Wünsche doch nur an einer Seite hängengeblieben. War ihm wohl auch nichts, so ein kleines Kind. Er hat sich lieber eine Freundin angeschafft mit zwei großen Kindern, drei und sechs Jahre alt. Vor allem sind das nicht seine Kinder, da braucht er keinen Unterhalt zu zahlen.

Als wir unsere eigene Wohnung hatten, hat er auf einmal festgestellt, daß er gar nicht so 'ne liebe, nette Hausfrau will und keine Familie, und dann ist er, dann war ja bald die

Wende, dann ist er abgehauen. Ich war wirklich die liebe, nette Hausfrau. Ich habe nicht getrunken, nicht geraucht. Ich hab mich wirklich um mein Kind und um den Haushalt geküm-mert, wirklich. Ich wollte das so. Ich fand das schön, eine Fa-milie.

Ich wollte nicht nur ein Kind. Will ich jetzt immer noch nicht. Ich wollte so richtig viele, wie wir waren. Sechs Kinder, das fand ich schön. Drei Kinder reichen auch schon. Müssen ja nicht sechs sein. Sechs sind wirklich viel. Ein Einzelkind ist Scheiße. Zwei streiten sich immer rum, und der dritte freut sich eben, wenn noch ein dritter da ist. Die müssen nicht zu weit ausein-ander sein, alle fast gleichaltrig. Als wir klein waren, war's noch schön. Jetzt, diese blöde Wende hat so und so alles auseinander-gerissen. Mein einziger Grund, daß ich noch nicht weg bin, ist eigentlich, daß ich meine Eltern nicht allein lassen will. Die können die große Wohnung nicht halten. Ich will nicht, daß die mal irgendwann im Altersheim oder auf der Straße landen.

Dann ist mein Mann nach Karlsruhe abgehauen. Dort habe ich ihn einmal besucht. Der war da in einem ekligen, stinkigen Arbeiterwohnheim mit tausend Kanaken auf der Bude. Seitdem kenne ich den nicht mehr. Er hat sich nicht mehr gemeldet. Ich habe erst später alles erfahren. Das war schon viel früher alles kaputt. Schon als ich entbunden habe, wollte er mit 'ner anderen losziehen. Die guten Freunde trauen sich eben nicht, alles zu sagen, das habe ich später erfahren. Der hat jeden Puff abgeklappert. Also hatte der die Ehe schon für beendet erklärt, als er hier abgehauen ist.

Und ich gebe ihm noch mein ganzes Geld mit, was ich hatte! Dann kommt er auf Besuch und bringt für mein Kind ein Plüschtier mit. Mich hat er gar nicht begrüßt. Ich dachte eigentlich, daß er Unterhalt zahlt fürs Kind, weil er's ja hätte müssen, aber das hat er sich dann doch wieder mitgenommen.

Da hat er sich lange drum gedrückt, obwohl er gesagt hat, daß er zahlt. Jetzt zahlt er über gerichtliche Anordnung. Ich war zwar mal da und wollte das im Guten regeln mit dem blö-den Vogel, aber irgendwie geht das nicht. Dann hat er noch ge-sagt, er will das Kind nie wieder sehen, das hat mich noch mehr bedrückt. Ich meine, wenn man sich auch zehnmal trennt, da hat doch das Kind nichts damit zu tun. Ich wollte ihr eigentlich den Vater erhalten, aber wenn er nicht will, ich werde ihm nicht nachlaufen. Gestritten haben wir uns nicht so richtig. Ich wußte auch gar nicht, warum ich auf einmal alleine dastehe. Ich war mir keiner Schuld bewußt.

Seitdem ging alles drunter und drüber. Ich habe wieder angefangen zu trinken, und dann habe ich mein Kind, als es fast ein Jahr alt war oder älter schon, zu meiner Mutter gegeben. Ich habe gemerkt, daß ich mit mir selber nicht mehr klarkomme. Dann ging's immer bergab. Die Wohnung war auf einmal weg, weil ich zu viele Parties gegeben habe.

Sicher will ich wieder einen Vater für meine Tochter. Aber ich würde nicht verlangen, daß meine Tochter »Vater« sagt. Ich sage ihr immer: »Dein Vater war ein Arschloch. Der ist abgehauen.« Meine Mutter sagt immer: »Der wollte uns nicht mehr.« So ein Blödsinn. Das hört sich so an, als hätte ich 'ne Abfuhr gekriegt. Ich habe sie gekriegt in irgend'nem Sinne, aber nicht, daß mir jemand gesagt hätte, ich mag dich nicht mehr, oder so. So kam das ja nie.

Ich würde schon sagen, das hat gar nichts mit dem Kind zu tun, wenn wir uns streiten.

Ich wollte in der DDR auch nie abhauen. Ich habe meine Arbeit gehabt, und ich konnte mit dem Geld, das ich verdient habe, gut leben. Das waren 600 Mark, aber ich habe gut gelebt.

Da gab's so und so nur Kind und Familie für mich. Mehr gab's nicht für mich. Seitdem habe ich keinen festen Kerl mehr gehabt. Ich bin nicht daran interessiert, noch mal 'ne Enttäuschung zu haben. Mein schöner, netter Mann mit den blauen Augen!

Im Knast, da habe ich viel gelesen. Vor allem, weil man da auch die meiste Zeit hat.

Bis zu meiner Halbstrafe habe ich gar nichts reingekriegt an nationalem Material. Dann habe ich aber zu viele Beschwerden geschrieben. Das ging unserem Leiter total auf 'n Sack, und da hat er das eben abgeändert. Der war in der Be-

ziehung ganz tolerant. Warum sollte der sich mit solchen sinnlosen Dingern rumärgern?

Ich meine, wenn ich jemanden umgeklatscht hätte, Körperverletzung, das wäre was anderes gewesen. Der hatte auch andere Sachen zu tun, als sich nur um mich zu kümmern. Der hatte sowieso fast nur mit mir zu tun die ganze Zeit. Der war richtig froh gewesen, als ich endlich entlassen wurde.

Hätten die nicht alles an meinem Kind hochgezogen, wäre ich auch nicht auf 2/3 rausgekommen. Die Staatsanwaltschaft war der Meinung, ich muß bis zum Ende brummen, weil ich nicht einsichtig bin. Da habe ich auch gesagt, die können mir noch zehn Jahre draufbrummen, ich würde trotzdem nicht einsichtig. Ich weiß gar nicht, für was, und umkrempeln lasse ich mich nicht. Ich bin doch kein Verräter. Knast ist ja mehr oder weniger 'ne Umerziehungsanstalt. Wenn sich jemand öffentlich dazu bekennt und ab und zu mal was dazu meint und keinen Ausländer in seiner Umgebung haben will, dann wird man natürlich im Knast versuchen, Ruhe zu schaffen. Wenn ich umgekrempelt bin und nichts mehr gegen Ausländer habe, ist Ruhe. Sinnlose Aktion.

Die haben sicherlich, weil einige Kontakte unterbrochen wurden, einiges zurückgeschickt. Die müssen mich darüber gar nicht informieren. Also erfahre ich das gar nicht erst. Sicher war es schön, als ich Post bekam. Das sind nicht solche Schmalzbriefe, so wie: »Es wird schon alles besser werden.« Das ist wie 'ne gute Unterhaltung. Da drin konnte ich mich mit keinem unterhalten.

So lange nichts mit Flucht drinsteht oder daß ich jemand killen oder meinen Ausgang zur Straftat mißbrauchen will, kam alles rein. Die HNG hat mir geschrieben. Eigentlich hat mir aus jeder Großstadt einer geschrieben aus dem nationalen Lager. Mit einigen stehe ich sehr gut in Briefkontakt, auch über die Grenzen hinaus. Das wird organisiert, wenn du in den HNG-Nachrichten Briefkontakt erwünschst.

Ich habe viel Post gekriegt. Meine Adresse stand in jeder Ausgabe drin. Jetzt stehe ich als ausgetragen, »jetzt entlassen« steht in der Ausgabe diesen Monat drin. Da stehen viele

171

Adressen drin. Mit U. M., der Chefin von der HNG, habe ich mich meistens normal geschrieben. Bei HNG haben sie doch ab und zu mal nachgeguckt. Die anderen Kameraden haben mal was Nettes, mal einen Schmetterling zum Frühlingsbeginn geschickt. Das waren mehr kameradschaftliche Kontakte gewesen. Es ging nicht immer um Politik. Viele waren im Knast, und um die wieder ein bißchen nach oben zu bringen, weil viele so 'n Depri kriegen, und dann weiß man nie, was die machen, da haben wir uns halt nett geschrieben. Das schlägt auch die Zeit gut tot.

Obwohl, mit 60 Adressen zum Schluß war mir das ganz schön viel gewesen. Das meiste war über die HNG. Weihnachten haben sie ihrer ganzen Kameradschaft gesagt: »Kommt, jetzt schreibt jeder einzeln 'ne Karte.« Das ist Kameradschaft. Draußen merkt man das nicht immer, weil man draußen genug andere Interessen hat und vieles zu tun, aber drinne ... U. M. hat auch meinem Kind Pakete geschickt, Schuhchen oder so, zu Weihnachten. Wenn ich jetzt auf Urlaub fahre, dann fahre ich mal bei ihr vorbei. Die haben auch unheimlich viel Streß, Telefonterror tagelang. Mit Anrufen kommst'de nicht ran. Aber ich habe sie schon mal am Telefon gesprochen, zu Weihnachten.

Es hat mir sehr geholfen, daß sie mir geschrieben haben, weil das meistens so nette Briefe waren. Wenn ich vorher schlechte Laune hatte, mußte ich immer lachen, wenn die Briefe kamen.

Michael Petri hat mir nicht geschrieben, aber ein Kumpel von ihm, der jetzt bei ihm wohnt. Wäre schlimm, wenn nicht mal das funktionieren würde, einfacher Briefkontakt.

Dienel schreibe ich auch. Dienel wollte ich schon immer mal schreiben. Ich fand den immer ganz sympathisch im Fernsehen. Ich mußte dem einfach schreiben. Ich habe so 'nen ganz normalen Brief geschrieben, und er schreibt auch ganz normal zurück. Der ist ganz nett in seinen Briefen, so richtig Kameraden, so richtig nett, mehr als Kumpels. Er war interessant gewesen, und ich mußte wissen, ob wirklich das dahinter steckt, was er sagt. Der hat sich so in Schwierigkeiten ge-

Thomas Dienel
Politischer Häftling der Bonner Verräterclique
Systemkerker J.V.A. Erfurt
Bechtheimer Straße 2
99084 Erfurt

22.1.im 49.Jahr der
deutschen Schande.

Heil Dir Kameradin Monika,
ich habe deinen Brief erhalten und bedanke mich dafür.
Schön das Du in Urlaub konntest doch was deine Eltern mit
Dir machen erscheint mir sehr merkwürdig.
Kannst Du das Kind denn niemand anderem geben?,oder mit deinen
Eltern einen Konsens finden?

Wegen des Spiegel-TV-Beitrages und der Wehrsportgruppen will
die Staatsanwaltschaft mich nochmal wegen Volksverhetzung vor
ein Ausnahmegericht zitieren und ich soll und werde nochmals
eine Haftstrafe bekommen.Aber ich habe mit verstärkter Ver-
folgung in diesem Jahr schon gerechnet.Es kommt in keiner Weise
überraschend.
Was die Rekrutierung von Kriminellen betrifft,so kann man in
jedem Sinne jeden überprüfen und es fände finden sich bestimmt
einige Sysmpatisanten darunter.
Sollte jedoch einer oder eine Dich enttäuschen oder Du hegst
den geringsten Zweifel,so lasse es sein.Ich selbst halte von
Kriminelle garnichts und deren Subkultur sind mir einfach zu
wieder,als hier Kontakte aufbauen zu können.

Aber es gibt immer Ausnahmen und die mußt Du dir zu Nutze Machen.

So jetzt mache ich Schluß für heute und verbleibe wie eh und
je mit:

████ Deutschland

Thomas Dienel

Brief des bekannten Neonaziführers in Thüringen Thomas Dienel an Monika Baginski (22. Januar 1994)

173

bracht. Wenn der eher rauskommen würde, wäre das viel besser. Was will er fünf Jahre im Knast? Hat er nichts davon, er selber nicht und die Bewegung schon gar nicht. Der wird aber noch was draufkriegen wegen so 'ner Spiegel-TV-Reportage. Das habe ich zwar nicht gesehen, aber da muß er wohl auch was angeblich Falsches gesagt und irgend jemand beleidigt haben.

Dienel haben sie öfters mal verlegt, weil er immer zu viele Freunde hatte in jedem Knast. Ich habe auch viele ... nicht beeinflußt, aber die fanden mich alle sympathisch. Da haben wir uns mal richtig ausgesprochen, und mit der Zeit haben sie gemerkt, ich hab gar nicht so 'ne schlechte Meinung und bin gar nicht die Böse, wie sie mich immer hinstellen wollten.

Meine Ausstrahlung hat die Leute dazu inspiriert, auch so zu denken wie ich. Ich hatte mit keinem deutschen Gefangenen Streß. Ich bin mit allen gut klargekommen. Durch die Sympathien haben sich welche nach und nach meiner Meinung angeschlossen, zumindest in Ausländerfragen. Von Frank Hübner sind gar keine Briefe bei mir angekommen. Doch, eine Weihnachtskarte.

Wahrscheinlich wollten sie schlechten Einfluß von mir fernhalten. Als erwachsene Frau kann ich eigentlich selber einschätzen, was für mich schlechter Einfluß ist und was nicht.

Ich war im Knast immer die, wenn da Mißstände waren und uns irgendwas aufgeregt hat, habe ich das angekurbelt. Ich habe immer meinen Kopf hingehalten und auch immer einen draufgekriegt dafür. Die anderen waren immer schön aus dem Schneider. Wenn ich gemerkt habe, es ging hart auf hart und jemand hat gekniffen, dann habe ich das auch nicht mehr gemacht. Da waren die Schließer, mit denen ich mich gut verstanden habe, mit mir einer Meinung.

Warum mache ich das überhaupt? Weil ich gutmütig bin und keinen leiden sehen kann. Deswegen habe ich das gemacht, für die Deutschen. Manchmal war es ganz schön deprimierend. Da wußte ich schon nicht mehr, was ich mache. Wenn ich zeitweise keine Arbeit hatte, dann war das widerlich gewesen. Ausgeschlafen bist'de nach einer Woche für die ganze Zeit. Sport war ganz selten. Mit Beschäftigung war nichts los. Rumgammeln, fernsehen, Musik hören. Wenn irgendwann mal einer vom Ministerium langläuft und deine Musik hört, dann ist doch mal wieder 'ne Zimmerkontrolle, aber sonst … wenn es irgendwann reicht, ödest'de dich mit jemandem an. Das einzige, was du machen kannst, ist, dich auf deine Zelle zurückzuziehen, ich zumindest.

Irgendwie waren die Leute belastend. Die saßen alle wegen Geldstrafen oder ähnlichem. Waren die alle blöd. Ich wollte mich auch mit gar keinem vertragen, weil ich die nach der Zeit so und so nicht wiedersehe. Warum soll ich mich mit denen vertragen, wenn sie mir nicht in'n Kragen passen?

Bei uns war's zeitweise verboten, mit den Kerlen zu quatschen. Wenn die Freistunde hatten, bin ich ans Fenster, wenn ich keine Arbeit hatte, und hab mit denen gequatscht. Das war verboten. Ich wollte mich nicht freiwillig einschließen lassen, und die wollten mich in'n Keller bringen. Dort war meistens eine gute Schicht, und mit denen habe ich normal geredet. Die haben mich dann nicht mit 'nem Gummiknüppel bearbeitet. Die anderen hatten so und so viel Schiß vor mir gehabt. Keiner weiß, warum. Die haben mich sowieso nicht angefaßt. In den Ostknästen war das verschärft, da hat keiner durchgesehen. Wenn mal einer einen gebrochenen Arm hatte, dann ist das in 'ner Schlägerei passiert, oder er wurde so eingeschüchtert, daß er nichts gesagt hat, wer das war. Das konnte er sich gar nicht erlauben, im Knast zu sagen, daß das ein Schließer war.

Wenn da irgendein Pfiffi war und der hat 'nen Max gemacht – wer einmal den Doofen macht, ist immer der Doofe. Wer sich einmal zu irgendwelchen Negerarbeiten hinreißen läßt, also wenn ich jetzt sage: »Du machst das jetzt!«, der mußte das eben die ganze Zeit für mich machen. Das waren immer andere Mitgefangene. Solche, die nicht ganz helle waren. Z.B. die Feuerwache. Wenn'de das erstemal im Knast bist, wirst'de ein bißchen verarscht mit der Feuerwache. Da wirst du hingestellt mit 'nem Wassereimer und einer Plustikschüssel mit ein bißchen Alufolie drumrum. Das war dann der Helm. Dann noch Schippe und Besen, und wenn Feuer ist, sollst du das eben löschen mit diesem Eimer halt. Das war so 'ne Verarschung. Wer da einmal drauf reingefallen ist und für andere was gearbeitet hat, der mußte immer arbeiten.

Das lief unter den Gefangenen, und die Schließer haben mitgemacht, weil das lustig ist.

Feuerwache gibt's schon immer. Ich war immer der Chef, und ich war das auch die ganze Zeit.

Ab und zu habe ich auch mal jemanden weggeklatscht, aber das ist sowieso rausgekommen.

Bei vier Mann auf der Piste muß es rauskommen, und das konnte bloß ich sein. Ich habe aber auch jedem gut mit Rat und Tat zur Seite gestanden. Wenn jemand Probleme hatte, der konnte immer zu mir kommen. Ich habe gern geholfen.

Manchmal macht es mir nichts aus, jemanden zu schlagen, wenn ich einen Grund habe, wenn's ein berechtigter Grund ist, ja. Ansonsten würde ich das nicht machen. Höchstens mal, wenn ich besoffen bin. Dann weiß ich sowieso nicht mehr, was ich mache.

Wenn jemand »Nazischwein« zu mir sagt, wenn ich mich zu Unrecht beschuldigt fühle, dann muß ich schon was machen, um meine Ehre wiederherzustellen, wenn sie dadurch beschädigt wurde. Wenn jemand was über meine Person sagt oder gegen Kameraden, wenn jemand sagt: »Deine Kameraden sind doch alle Votzen. Kiek dir mal an, wie die alle rumrennen!«, nur weil sie gerade einen Film gesehen haben, wo irgendwas verdreht wurde, dann muß ich das wieder richtig hinbiegen.

Die hatten im Knast ekelhafte Asylanten, die sollten immer aufessen, damit sie Zigaretten kriegen. Die haben dann immer Zigaretten geschlaucht, wenn die neu waren. Taschengeld gibt's ja erst, wenn du eine Weile da bist, also für einen Monat. Daher haben die das Essen versteckt, und wir dachten dann immer, sie haben aufgegessen. Dafür haben sie Zigaretten gekriegt. Die hätten sonst das ganze Zigarettenlager geplündert, denn die haben nur geraucht. Die Schließer haben bestimmt, daß die erst aufessen müssen, bevor sie Zigaretten *kriegen. Die haben aber nicht aufgegessen, sondern das Essen in den Schränken gestapelt, wochenlang. Die Zelle war so widerlich gewesen.*

Da war ich noch in U-Haft und konnte das nicht selber bestimmen. Ich hätte denen gar nichts gegeben. Bei mir gibt's keine Zigaretten. Dann kamen die angeschleimt und angekrochen und haben mich genervt. Deswegen habe ich die mal in die Toilette reingeholt, zusammengeschlagen, aber ohne daß sie Schaden hatte. Von den Deutschen hat mich keiner verpetzt, und die Schließer haben sich umgedreht und gesagt: »Wir haben nichts gesehen.« Die Asylanten waren in Abschiebehaft. Vorausgesetzt, sie wurden nicht gleich hinter der Grenze abgesetzt und sind sowieso wiedergekommen. Eigentlich sinnlos. Da sind die monatelang im Knast, kosten jeden Tag dreißig Mark und kriegen dann noch den Flug bezahlt, wenn sie jetzt ins Fidschiland zurück müssen, Chinesen oder so. Das ist viel teurer, als wenn man sie gleich abschiebt. Die hatten alle ein ganz schön großes Maul.

Das einzige, was ich demnächst vorhabe, ist Arbeit, Wohnung, schönes Leben, aber politisch aktiv bleiben. Mich nicht hinter irgend 'ne Ofenecke setzen und sagen: »Scheiß Ausländer!« Wenn alle inaktiv sind, dann bringt das nichts. Ich kann zehnmal sagen, ich stehe für die Sache, und tue nichts. Dann bringt mir das gar nichts. Irgendwas muß ich schon machen, bloß jetzt sieht das überall schlecht aus mit Arbeitsangeboten.

Ich bin ja nicht anspruchsvoll. Mir reicht auch 'ne Arbeit, bei der ich einen Lohn habe, von dem ich mich und mein Kind ernähren kann.

Hier sieht es schlecht aus für mich. Ich bin ich längst zu bekannt. Wenn alle Rechten rausgeschmissen werden – jetzt sage ich auch schon Rechte –, alle Nationalisten, dann brauche ich gar nicht anzukommen. Wenn ich auffällig werde und in der Zeitung stehe, und die sehen das, dann schmeißen die mich raus, oder die kriegen Drohanrufe in der Firma: »Wenn Sie die nicht rausschmeißen, kriegen Sie keine Aufträge mehr.« Und schon bin ich weg.

Die Arbeitsangebote habe ich von Kameraden. Die habe ich erst alle durch Briefkontakte kennengelernt, zwei durch Briefkontakt, und den anderen kenne ich so. Wenn die Gesellschaft versagt, helfen Kameraden. Die Gesellschaft wird auch nicht mehr lange bestehen bleiben.

Das sind nur noch die letzten Zuckungen, die sie hat. Ein untergehendes System mit Verboten, wenn man so nicht mehr durchkommt, dann wird man illegal. Klar ist der Staat in seinem Kampf gegen uns schon illegal geworden. Wenn sie uns noch auf dem legalen Weg bekämpfen könnten, dann würden sie es ja mit ihren Gesetzen machen. Die Gesetze sind so weit Gummigesetze, daß sie die ziehen und wenden können, wie sie wollen.

Wir haben eigentlich gar keine große Chance, es sei denn, daß wir jetzt einen ganz guten Rechtsanwalt haben.

Die Verbote werden auf einmal mit in die Verfassung aufgenommen, obwohl sie vorher gar nicht vorhanden waren. Für uns können Tausende Verbote erzwungen werden. Und auch ohne Verbot, dann wird's eben nachher eingeführt. Die handeln illegal, das ist bewiesen. Genauso mit dem Gedenkmarsch oder Halbe, wie sie das alles in der Zeitung verfälschen. Die sind nicht mehr legal. Die werden es auch nicht mehr werden.

Wer sich so gegen den Tod wehrt, der kann nicht mehr lange überleben. Irgendwann machen sie mal Fehler. Irgendwann muß das alles auffliegen, wie sie das Volk bescheißen und betrügen. Dann werden die Leute nachdenken: Werden wir denen mal 'ne Chance geben und die wählen. So denke ich mir das.

Ich denke nicht viel an Geld. Weil ich keins habe, brauche ich mir keinen Kopf darüber zu machen. Die meisten denken aber nur an ihr Überleben. Es wird immer weniger, und da und da wird gekürzt, und du siehst, daß die Ausgaben fürs Ausland immer höher werden. Die Leute, die arbeiten gehen, wissen gar nicht, wofür. Sie würden vielleicht mehr Arbeitslosengeld kriegen, als wenn sie arbeiten gehen. Wenn man die Leute auf den Arbeitsämtern reden hört, dann haben die das schon mitgeschnitten, aber die trauen sich nicht richtig. Wer

40 Jahre betrogen wurde, der wird jetzt auch nicht das Maul aufmachen. Die noch Älteren, die werden sich wieder dazugesellen.

Wenn ich jetzt Opis treffe, die 80 sind, die unterhalten sich gerne mit uns. Die bleiben auf der Straße stehen und singen uns ein paar alte Lieder vor. »Oh, ich wurde aus Schlesien vertrieben. Ich werde meine Heimat nie wiedersehen.« Mich bedrückt das übelst, wenn mir so was jemand erzählt.

Ich will dann nach Westdeutschland gehen. Westdeutschland hört sich blöd an. Wir sind auch nicht Ostdeutschland, wir sind Mitteldeutschland. Von weggehen wollen kann auch nicht die Rede sein. Ich hänge hier dran, an der Gegend, obwohl es totale Scheiße ist, wo ich wohne.

Ich brauche keinen Luxus. Ich will ein normales Leben führen. Ich denke, das gebührt mir.

Das darf nicht so schlecht sein und braucht nicht so gut sein. Die Wohnung hätte ich auch dazu. Dahin hole ich meine Schwester, weil die gerade nicht besonders dran ist. So helfe ich ihr noch ein bißchen. Die kann dann mit bei mir einziehen. Aber das ist so weit weg.

Meine Mutter hat die Pflegschaft weiter übertragen, weil ich im August eine Lehre anfangen wollte. Wenn ich nach Steinau ziehe, fange ich 'ne Krankenpflegerlehre an, weil ich gern Krankenpflegerin werden will. Das hat auch ein Kamerad organisiert.

Hätte ich das mal lieber nicht gemacht, die Pflegschaft verlängert. Ich muß meine Mutter jetzt immer fragen, ob ich mein Kind mit in den Urlaub nehmen darf. Meine Mutter sagt jetzt aber nein. Der Kamerad hat aber alles so für den Urlaub geplant, daß das Kind dabei ist. Jetzt muß er alles ummodeln. Meine Mutter: »Du hast kein Geld.« Aber er schickt mir die Fahrkarten und bezahlt den Urlaub. Ich nehme zwar Geld mit, das wird nicht weit reichen, aber das, was ich habe, gebe ich. Der Kamerad hat auch nicht viel Geld.

Der ist parteilich nicht gebunden. Das machen viele so. Mit vielen Parteien, das bringt's nicht. Parteilich ungebunden sind jetzt die meisten. Die ich kenne, sehen das auch so, das *es das beste ist. Was soll denn das? Die Parteien streiten sich nur untereinander.*

Politisch will ich irgendwie versuchen, an die Leute ranzutreten, die nicht in der Bewegung sind. Nicht, um ihnen das aufzudrängen, aber ich will mit jemandem ins Gespräch kommen und vielleicht mal das, was in den Medien verfälscht wird, richtigstellen. Ich kenne die Wahrheit von irgendwelchen Vorfällen. Ich will auf keinen Fall auf das Dritte Reich zurückkommen. Was war, das kann nicht wiederkommen. Ich weiß nicht, ob ich mir das wünschen würde. Sicher würde mir das wesentlich besser gefallen als jetzt. Für mich kann es nicht wiederkommen, weil es die Leute nicht mehr gibt, und den Nachwuchs dafür hat man nicht. Leute wie früher, die man mitreißen kann, daß das ganze Volk hinter jemandem steht. Einen zweiten Hitler wird es nicht geben. Wenn ich jetzt zum Beispiel sehe, daß der alle blond und blauäugig haben wollte und selber nicht blond und blauäugig war, dann ist das für mich ein Widerspruch, ein krasser Widerspruch. Das ist schon mal nicht in Ordnung.

Genau wie Goebbels, aber der war genial, der Mann. Ich habe was absolut gegen Behinderte. Aber eben bloß, wenn es Ausmaße sind, daß man die Leute verschrotten kann, daß die ein ganzes Leben lang vor sich hin öden, daß man sich da das ganze Leben um sie kümmern muß und daß das ein elender Haufen ist, der gar nichts von der Umwelt mitkriegt. So was mag ich nicht, wenn jetzt jemand von Geburt an die Behinderung hat.

Durch einen Unfall, das kann jedem passieren. Da könnte ich auch nichts gegen machen.

Gegen so was habe ich auch nichts. Wenn von Anfang an jemand schwerbehindert ist, die Kinder kann man gleich töten. Das hat nichts mit Vergasen zu tun, das muß auch nicht sein, das gab's so und so für mich nie.

Ich will die Leute auch davon überzeugen, daß es eben doch das beste ist, wenn jedes Volk in seinem Land lebt, für sich lebt, seine Kultur lebt. Erst mal die Kultur wieder aufbauen, weil die auch gar keiner mehr kennen wird, wenn sie so weit zerstört ist. Multi-Kulti!

Ich möchte, daß unsere Wirtschaft wieder unabhängig vom Ausland ist, daß wir auch ohne irgendwelches Ausland überleben könnten. Könnten wir jetzt auch, bloß man macht sich lieber abhängig von draußen, die Herren in Bonn, weil sie da alles billiger kriegen.

Unser Staat muß über sich selbst bestimmen können. Ich kann nicht jemand anders meine Selbstbestimmung verkaufen und mich vom Amiland bestimmen lassen. Diese Amerikanisierung jetzt, und überall gibt's Mickimäuse. Sogar die Kinder werden schon verblödet.

Warum hat sich Deutschland verkauft? Weil sie ihre Identität nach dem II. Weltkrieg verloren haben. Ich weiß nicht. Auf einmal ging alles um Konsum, nur noch um's Geld, und alles muß schöner und besser sein, die Technik muß immer größer werden. Die Technik besiegt den Menschen fast selber, und dadurch gehen die besten Arbeitsplätze verloren. Einer will besser sein als der andere. Man muß doch aber nicht überall mitlaufen. Das ist doch bloß 'ne Mode, das geht doch alles mal wieder unter.

Ich will auch, daß die Kinder in Ruhe und Frieden aufwachsen, und nicht, daß sie mit Computern beschmissen werden, wenn sie noch gar nicht denken können. Die lernen nie was Richtiges, die lernen bloß, Knöpfe zu drücken.

Selbst denken, wer macht das heute noch? Die verlernen alle das Denken, das ist ja gerade das Schlimme. Vielleicht sollen sie alle nicht mehr denken, zugunsten der Regierung, weil sie sich sonst wehren könnten. Es denken alle bloß noch: Haus und Hof und Heim und schön still ins Häuschen. Danach ist alles Schluß. Ich kann das aber nicht nur für mich denken. Ich kann nicht die anderen Leute alle hängen lassen. Wenn sie für die Ausländer jeder noch mal 'ne Mark hingeben können oder eine Kleidersammlung machen, die gehören doch gar nicht hierher. Für die kann ich das doch nicht geben und die eigenen Leute hängen lassen. Für mich ist das alles unverständlich.

Es gibt doch genügend Wirtschaftszweige, die ein Land auf-
rechterhalten können, zum Beispiel die Landwirtschaft. Bloß
für unsere gibt es keine Absatzmärkte, weil die das nicht so
billig verkaufen können wie etwas, das im Gewächshaus
hochgezogen wurde. Ich verstehe das alles nicht. Außerdem bin
ich jetzt schon zu faul zum Denken.

Die können weiterleben, aber meine Leute können doch
dann nicht mehr leben. Das ist das, woran ich zuerst denke,
an mein Volk, an meine Nation. Was machen die Politiker
jetzt? Sich einen breiten Arsch sitzen, hohle Phrasen werfen,
sich das Geld in die eigene Tasche scheffeln. Die denken bloß
an sich selber, das ist das Schlimme. Jeder denkt nur an sich,
keiner denkt an die Gemeinschaft. Die da oben kommen so
und so nicht mehr klar. Die machen bloß noch Wahlpropa-
ganda und wollen, daß sie die nächste Wahl gewinnen. So
lange kommen leere Sprüche, und dann war's das auch schon.

Erst mal müßte ein Politiker überhaupt mit'm Volk in Kon-
takt kommen, und dann müßte es auch Volksentscheide ge-
ben, daß das Volk selbst bestimmen kann, wie zum Beispiel
Fragen des Abtreibungsparagraphen. Was bestimmen diese
alten Opis? Die haben doch eh nix damit zu tun. Die Kirchen
müßten sie abschaffen, die sowieso nur ihre Kirchensteuern
eintreiben.

Meine Eltern waren auch Kirchenmitglied. Das ist doch
nicht unser Glaube! Unser Glaube ist der germanische, nicht
der christliche. Ja, das germanische Volk hat auch einen Glau-
ben, den Asen-Glauben. Das ist ein nordischer Glaube von
den Blonden und Blauäugigen, ein Naturglauben, ein natur-
verbundener Glauben. Der Gott ist Thor. Der Mensch ist im
Einklang mit der Natur, die gibt, und man nimmt und hält
die Natur aufrecht. Wenn die Natur irgendwann stirbt, dann
stirbt auch das Volk. Ohne Natur kann man nicht leben, das
muß jedem einleuchten. Ich finde es so naturverbunden auch
viel schöner.

In der Natur, da paart sich der Spatz mit 'nem Spatz und
die Kuh mit 'ner Kuh. Da machen die das nicht durcheinan-
der. Das ist eben die Aufrechterhaltung der Art, der Rasse. Das

kannte ich schon vorher, und im Knast habe ich viel darüber gelesen.

Jetzt lese ich Tatsachenberichte, alles II. Weltkrieg.

Viele haben schon im II. Weltkrieg mit den Deutschen, zum Beispiel an Flugzeugen, zusammengearbeitet.

Die Wikingersage habe ich im Knast zugeschickt gekriegt. Das sind alles so dicke Bücher.

Ich lese jetzt das hier (»Eine Tageschronik der Politik, Wirtschaft, Kultur«, Band 1: 1933-1939, Band 2: 1939- 1945; Weltbildverlag), habe es erst angefangen. Da steht drin, was jeden Tag passiert ist. Was stimmt und was nicht stimmt, das suche ich mir schon raus. Finde ich gut. Das hier hinten habe ich mir schon ein bißchen durchgelesen, was jeder war, wo jeder war, wann er gestorben ist, das finde ich interessant. So kannst'de dich am besten informieren, da geht am wenigsten verloren. Wenn du jetzt Bruchstücke hast und es wird dadurch alles zusammenhängend, das ist viel besser.

Was ich mir bestelle, ist ein Nicki von »Rheinwacht«, das ist die Nachfolgeband von »Störkraft«.

Aber ich höre so was gar nicht mehr. Ich höre Marschmusik, Rennicke[38] oder Soldatenlieder. Das ist irgendwie niveauvoller. Im Knast hatte mir jemand eine Kassette von einer angeblichen Skinheadband angedreht. Die haben so einen Müll zusammengesungen, da habe ich die Kassette gleich wieder zurückgegeben. Das gilt aber nicht für alle Skinbands.

Rennicke ist sentimental. Da muß ich auch heulen, aber nur, wenn ich deprimiert bin. Aber das ist schon mal 'ne gute Gefühlsregung, obwohl er ja national-soziale Texte hat. Lohnt sich aber, dafür zu bezahlen.

Das Nicki von »Rheinwacht« ist aus irgend so einem Katalog. Ich habe ab und zu so 'ne Dinger geschickt gekriegt, als ich noch im Bau war. Ich werde jetzt wahrscheinlich mal was als Solidaritätsbeitrag hinschicken. Wenn man draußen ist, läßt das sowieso ganz stark nach. Die meisten denken, das geht nur bis zum Knastende, und dann hat sich das Ding erledigt.

Obwohl es einem erst dreckig geht, wenn man rauskommt.

Das sind zwei Kassetten Marschmusik, die höre ich übelst gern. Für so etwas gebe ich gern Geld aus. Die habe ich in Polen gekauft. Wir sind mit Kameraden hingefahren.

Sonnabend, einen Tag nach meiner Entlassung, waren wir da, mit Kind. Die hat sich total gut mit denen verstanden. Einer von ihnen war so kinderlieb, mit dem hat sie die ganze Zeit gespielt. Bei Polen habe ich immer gesagt: »Geh nicht zu denen hin! Wir essen hier auch nichts. Wer weiß, was die im Essen drin haben.« Ich meine, die Zigaretten, die ich dort kaufe, die sind sowieso auf Umwegen dort hingekommen, um hier Steuern zu hinterziehen.

Im Grunde würde ich sagen, geht's mir nicht so gut ohne Arbeit und ohne Wohnung.

Die Angebote in den alten Bundesländern wollte ich dann doch nicht, weil das so weit weg ist, das ist mir nichts. Ich habe alles abgesagt. Der eine ist bestimmt ein bißchen sauer.

Vielleicht gehe ich nach Berlin, weil ich da die meisten Leute kenne. Da kann man es vielleicht ganz gut schaffen. Außerdem ist das nah genug bei Lübbenau, so daß ich öfters mit meiner Tochter hierherfahren kann.

Von mir allein aus fahre ich nirgendwo hin, außer zu meiner Gruppe. Die holen mich aber immer ab. Mit Zug oder Bus fahre ich nicht, um irgendwelche Leute zu treffen. Wenn sich nicht welche bei mir melden, weil ich wieder draußen bin, renne ich bestimmt keinem hinterher.

Über meine neue Gruppe sage ich lieber nichts weiter. Kameraden, eben einfach nur gute Kameraden. Mehr kann ich über die Gruppe nicht sagen. Möchte ich auch nicht. Die ist, glaube ich, bekannt genug.

Heute ist der 23. Juni 1994. Gerade höre ich die Meldung im Radio, daß der erste der Magdeburger Randalierer vom Himmelfahrtstag 1994 zu einer Haftstrafe von einem Jahr und acht Monaten ohne Bewährung verurteilt wurde. Eine Horde Neonazis hatte an jenem Tag mehrere ausländische Bürger durch die Stadt gejagt, schließlich so verprügelt, daß einige von ihnen ernsthaft verletzt waren. Die Polizei spielte bei den Ausschreitungen in Magdeburg keine unwesentliche Rolle. Sie verhaftete die Ausländer und mißhandelte sie im Polizeigewahrsam.

Die Rechten blieben von der Polizei unbehelligt. Wird man juristisch auch gegen die Polizisten vorgehen?

Diese Vorfälle erinnern mich an Erlebnisse, die ich 1991 bei Dreharbeiten in Schwedt (Brandenburg) hatte. Dort drehte ich Diskussionen um das Für und Wider eines Skinheadprojekts. Die Stadt hatte einen Jugendclub völlig in die Hände der Glatzen gegeben. Fünf Angestellte der Stadt, unter ihnen auch Sozialarbeiter, betreuten diesen Versuch, der teilweise erfolgreich war. Die Jugendlichen hatten nun auch tagsüber einen Aufenthaltsort, wo sie sich treffen konnten und wo sie unter sich waren. Sie wurden von den Sozialarbeitern bei Behördengängen unterstützt oder einfach nur begleitet, und sie konnten sich bei ihnen auch persönliche Probleme von der Seele reden. Seitdem dieses Projekt existierte, hatte sich die Situation in Schwedt entspannt, Übergriffe seitens rechtsgerichteter Jugendlicher hatten abgenommen.

Die Glatzen kümmerten sich auch liebevoll um ihren Club, hatten ihn selbst renoviert und achteten in eigener Regie darauf, daß es in und um den Club herum zu keiner Randale kam. Sie wollten ihren Club nicht verlieren und das Vertrauen der Stadt nicht enttäuschen. Selbst Waffenkontrollen führten sie beim Einlaß zu jeder Veranstaltung selber konsequent durch.

Nach einigen Vorgesprächen erhielt ich die Möglichkeit, im Club zu drehen. Dabei fiel mir eine Glatze auf, die bei Interviews ständig dazwischenredete und andere verbesserte. Es war Kay-Nando Böker. Da er selbst nicht direkt aus Schwedt kam und mit dem Club nur als Gast zu tun hatte, wollte ich nicht weiter mit ihm sprechen. Aber ich hatte überhaupt keine Chance, ihn loszuwerden. Es ging so weit, daß er mich vor laufender Kamera fragte, ob ich schon von dem toten Moçambikaner aus Eberswalde gehört habe. Er meinte Amadeu Antonio, der an den Folgen der Verletzungen gestorben war, die ihm eine Horde von 60 Skinheads durch Tritte auf den Kopf und durch Schläge zugefügt hatte. Dieser nächtlichen Hatz durch Eberswalde Ende November 1990 sahen Polizisten zu, ohne einzugreifen.

Um ihn zum Reden zu bringen, verneinte ich Bökers Frage. Daraufhin erzählte er mir den Tathergang in allen Einzelheiten und auch, wie er selbst daran beteiligt war. Und er redete von den Polizisten, die zugesehen hätten, was die ganze »Sache« noch begünstigte. Zum Schluß sagte er, daß er deshalb schon in Untersuchungshaft gesessen habe. Da man ihm aber nichts nachweisen konnte, ließ man ihn wieder gehen.

Zunächst beachtete ich Bökers Gerede nicht weiter. Ich hielt es für Aufschneiderei.

Der Beitrag über Schwedt wurde gesendet, ohne daß ich Böker darin erwähnte. Seine Geschichte gehörte nicht zum Thema. Erst Monate später kam es in Eberswalde zur Gerichtsverhandlung gegen die Mörder von Amadeu Antonio.

Als Bökers Name in den Medien auftauchte, das war Ende 1992, erinnerte ich mich an ihn und holte mir die Kassetten von Schwedt wieder heraus. Ich hatte wirklich das komplette Geständnis von Böker auf Band.

Ich fuhr sofort nach Eberswalde, um den aktuellen Stand der Dinge zu recherchieren. Schnell hatte ich herausbekommen, wo sich die Rechten, fast alle Mitglieder der inzwischen verbotenen Nationalistischen Front, trafen. Ich setzte mich einfach in jenes Café und wartete, was passieren würde. Gegen Abend trudelten sie alle ein, und ich kam bald mit ihnen ins Gespräch.

Allerdings waren sie mir gegenüber sehr zurückhaltend. Fast alle von ihnen waren bei der Hatz auf Amadeu Antonio dabeigewesen und wollten nichts sagen, was sie noch mehr in Schwierigkeiten bringen konnte. Das Interview, das ich später mit ihnen führte, war völlig unbrauchbar. Sie sagten nichts. Auch die Polizei von Eberswalde hielt sich zurück. Man wollte abwarten. Ohne konkrete Äußerungen funktionierte aber der Beitrag nicht.

Bei der Gerichtsverhandlung gegen die Mörder von Amadeu Antonio im Mai 1993 in Eberswalde waren auch Polizisten angeklagt. Passiert ist ihnen im juristischen Sinne nichts. Wenn ich jetzt daran denke, bin ich mir sicher, daß auch die Magdeburger Polizisten im Prinzip ungeschoren davonkommen werden.

Im Mai 1994 tauchte der Name Böker wieder auf. Monika Baginski hatte mir ein Heft der IHV-Gefangenenhilfe überlassen. Die IHV ist, ähnlich wie die HNG, eine »Organisation zur Betreuung nationaler Gefangener«. Monatlich werden Namen und Adressen von einsitzenden Neonazis veröffentlicht, um so zu ermöglichen, daß andere »Kameraden« Briefkontakt mit ihnen aufnehmen können. Auf der Gefangenenliste der IHV stand der Name Kay-Nando Böker. Auch ihm wollte man helfen in seiner schweren Zeit im Knast!

Etwas anderes darf nicht unerwähnt bleiben, wenn die Rede von Schwedt ist.

Ich habe damals auch mit Anwohnern gesprochen, die unmittelbar neben dem Asylbewerberheim lebten. Immer wieder war es zu Übergriffen von Jugendlichen auf das Heim gekommen, allerdings nicht durch Täter aus dem Kreis alteingesessener Skins. Es waren ganz junge Leute, Kinder fast und keinesfalls älter als 18 Jahre, die mehrmals Brandflaschen geworfen hatten.

Wir fragten die Bewohner, was sie dazu meinten. Eine Frau, so alt wie ich, sagte: »Das finde ich gut. Aber wir wünschen uns, daß endlich einmal die richtigen Skinheads kommen. Die sollen die Ausländer richtig ausräuchern. Und wenn sie dann alle unten, vor dem Haus sind, dann könnten die Skins mal richtig zuschlagen. Was die Kids hier machen, das bringt doch nichts.« Es saßen noch andere, auch ältere Hausbewohner dabei, die alle zustimmend nickten.

Der Eberswalde-Beitrag wurde für mich zu einer Art Schlüsselerlebnis in meiner bisherigen journalistischen Laufbahn. Da das Material wegen der unkonkreten Äußerungen der Beteiligten an der Hatz auf Amadeu Antonio nicht zu verwenden war, bekam ich ernsthafte Schwierigkeiten mit Kollegen. Ich hatte einen zugesicherten Beitrag nicht fertiggestellt. Mir wurde Unfähigkeit, aber auch Rechtslastigkeit vorgeworfen. Zum angeblichen Beweis wurden frühere Beiträge von mir, besonders der über die Veranstaltung der DA vom 1. Mai 1991, angeführt. Es gab eine Redaktionssitzung mit einer aggressiven Diskussion zu diesem Thema. Jeder von denen, die mir gegenüber-saßen, hatte schon einmal einen Beitrag in den Sand ge-setzt. Das konnte passieren! Aber jetzt wollten sie, daß mir gekündigt wurde. Kein Wort mehr von all den Beiträgen, die ich pünktlich fertiggestellt hatte und die gut verkauft worden waren. Und es gab ja nicht nur Beiträge über die Rechten. Da waren auch noch die Themen Vergewaltigung, Kindesmißhandlung, Obdachlosigkeit, Frauenarbeitslosig-keit und Mauergrundstücke, die ich in meinen Beiträgen behandelt hatte. Aber das einzige, was zu zählen schien, war der Eberswalde-Beitrag.

Vor allem der Vorwurf, daß ich selbst eine Rechte wäre, hat mich getroffen – wieder einmal. Dabei hatte ich gehofft, daß sich diese Mutmaßungen erledigt hätten, und ich hatte gedacht, mit meinen Beiträgen eindeutig Stellung genom-men zu haben.

Wie, wenn nicht in ihnen, sollte ich meinen Standpunkt, meine Meinung vertreten, deutlich und für alle sichtbar? Glaubten manche meiner Kollegen wirklich, daß ich die Ab-sicht hätte, eine angeblich nationalsozialistische Einstellung öffentlich, über die Medien, zu verkünden? Und wenn sie es dachten, warum hatten sie bisher nichts dagegen getan?

Wieder stand die Frage für mich: Wie soll ich über Rechtsradikalismus berichten, ohne über Inhalte zu spre-chen, ohne Ziele zu erläutern?

Die demokratische Mehrheit der Gesellschaft muß ihr Urteil selbst fällen und danach handeln. Wenn sie ihre eigene Pflicht an Journalisten abtritt und somit über den Boten, nicht die Botschaft urteilt, dann wird gegen die Falschen vorgegangen.

Ich erzählte anderen Kollegen, die ebenfalls viel in der

rechten Szene zu tun hatten, von meinen Problemen. Sie wußten alle ähnliches zu berichten. Ein Trost war das nicht.

Seit dieser Zeit, es war im September 1992, überlegte ich, ob ich meinen Job überhaupt will und vor allem, zu welchem Preis. Aber es gab immer noch Themen, die mich brennend interessierten.

Der deutsche Rechtsradikalismus belustigte mich als Thema auf eine geradezu makabre Art und Weise immer mehr. Ich weiß nicht, ob diese Haltung ein instinktiver Schutzmechanismus gegen die permanente Angst war oder ob ich ihn wirklich nicht ernst genug nahm und ihn unterschätzte. Wegen dieses Leichtsinns bekam ich im Frühjahr 1993 ernste Schwierigkeiten. Ich hatte einen Fernsehbeitrag über eine Wehrsportgruppe in Brandenburg gemacht. Die beteiligten Neonazis waren, bis auf den Anführer, einen ehemaligen Unteroffizier der NVA, später NA- und dann DA-Mitglied, sehr jung, alle unter achtzehn Jahren.

Auf einem ehemaligen Stasi-Übungsgelände bei Frankfurt an der Oder hielten sie in einem Bunker eine Feierstunde zum Geburtstag Adolf Hitlers ab. Anschließend durften wir sie bei Kampfübungen drehen, bei denen sie auch das Töten trainierten. Die beteiligten Nazis hatten in ihrem Drang zur Selbstdarstellung die Hoffnung, daß ich sie als nette Jungs darstellen würde. Ich ließ sie in diesem Glauben und nickte verständnisvoll lächelnd zu allem, was sie sagten und taten, auch wenn mir ganz anders zumute war.

Nach der Ausstrahlung des Beitrags bekam ich mehrere telefonische Morddrohungen. Über Umwege hatten sie meine Telefonnummer herausbekommen. Ich zog vorübergehend zu Bekannten und stellte in der Zwischenzeit mein Telefon ab. Erst nach der Verhaftung der Nazis, von der ich aus den Medien erfuhr, verlor ich meine Angst und kehrte in meine Wohnung zurück. Meine Telefonnummer änderte ich sicherheitshalber trotzdem.

Fast zeitgleich wurde ein Kollege aus Berlin von einem

FAP-Mitglied angestochen. Ihm passierte nur deshalb nichts Ernsthaftes, weil er ziemlich dick war. Danach wurde ich wieder vorsichtiger, wenn ich mit Rechten zu tun hatte.

Die Probleme mit dieser Wehrsportgruppe haben aber scheinbar noch immer kein Ende.

Vom Polizeipräsidium in Frankfurt an der Oder erhielt ich eine Vorladung, von der ich nicht weiß, was ich dazu sagen soll. Am 5. Juli 1994 hatte ich zur Vernehmung zu erscheinen.

«Beschuldigtenvernehmung. Hiemit werden Sie gebeten, in eigener Sache wegen Verbreiten von Kennzeichen verfassungswidriger Organisationen zur Vernehmung vorzusprechen.«

Der Hintergrund ist folgender: Nachdem ich damals telefonische Morddrohungen bekommen hatte, drohte mir der Chef der Gruppe außerdem, er könne auch zu anderen Mitteln greifen, wenn ich keine öffentliche Gegendarstellung abfassen würde. Er wollte dann behaupten, ich hätte alles im Bild gezeigte Material, u.a. einen NSDAP-AO-Ausweis und ein Koppel mit Hakenkreuz, an die Nazis ausgeteilt, um einen »wirkungsvollen« Beitrag zu erhalten. Immerhin, sie wären allerhand mehr Leute, um das bezeugen zu können. Ob ich wohl glaubte, dagegen eine Chance zu haben, schließlich sei ich allein gewesen.

Inzwischen habe ich erfahren, daß die Verurteilung dieser Nazis nichts mit meinem Beitrag zu tun hatte. Sie, besonders der Chef der Gruppe, wurden wegen anderer, länger zurückliegender Delikte verurteilt. Zur Verhandlung wegen der Wehrsportgruppe wird es allerdings erst im Herbst 1994 kommen. Deutsche Gerichtsmühlen mahlen langsam. Zufall?

Bei der Vernehmung in Frankfurt an der Oder bestätigte sich, was ich schon vermutet hatte. Die Nazis beschuldigen mich, ich hätte – es geht vor allem um das Hakenkreuz-Koppel – »Kennzeichen von verfassungswidrigen Organisationen« an sie ausgeteilt. Da hat sich ihr Anwalt, Herr Aribert Streubel aus Berlin, etwas einfallen lassen. Bei der

Vernehmung habe ich von meinem Zeugnisverweigerungsrecht Gebrauch gemacht.

Etwas anderes hat mich dann viel mehr schockiert. Ich dachte ja, es geht hauptsächlich um den NSDAP-AO Ausweis. Der Polizist, der mich vernahm hatte, erklärte mir jedoch: Da die NSDAP-AO in Deutschland noch nicht angemeldet wurde, ist sie demnach auch nicht verboten. Also könne jeder Mitglied in dieser Partei sein oder eben auch öffentlich einen Ausweis dieser Partei zeigen. Ich frage mich, ob die Frankfurter Polizei schon einmal etwas davon gehört hat, daß NSDAP, SS, HJ einschließlich ihrer Nachfolgeorganisationen in Deutschland, entsprechend den Urteilen von Nürnberg und dem § 139 des Grundgesetzes, verboten sind?

Ich werde mich jetzt mit einem Anwalt beraten. Prinzipiell habe ich von der bevorstehenden Verhandlung im Herbst 1994 nichts zu befürchten.

Ein andere Begebenheit wiederum zeigte mir, daß Nazis oft überschätzt werden und die Angst vor ihnen manchmal in reine Panikmacherei ausartet. Bei einem Vorbereitungstreffen von Antifa-, Autonomen- und MigrantInnengruppen gegen das geplante Fußballspiel am 20. April 1994 berichtete einer der Anwesenden von einem Aufruf der FAP, nach dem sich alle Nazigruppen und Parteien an diesem Tag im Olympiastadion versammeln wollten. Das entsprach nicht der Wahrheit. Mich würde interessieren, woher dieser junge Mann seine Information hatte, von der FAP oder einem ihrer Infotelefone jedenfalls nicht.

Die Vorstellung von Außenstehenden, die Neonazis wären perfekt organisiert, stimmt nur teilweise und sollte nicht überbewertet werden. Sicher arbeiten sie schon mit BTX und Mail-Boxen, geben ihre Abschußlisten wie die »Anti-Antifa« oder den »Einblick« heraus. Sie nutzen zwar modernste Technik, sind deshalb aber noch lange nicht unangreifbar. Wie oft ihre Mail-Boxen inzwischen schon von Journalisten »geleert« wurden, kann ich nicht mehr zählen. Nicht nur die Nazis können mit Technik umgehen!

Lisa W., inzwischen zum Kassenwart der NL in Hamburg aufgestiegen, arbeitet noch nicht mit einem Computer. Technik ist eben nichts für die deutsche Frau! Für ihre »Buchhaltung« klimpert sie auf einer Schreibmaschine.

Für eine Frau in ihrem Alter hatte sie schon relativ viele Parteimitgliedschaften hinter sich. Es schien ihr Alter ego zu sein, sich an sogenannte Größen der Szene zu halten und dann auch deren Partei beizutreten. Die Männer waren, von außen betrachtet, ihr politischer Leitfaden.

Auch aus diesen Gründen interessierte mich diese Frau und deshalb, weil ich mit ihr selbst über Michael Kühnen und ihr Verhältnis zueinander reden wollte.

Nach jedem Treffen mit ihr fragte ich mich, ob Lisa W. glaubt, was sie sagt, oder ob sie bewußt lügt. Ich konnte mir nicht vorstellen, daß man die Realität so verdrehen kann, sich eine Scheinwelt aufbaut und vorgibt, alles in ihr wäre wahr. Ich habe auch noch nie eine Frau in diesem Alter erlebt, die so oft und so falsch Fremdwörter und lateinische Begriffe benutzt.

Zur Trauerfeier für Michael Kühnen im Frühjahr 1991 führte sie, ganz in Schwarz, den Trauerzug an. Nach Kühnens Tod hörte und sah man Lisa W. lange nicht auf den Neonazi-Veranstaltungsbühnen.

Gerüchte, sie wäre inzwischen mit Christian Worch, dem Führer der Nationalen Liste aus Hamburg, liiert, bestätigten sich. Im August 1993 war sie dann bei dem von Wunsiedel nach Fulda verlegten Rudolf-Heß-Marsch wieder mit dabei.

Zu erreichen war sie in Hamburg nur über Christian Worch. Der gab beim Telefonat vor, ich hätte ihn in seinem Büro angerufen, und wollte nie genau sagen, ob und wann er Lisa W. erreichen könne. Ein Art des Hinhaltens, die ich schon von Frank Hübner kannte.

Außerdem gibt Worch sowieso nie beim ersten Anruf eine verbindliche Antwort. Immer läßt er sich die private Telefonnummer des Anrufers geben, um dann zurückzurufen.

Erstaunlicherweise kam aber schon am nächsten Tag ein Rückruf. Worch übermittelte mir, daß Frau Lisa W. unter bestimmten Bedingungen bereit wäre, ein Interview zu geben. Er würde einen Vertrag zwischen ihr und mir aufsetzen, den ich, nach Absprache, unterschrieben zum Interview mitbringen müßte. Der Vertrag wäre kein Problem, schließlich, und das wüßte ich ja wohl, sei er juristisch bewandert.

Bei Worchs Redefluß bleibt dem Zuhörer manchmal die Luft weg, Worch selbst scheint keine holen zu müssen. Ich willigte ein, mit einem Vertrag zu arbeiten. Es sollte darin hauptsächlich um die Autorisierung vor der Veröffentlichung gehen. Außerdem dürfe der wirkliche Name von Lisa W. im Buch nicht genannt werden. Sofort mußte ich meine Adresse durchgeben. Als das geklärt war, teilte er mir süffisant mit, daß Frau W. zufällig gerade neben ihm stünde, und er fragte mich, ob ich sie denn sprechen wolle.

Dann eine Stimme, die sehr in den Höhen lag und verdammt jung klang. Wir unterhielten uns kurz. Den Vertrag sprach sie überhaupt nicht an. Sie gab mir ihre Privatnummer und bat mich, den vereinbarten Termin in ein paar Tagen noch einmal telefonisch zu bestätigen. Als ich sie zum Schluß nach ihrem Alter fragte, antwortete sie mir stolz: »Ich bin 23 und schon sechs Jahre dabei.« Es schien ihr unheimlich wichtig, mir das zu sagen.

Ein paar Tage später kam der Vertrag. In einigen Punkten ging es um Konventionalstrafen.

Damit hatte ich nicht gerechnet. Da ich bis zum Schluß allen beteiligten Frauen erzählte, ich hätte noch keinen Verlag für das Buch, mußte ich in eigener Verantwortung mit Worch diskutieren. Dem war das gar nicht so wichtig. Er meinte, der Vertrag wäre ein erster Entwurf, man könne darüber durchaus reden.

Irgendwie entstand bei mir die Vorstellung, daß Worch, vor lauter Langeweile, irgendwelche Verträge aufsetzt, um damit zu bluffen. An einer ernsthaften Regelung durch den Vertrag schien er jedenfalls nicht besonders interessiert.

Ich setzte mit Hilfe des Verlages einen Gegenvertrag auf. Der sollte die Vereinbarungen wegen der Konventionalstrafen außer Kraft setzen. Nun mußte Lisa W. nur noch beide Verträge unterschreiben. Ich hoffte deshalb, daß Worch bei dem Treffen nicht dabei sein würde. Erst einmal verschob sich der Termin. In der Hamburger Wohnung von Lisa W. hatte Inga Preßmer, die ehemalige Verlobte von Wolfgang Heß, versucht, sich umzubringen.

Deshalb sah sich Lisa W. nicht in der Lage, mir zu diesem Zeitpunkt ein Interview zu geben.

Ein paar Wochen später klappte es dann. Mit den beiden Verträgen in der Tasche fuhr ich nach Hamburg. Ich hoffte, daß das Unterschreiben für sie kein Problem wäre, wenn Worch nicht dabei ist! Der war nicht da.

Lisa W. begrüßte mich mit dem Satz: »Sie wissen ja wohl, daß ich die Verlobte von Michael Kühnen war.« Sicher wußte ich. Sie hatte sich ziemlich verändert, trug kurze Haare und war ein bißchen dicker geworden.

In der Wohnung hingen überall Bilder von Kühnen. Eins davon zeigt ihn in einer typischen James-Dean-Pose. Über dem Schreibtisch hing die übliche Landkarte: Deutschland in den Grenzen von 1937. Im Bücherregal standen Unmengen von Ordnern und die gesammelten Ausgaben der »Kampfgefährtin« sowie die HNG-Nachrichten.

Lisa W. war nicht besonders mißtrauisch. Im Gegenteil, sie erzählte gleich los. Ich unterbrach sie und schob ihr die Verträge zu. Das war mir ziemlich wichtig, denn schließlich hing davon ab, ob ich das Interview überhaupt würde veröffentlichen können. Ich hatte keine Lust, mich auf eine unbegrenzte Anzahl von Konventionalstrafen einzulassen.

Lisa W. mußte lachen, als ich von den Verträgen anfing und erklärte, ich wolle eine Ergänzung zum ersten Vertrag haben. »Ja, ja, das ist in Ordnung. Diese Verträge sind ein Steckenpferd von Christian. Für mich ist nur wichtig, daß mein Name in der gewünschten Form erscheint.« Sie unterschrieb, wie ich, beide Verträge, und wir begannen mit dem Interview.

Beim ersten Lesen des Monologs von Lisa W. kamen mir Zweifel. Ihre Beziehung zu Kühnen schildert sie darin teilweise so überzeugend, daß ich mich fragte, ob vielleicht doch etwas Wahres daran sei. Wichtig sind für mich, im Gegensatz zu ihren Erinnerungen, Kühnens eigene Schriften über Homosexualität und Nationalsozialismus sowie seine Äußerungen über eine Frauenpolitik, die ich dem gegenüberstelle. Ich bin der Meinung, daß Lisa W. im Interview versucht hat, Kühnen zu rehabilitieren, ihn zu mystifizieren und ihm außerdem ein Denkmal zu setzen. Sie stellt ihn dar als einen aufrechten, heterosexuellen Kämpfer für ihre politische Sache. Lisa W. versucht sogar, Kühnen zu einem falsch verstandenen Märtyrer zu machen. Es muß ihr viel daran gelegen sein, glaubwürdig zu erscheinen.

Am interessantesten ist für mich dennoch ihre ganz persönliche Geschichte bis hin zu ihrem heutigen Weltbild. Sorgsam war sie darauf bedacht, bei ihren politischen Äußerungen nicht in das juristische Rechtsaußen zu geraten. Eine Strategie, die sie erkennbar von Worch übernommen hat. Auch einige ihrer Formulierungen erinnern an Worchs Sprachduktus.

Insgesamt halte ich Lisa W. für einen neuen Typ Frau in der rechtsextremen Szene. Mit ihrem Anspruch auf Emanzipation und der Forderung nach sozialer Sicherheit kann sie heute sicher eine größere Anzahl Frauen erreichen als Frau Dr. Schaffer mit ihrem Raum- und Rassenwahn.

Lisa W. bei einem Neonazitreffen am 1. Mai 1989 vor dem Polizeipräsidium von Bielefeld
Foto: Gust

Lisa W.
... dreiundzwanzig und schon sechs Jahre dabei

geboren im Februar 1971 in Frankfurt/M., «Witwe», be-
sonderes Kennzeichen: Emanze

*Das politische Bewußtsein bekam ich mit vierzehn. Am 24. Ja-
nuar 1985, da hatten wir einen Fernsehabend gehabt, und ich
bin die einzige gewesen, die wach geblieben ist, die bis zum
Schluß geguckt hat. Das war zu Hause gewesen. Da kamen
dann die Nachrichten, die letzten Nachrichten, und da war
Michael Kühnen zu sehen. Ich kannte ihn vorher überhaupt
nicht. In den Nachrichten hieß es, daß dieser Mensch gerade
verurteilt worden ist zu dreieinhalb Jahren. Da sagte ich mir
dann, also irgend etwas stimmt hier an diesem System nicht.
Nur weil der Mensch sagt, was er denkt, soll er jetzt vier Jahre
hinter Gitter. Das sehe ich nicht ein. Ich spürte Rebellion in mir
und tiefe Verachtung gegenüber diesem System. Was natürlich
noch mit dazu beigetragen hat: Da wir eine große Familie sind,
habe ich von klein auf mitbekommen, wie kinderfeindlich diese
Gesellschaft ist, auch in sozialer Hinsicht.*

*Daß man totale Einbußen verspürt, daß man total benach-
teiligt ist, je mehr Kinder man hat, je größer die Familie ist.*

*Mir war also von klein auf schon bewußt, daß dieses System
nicht das Optimale ist. Dann kam diese Tagesschau. Ich fing
so langsam an, mir Gedanken darüber zu machen. Ich habe
mir gesagt: Dir gefällt dies nicht, dir gefällt jenes nicht. Du
kannst hier nur was ändern, wenn du dich engagierst, damit
es irgendwie richtig läuft. Das waren die ersten Gedan-
kengänge. Es schlummerte und entwickelte sich erst mal nur
in mir. Ich habe mit niemandem darüber gesprochen.*

*Meine Eltern waren seit 1981 geschieden, und mein Vater
führte immer noch die Gaststätte in Frankfurt. Mein Vater
und ich, wir haben nie miteinander gesprochen, telefoniert
oder sonstiges. Wir haben uns nie gesehen. Deswegen war ich*

nie in seiner Gaststätte »Rübezahl«, in der Rechtsradikale, Michael Kühnen und die Neonazis schlechthin, tagten. Die hatten da immer ihren Kameradschaftsabend. Aber das wußte ich nicht, weil ich nie die Gaststätte besucht habe.

Mein Bruder, der hatte mitbekommen, daß ich ein gewisses Interesse habe in dieser Richtung. Dann sagte ich: »Natürlich gehe ich da hin.« Ich habe meiner damaligen Freundin Petra gleich Bescheid gesagt und mich erkundigt, wann, wo, wieso, weshalb, warum. Ich bin dann auch gleich, freitags war das früher immer, sofort nächsten Freitag hingestapft, um mir den Laden mal anzuschauen. Mein Bruder war bis dahin schon privat mit Michael Kühnen befreundet. Die haben sich super verstanden und sind auch ab und zu mal weggegangen, einen trinken. Das war, nachdem Kühnen wieder draußen war, 1988. Da war ich sechzehn, siebzehn.

Wie gesagt, die Anfänge lagen eigentlich schon in dem Moment, wo ich Michael Kühnen im Fernseher gesehen habe. In dem Moment konnte ich mich geistig schon eher in die rechte Richtung einstufen, wobei ich vorher eigentlich gar keine Zielrichtung hatte. Ich meine, mit dreizehn, vierzehn ist Politik auch nicht das A und O, sondern eher uninteressant. Deswegen brauchst du dafür natürlich auch eine gewisse Entwicklungsphase, meine war zwischen vierzehn und sechzehn. Das war jugendlicher Leichtsinn, ein paar Schmierereien, in die Richtung ging das.

Meine Schulfreundin damals, die aus der DDR kam, war totale Antikommunistin. Die hat mir sehr viel von der DDR erzählt, und ich habe ihr dann von unserer sogenannten Demokratie erzählt. Wir haben gegenseitig unseren Staat sozusagen »angepriesen«. Wir waren beide sehr national eingestellt, muß man dazu sagen. Wenn irgendwo ein Hakenkreuz zu sehen war, dann sind wir natürlich hingerannt und haben geschaut, was da steht. Wir haben schon sympathisiert mit sogenannten Neonazis, ohne aber wirklich die ganzen Hintergründe zu kennen. Wir hatten uns auch nicht so dafür interessiert, daß wir gesagt haben, wir schauen uns um, wie's mit Organisationen und sonstigen Gruppierungen aussieht.

In dem Alter, würde ich sagen, stellte es durchaus eine Art von Opposition dar. Aber es war nicht so, daß wir uns dafür wirklich engagieren wollten. Ich war vierzehn. Das war genau zu der Zeit, als ich Michael im Fernseher gesehen hatte. Aber ich hatte mit meiner Freundin, glaube ich, nie darüber geredet.

Das Interesse entwickelte sich dann, bis es so stark war, daß ich mir gesagt habe, ich schaue mich in unserer politischen Landschaft mal um, was die diversen Parteien so vertreten. In den zwei Jahren habe ich auch angefangen, das Parlament zu studieren, wie das mit Etablierten ist, was für Parteien es überhaupt gibt und wer alles eine Partei darstellen darf.

Ich habe mich in diesen zwei Jahren ein bißchen damit befaßt, welche Richtungen es gibt von radikal links über konservativ-liberal bis radikal rechts.

Nach zwei Jahren zog ich dann Bilanz, und das, was mich am meisten angesprochen hat, war die radikale rechte Szene. Auch von dem, was ich bisher an Infos zusammenbekommen, mitbekommen habe. Ich konnte mich dann also ziemlich leicht einstufen. Links war nicht drin, Mitte auch nicht oder konservativ. Daß ich rechts war, das war für mich schon mit vierzehn klar durch mein starkes nationales Bewußtsein.

Alles andere entwickelte sich in diesen zwei Jahren. Mit sechzehn habe ich dann den Hinweis von meinem Bruder bekommen, daraufhin bin ich gleich hingelaufen. Jetzt bin ich fast sechs Jahre dabei.

Meine Brüder waren auch immer alle da. Sie haben sich zwar nicht politisch wirklich engagiert, aber es gefiel ihnen der Tumult und weil sie eben auch alle national eingestellt waren, und schließlich war Michael Kühnen da. Mehr aus diesen Gründen und nicht, weil sie 100%ig überzeugte Rechte waren. Es war eine gewisse Attraktion für sie, aber sie haben nie wirklich angefangen, sich zu engagieren oder zu organisieren. Mein Vater ist national, Nationalist. Und er ist auch nicht begeistert von diesem herrschenden System. Aber er hat sich eigentlich auch nie groß politisch engagiert.

Das Nationalbewußtsein, das in unserer Familie herrschte,

das hatte ich praktisch von klein auf mitbekommen, und das gefiel mir auch.

Das erstemal war ganz toll. Mein Bruder hat mich sofort Michael Kühnen vorgestellt. Dem fiel fast die Kinnlade aus dem Gesicht. Er kannte nun alle vier Brüder, aber er wußte nicht, daß auch ein Mädel da ist. Er war total überrascht: »Äh, ihr habt noch mehr?« Und dann noch ein Mädel!

Persönlich habe ich ihn an diesem Abend als eine sehr fröhliche, lustige, aufgeschlossene Person erlebt, er hat ständig irgendwelche Anekdoten erzählt. Ansonsten habe ich mich einfach nur mal umgeschaut. Ich glaube, ich war auch ein bißchen zu aufgeregt, um so richtig zu verfolgen, was da nun an Reden geschwungen wurde. Noch nicht fein ausgearbeitet, aber die grobe Richtung war mir ja schon bekannt.

Es waren äußerst sympathische Menschen, und da habe ich mir gesagt, da gehst'de das nächstemal auch wieder hin. Das war damals die NS-Zeit, 1988, die Nationale Sammlung. Meiner Freundin gefiel das genauso. Sie wollte beim nächstenmal auch mit. Irgendwie haben ihre Eltern davon Wind bekommen. Der Bruder meiner Freundin hat uns gesehen und daraufhin gleich zu seiner Mutter gesagt: »Ja, die Petra tut da bei den Nazis ....« Meine Freundin und ihr Bruder mochten sich nicht, die haben sich »geliebt« in größtem Maße und haben sich immer gegeneinander ausgespielt, vor allen Dingen er.

Er war so ein arroganter, egozentrischer Widerling. Er ging da hin und prahlte damit in seiner Bekanntschaft, in seinem Freundeskreis: »Ich kenne Michael Kühnen«. Dann hat er noch ein Foto bekommen und hat überall das Foto rumgezeigt. Aber das war reines Showbusiness, absolutes Showbusiness, er war national, aber nicht so stark, daß er sich wirklich politisch manifestieren wollte. Das war es nicht. Es war reines Showbusiness.

Daraufhin gab's natürlich erstmal Zoff. Die Mutter hat in der Familie die Hosen angehabt, sie hatte fürchterliche Angst schon allein aus DDR-Zeiten, Stasi und so. Sie war vorgeprägt und hatte nun totale Panik, daß, wenn die Tochter jetzt

Drei Neonaziführer, links Michael Kühnen, in der Mitte Christian Worch, rechts Thomas Brehl, bei einem »Gautreffen« der rechtsextremistischen FAP in Wewelsburg bei Paderborn (26. März 1988)

Michael Kühnen und Lisa W. in Dresden (20. Oktober 1990)

Fotos: Gust/ZENIT

noch in diese Szene eintaucht, sie observiert werden würden und andere staatliche Repressionen bekämen. Sie hat sich einige Horrorszenarien vorgestellt und fürchterlich geschimpft, wie wir denn daraufkommen. Das tangierte uns nicht im geringsten.

Das Ärgerliche war nur, daß sie dann darauf geachtet haben, wo Petra am Freitagabend war. Der Vater sagte die ganze Zeit nichts. Zwei Wochen später dachte ich, ich sehe nicht richtig, als ich in den »Rübezahl« reinstolziere. Da war Petras Vater mit seinem Sohn, und Petra mußte zu Hause sitzen und durfte nicht. Der Vater selbst ist sogar im selben Jahr noch mit auf den Rudolf-Heß-Marsch gekommen sowie auf andere Parteiveranstaltungen, Parteimitglied wollte er auch werden. Er hat allerdings Angst gehabt und es dann doch nicht gemacht. Das war wirklich lustig.

Petra hat dann fürchterlichen Druck von zu Hause gekriegt. Sie ist nie wieder mitgekommen. Irgendwie bekam sie das Taschengeld gesperrt. Taschengeld war für uns ein und alles, und darauf konnte sie nicht verzichten.

Ich bin stur weiter hingegangen. Meinem Vater fiel erst mal die Farbe aus'm Gesicht, als er mich sah. Der wußte überhaupt nicht, was er sagen sollte. Letztendlich hat er auch nichts gesagt. Nachdem ich ein paarmal da war, fragte er mich: »Was willst du eigentlich bei den Neonazis?« Ich habe darauf nicht reagiert, weil ich wußte ... wie soll ich es ihm sagen?

Wenn ich jetzt eine vernünftige Unterhaltung mit ihm darüber führen wollte, meine Gründe, das, was mich letztendlich dazu animierte, zu schildern, würde ich abgeblockt werden. Er würde dieses Gespräch nicht vertiefen lassen. Meine ganzen Energien, die ich in diesem Moment eingesetzt hätte, wären für nothing gewesen. Außerdem könnte er diese Diskussion gar nicht mit mir führen, weil ich genau weiß, daß ihm früher oder später die politischen Argumente ausgehen würden. Und ich glaube, eher früher als später. Damit wäre das Gespräch geplatzt, und keiner hätte seine Antwort.

Ich bin dann auch ziemlich schnell eingetreten in die NS. Nach einem halben Jahr habe ich mich dazu entschlossen,

habe mir gesagt, mit den Programmpunkten gehe ich eigent-
lich konform zum größten Teil, und das wird jetzt mehr oder
minder meine Richtung sein. Das war ein Entschluß.

Ich habe angefangen, mit vierzehn zu rauchen, und meine
Brüder hatten das meinem Vater erzählt. Ich war dann doch
mal bei meinem Vater, zwei-, dreimal im Jahr. Als ich da war,
hat er zum Beispiel gesagt, was ich absolut verwundernd fand
– ich bin zum Rauchen auf die Toilette – ganz offen: »Du
brauchst nicht ständig aufs Klo zu rennen, wenn du eine rau-
chen willst. Du kannst auch hier rauchen.« Da war ich abso-
lut baff. Meine Mutter hat laufend geschimpft, weil sie es ver-
mutete. Aber daß er auf einmal anfängt, mir zu sagen, was ich
darf und was ich nicht darf, das wunderte mich, und dann
noch in so positiver Hinsicht: »Du darfst.« Da fühlte ich mich
direkt geschmeichelt.

Man kann nicht sagen, daß mein Vater und ich ein feindli-
ches Verhältnis gehabt hätten, das wäre wirklich übertrieben.
Wir mögen uns schon, nur wir sprechen wenig miteinander.

Ich glaube, ich habe nie ernsthaft darunter gelitten. Wenn
der Vater in meiner Familie das einzige männliche Mitglied
gewesen wäre, dann hätte ich darunter gelitten. Ich hatte
meine Brüder, so daß ich auch ein normales Verhältnis zum
Mann aufbauen konnte. Sonst hätte ich wahrscheinlich ein
sehr gestörtes Verhältnis zu Männern schon aus rein psycho-
logischen Gründen.

Wenn du als Einzelkind oder mit mehreren Mädchen auf-
wächst, wenn du von deinem Vater manchmal ignoriert wirst
und auch sonst keinen männlichen Beistand hast, dann
kannst du darunter sehr leiden, sogar neurotisch werden.
Aber ich habe darunter wirklich nicht gelitten. Es war ja kein
Haß. Man kann natürlich sagen, es war Ablehnung. Aber ich
fühlte mich eigentlich nicht abgelehnt, weil ich mich bei ihm
nie angelehnt habe. Je älter ich wurde, desto größer wurde sein
schlechtes Gewissen. Ich hatte immer genug Halt in der Fa-
milie, besonders bei meinen Brüdern. O.k., in der pubertären
Phase dann nicht mehr so. Da schlug's teilweise genau ins Ge-
genteil um.

Das war für mich kein ernsthaftes Problem, weil ich noch nie Probleme hatte, freundschaftliche Beziehungen aufzubauen. Ich hatte immer irgendwie eine beste Freundin oder gleich mehrere oder sogar eine Clique um mich. Ich hatte eigentlich nie Kontaktschwierigkeiten. Ich habe auch eine gewisse Aura.

Ich ziehe Menschen in gewissem Sinne an, auch Tiere und Kinder. Wildfremde Tiere kommen zu mir gelaufen. Wildfremde kleine Mädchen und Jungen laufen hinter mir her statt hinter der Mutter.

Letztens erst, bei meiner Frauenärztin, war eine Französin mit ihrem kleinen Mädel, das war vielleicht drei. Das Mädel schaute mich an und beobachtete mich. Dann lächelst du natürlich mal. Sie war dann fertig mit der Untersuchung, ging raus, und ich ging raus, um eine zu rauchen. Die Mutter hat die Kleine absolut nicht wegbekommen. Die Kleine stand da und guckte nur mich an und lief laufend zu mir.

So etwas passiert mir immer wieder. Oder daß viele Menschen mich zum Beispiel als ihren Seelenklempner benutzen. Ich habe überhaupt nichts dagegen. Wildfremde Menschen kommen auf mich zu und schütten ihr Herz bei mir aus, weil sie das Gefühl haben, weil ich ihnen eben auch das Gefühl geben kann, daß ich Verständnis aufbringe und nachempfinde, mitfühle. Das war schon immer so gewesen bei mir, auch bei meinen Brüdern. Meine Brüder hängen alle sehr an mir, heute noch. Manchmal merkst du es, wenn der eine hier ist, ist der andere eifersüchtig. Es ist wirklich so, wirklich süß.

Damals habe ich mich nicht gleich in Michael Kühnen verliebt. Wenn ich jüngere Mädchen mit älteren Männern gesehen habe, dann habe ich immer gesagt: »Vaterkomplex«, das war das erste, auch ein bißchen abwertend. Mich interessierten ältere Männer nie, und er war ja ein älterer Mann. Fünfzehn Jahre Unterschied, das ist schon eine Menge.

An diesem Abend empfand ich ihn als Mensch sympathisch, aber ansonsten gar nichts. Politisch in Ordnung und respek-

*tiert und alles, aber daß es in dieser Richtung bei mir ein-
schlagen würde, das hätte ich nicht für möglich gehalten.*

*Dann kam die Zeit, in der alle der Meinung waren, Mi-
chael Kühnen bräuchte eine Freundin. Er selbst sagte sich,
wenn ich eine brauche, dann suche ich sie mir schon selbst.*

*Sie wollten ihn schon jahrelang, seitdem er rausgekommen
ist, verkuppeln, und es klappte und klappte nicht.*

*Dann war ich das geeignete Opfer schlechthin. Ich war
jung, hübsch, intelligent, aufgeschlossen und politisch auch
noch dieselbe Richtung. Daraufhin kamen ständig Sticheleien
nach dem Motto: »Ja Michael, du kannst sie ja mal abholen
und heimfahren.« Das war während des Kameradschaftsa-
bends. Nach dem offiziellen Teil hatten wir immer einen
gemütlichen Teil gehabt, und da kamen dann die Bemerkungen: »Na, wie gefällt dir Michael?« Oder sie haben Michael gefragt: »Na, wie gefällt dir Lisa?«, so halt auf die plumpe Art
und überhaupt kein bißchen taktvoll.*

*Irgendwie gibt's auch ein Lied, das über eine gewisse Lisa
gesungen wird. Ich kenne den Text nicht mehr ganz. Ich weiß
auch nicht mehr, wie das Lied heißt. Sobald ich reinkam,
wurde dann das Lisa-Lied angestimmt, und jeder sang:
»Lisa, Lisa.« Mir war das eigentlich immer nur peinlich, weil
ich dann sofort einen roten Kopf bekam. Wenn ich reinkam,
da war das, als ob First Lady reinmarschiert und als ob ich
schon mit Michael liiert wäre.*

*Das war mir eigentlich immer peinlich. Nach vier bis sechs
Wochen nervte mich das eher, daß sie mich verkuppeln wollten.
Ich mochte das nicht, er interessierte mich auch nicht.*

*Als sich das Ganze dann mehr oder minder legte, als sie's
dann aufgegeben hatten, außer die ganz Verbissenen, die Hart-
gesottenen, das war dann auch die Zeit, als ich ins Höllenhaus
gezogen bin, nach dem Rudolf-Heß-Marsch, im August 1988.
Michael Kühnen hatte diesem Haus den Namen »Höllenhaus«
gegeben, weil's auch höllisch zuging darin. Es ging drunter und
drüber, und irgendwie war immer was los, stets Aktion sozusagen, wie man das in dem Alter auffaßt, aufnimmt. Höllenhaus,
das war sozusagen das Führerhauptquartier in Frankfurt 50.*

In dem Haus war eine größere Wohngemeinschaft. Da wohnten Michael Kühnen, Thomas Brehl, Wolfgang Heß, seine Verlobte Inga Preßmer und meine Wenigkeit. Wolfgang Heß hatte mir vorgeschlagen, daß ich doch ins Höllenhaus ziehen könne. Als ich das im ersten Moment hörte, dachte ich: Prima, endlich meine eigene Herrin sein. Das war für mich das Optimale schlechthin, auszuziehen.

Dann habe ich mir das Höllenhaus angeschaut, und da war die erste Begeisterung erst mal ein bißchen verflogen. Wie soll ich sagen? Es war alles sehr chaotisch in dem Haus, und es mußte haushaltsmäßig unheimlich viel gemacht werden. Ich habe schon einiges auf mich zukommen sehen und war nicht mehr so begeistert. Ich bin ein Workaholic, ich kann keine Unordnung sehen.

Dann hat er mir unten mein Zimmer gezeigt, ein schönes, großes Zimmer. Da dachte ich mir, macht ja nichts. Kannst'de eigentlich mal ausprobieren. Wenn's dir nicht gefällt, ziehst'de wieder nach Hause. Innerhalb der nächsten acht Tage bin ich dann ins Höllenhaus gezogen, aber so, daß es zu Hause keiner mitbekommen hat. Ich habe immer ein paar Sachen gepackt, so zwei, drei Tüten, und bin damit zu Hause rausmarschiert, so sang- und klanglos. Wenn ich das meiner Mutter gesagt hätte, hätte sie es mir sofort verboten. In ihren Augen bin ich noch ein Kind und muß zu Hause bei der Mama bleiben, wohlbehütet und um Gottes willen, alles erwachsene Männer, da kannst du doch nicht hin. Halt die total konservative Einstellung.

Deswegen habe ich das so heimlich gemacht. Mit meiner Mutter hatte ich zu der Zeit ein sehr schlechtes Verhältnis, was ich auch mit meiner pubertären Phase in Verbindung bringen würde. Als ich meine Sachen drüben hatte, bin ich zu meiner Mutter gegangen und habe gesagt: »So Mama, ich bin gerade ausgezogen. Das ist meine letzte Tüte.« Und ich habe ihr alles erzählt. Davon war sie natürlich total »begeistert«, und es ging erst mal der Sturm los. Aber was wollte sie machen? Sie mußte sich damit abfinden.

Mit Inga habe ich mich auch ganz gut verstanden. Von der Kleinen war ich begeistert und sehr angetan, weil ich schon

*immer ein Kindernarr gewesen bin. Wenn ich Babies sehe ...
hm, wie ein Magnet zieht's mich an. Im Höllenhaus habe ich
mich dann eigentlich sehr wohl gefühlt, richtig heimisch. Ich
konnte es voll und ganz als mein Zuhause annehmen.*

*Michael und ich fingen an, freundschaftliche Beziehungen
aufzubauen, nicht nur im politischen Sinne, sondern auch
menschlich gesehen. Wir waren uns sehr sympathisch.
Zunächst einmal habe ich Michael als absoluten Optimist
kennengelernt und als sehr lebensfrohen Menschen. Er hatte
auch eine gewisse Aura, er zog Menschen an. Michael besaß
Charisma. Das wird ihm auch von anderen nachgesagt. Dieser Mann hatte eine unglaublich starke Ausstrahlung.*

*Micha war zwar fünfzehn Jahre älter als ich, aber er hatte
diesen jugendlichen Touch. Er war ja überwiegend mit jüngeren Menschen, mit jugendlichen Menschen zusammen,
auch in der Freizeit. Daher hast du diese große Altersdifferenz
eigentlich nicht wahrgenommen. Er hat junge Menschen auch
immer sehr ernst genommen. Natürlich konnte er dann schon
differenzieren, wenn was nicht so ernst zu nehmen war. Aber
die politische Motivation hatte er immer sehr ernst genommen.
Er hat mir nie das Gefühl gegeben: Mädel, du bist doch noch
viel zu jung, um irgendwelche Äußerungen zu machen oder
Meinungen aufzubauen.*

*Wann habe ich mich in Michael verliebt? Er kam mir
manchmal etwas hilflos in den praktischen alltäglichen Dingen vor. Das war das, was ich süß fand, absolut goldig.*

*Er war eigentlich ein Theoretiker. Alles, was mit Praxis zu
tun hatte, da war er ein kleiner Tolpatsch. Davon fühlte ich
mich regelrecht angezogen. Durch das Höllenhaus haben wir
sehr viel Zeit miteinander verbracht. In erster Linie im politischen Sinne, dann aber haben wir gesagt, wir zwei werden
jetzt ein Team im Höllenhaus. Wir tun zusammen einkaufen,
kochen und essen. Also kochen tu ich natürlich, aber das ist ja
egal. Dafür zahlt er dann, weil ich hatte keine finanziellen
Mittel. Wir ergänzten uns. Wir waren ein Team, und Inga
und Wolfgang waren eins.*

Wir fingen dann auch abends gemeinsame Fernsehabende an. Irgendwie war es von beiden Seiten sehr schnell eine tiefe Freundschaft geworden. Man hat sich aneinander gewöhnt.

Er gab mir Geborgenheit und Sicherheit. Auch aus diesen Gefühlen heraus entstand eine Verliebtheit. Ich hatte das Gefühl, ich wollte nur noch mit ihm zusammen sein.

Ich fing dann natürlich langsam an, darüber nachzudenken, wieso überhaupt. Und ich dachte daran, daß mich die anderen ja mit ihm verkuppeln wollten, und fand das auf einmal gar nicht mehr so absurd. Ich habe feststellen müssen, daß ich mich zunächst in ihn verliebt habe und diese Verliebtheit sich dann festigte, indem es wirklich Liebe wurde. Die wahre Liebe, wie man so schön sagt. Silvester '88 auf '89 hatten wir dann unseren ersten Flirt.

Man muß sagen, daß ich, außer zu Michael Kühnen, auch zu Gerald Heß eine tiefe und große Freundschaft aufgebaut hatte, der wohnte in Langen. Bei dem wohnten wir später. Die Freundschaft zu Gerald fing auch schon 1988 an.

Wolfgang Heß war der Hauptmieter im Höllenhaus und hat die Miete nicht bezahlt, aber er hat's uns einfach verschwiegen. Wir gaben uns alle der Illusion hin, daß regelmäßig die Miete eingeht, aber nix da. Als dann die Kündigung vor der Tür stand, haben wir es alle erfahren dürfen. Da war's zu spät. Ich habe noch alle möglichen Energien und Aktivitäten aufgeboten, um dieses Haus zu retten. Aber weil ich ihn nicht dazu bewegen konnte, selbst, einmal wenigstens, präsent zu sein auf'm Amt, halfen meine ganzen Aktivitäten nichts.

Dadurch haben wir es verloren, durch ihn, nur durch ihn. Dann kam die Zwangsräumung, dann der Umzug nach Langen.

Für mich war das Ganze nicht gar so tragisch, weil Gerald mir schon vorher das Angebot gemacht hatte, daß ich zu ihm ziehen darf. Dann haben wir erst mal zu dritt da gewohnt. Dieser Gerald hatte sich in mich verliebt, verliebt ist schon gar kein Ausdruck mehr. Gerald war meine platonische Liebe und Michael alles andere.

Wir drei waren das Trio schlechthin. Jeder war mit dem anderen auch so gut befreundet, daß wir ein Trio waren. Wir wollten natürlich Gerald nicht weh tun, das war auch so 'ne Sache. Deswegen haben wir uns da zurückgehalten. Daß wir mal heiraten, auf den Entschluß sind wir eigentlich Ende 1989 gekommen.

Wir haben immer sehr viel Rücksicht genommen. Gerald wußte natürlich von unserer Beziehung. Wir wollten auf keinen Fall, daß wegen unserer Beziehung die Freundschaft kaputtgeht. Das war immer ein Hin und Her.

Dann haben die Leute auch immer gerätselt, mit wem ich denn überhaupt zusammen sei. Der Hausmeister in dem Haus, in dem Gerald wohnte, der war auch lustig. Der sympathisierte mit uns. Das erstemal fragte er mich: »Du bist doch mit Gerald zusammen, ne?« Ich grinste nur und sagte nichts. Das nächstemal fragte er mich: »Ne, du bist mit Michael zusammen.« Ich grinste nur und sagte nichts dazu. Danach hörte ich das Gerücht, ich wäre mit beiden zusammen. Ich habe das nie groß dementiert, weil mir das einfach zu blöd war. Es ist klar, daß ich keine Dreierbeziehung mache, das war für mich absurd. Wir haben uns alle drei köstlich darüber amüsiert, daß die Leute immer gerätselt haben.

Auf der anderen Seite habe ich mir gesagt, was geht die Leute mein Privatleben an, wer mit wem zusammen ist oder nicht.

Die Verlobung, ja. Gerald haben wir dann 1990 durch Suizid verloren. Er hat sich erschossen. Der Suizid hatte mehrere Aspekte, da will ich eigentlich nicht weiter drauf eingehen. Er war eine Führungspersönlichkeit im hessischen Bereich und politisch absolut engagiert, und das schon über mehrere Jahre hinweg. Das bedeutet etwas.

Er hatte tiefe Depressionen in der letzten Zeit. Das waren Herz-Schmerz-Sachen. Er war auch von der heutigen Gesellschaft enttäuscht. Er empfand so einen Ekel dieser Gesellschaft gegenüber. Es war auch eine politische Verdrossenheit, die ihn zutiefst frustrierte. Darunter hat er richtig gelitten. Gerald war, wie ich, ein hypersozialer Mensch. Er hat sich zu sehr mit den Problemen anderer befaßt, das ging ihm zu nah.

Bei Gerald paßte der Spruch, wie auch bei Michael später, die Besten müssen als erste dran glauben. Und die es schon längst verdient hätten für das, was sie anderen Menschen jahrzehntelang antun, die werden hundert Jahre alt. Das alte Spiel. Das hat uns beide natürlich zutiefst getroffen.

Um mich irgendwie aufzubauen und mir eine gewisse Zukunftsperspektive zu geben – mein erster Gedanke war, jetzt machst du auch Schluß, das verkraftest du nicht –, fing Michael an: »Jetzt müssen wir uns erst recht zusammenraffen« und baute mich halt auf.

Dann hat er ein halbes Jahr später um meine Hand angehalten, mich nach altem Brauch gefragt, ob ich ihn heiraten wollte. Da stand der Heirat nichts mehr im Wege.

Wir hatten uns auch schon geeinigt, daß wir im April 1991 heiraten wollten. So kam dann die Verlobung zustande, aber wir haben das nicht groß rausposaunt. Nur die Leute, mit denen wir tagtäglich zu tun hatten, denen hatten wir das gesagt, wir haben auch nicht gefeiert. Es war zwar ein halbes Jahr her, seitdem sich Gerald erschossen hatte, aber wir fühlten uns nicht nach feiern.

Gerald hat sich am 26. Juli 1990 erschossen. Damals hatten wir 'ne Wohnung in der südlichen Ringstraße in Langen gehabt. Davor haben wir ja bei Gerald in Langen gewohnt. Die Wohnung habe ich im Oktober 1990 verloren. Daraufhin sind wir als Übergangslösung zu Wolfgang Heß und Inga Preßmer in die Wohnung gezogen. Im Dezember haben wir von dem Haus gehört, und im Januar haben wir dann das Haus bekommen. So sind wir in Thüringen gelandet.

Ich hatte jahrelang, bzw. Michael und ich hatten jahrelang das Problem, eine Wohnung zu finden bzw. auch bezahlen zu können. Bei Gerald Heß war es ein 1-Zimmer-Appartement, und da war natürlich kaum Raum zu dritt. Da konzentrierten sich meine Aktivitäten auf die Wohnungssuche und auf den politischen Bereich. Ich war ja eigentlich immer auf Achse gewesen. Man hatte auch nirgendwo sein festes Domizil gehabt, das war auch eine Anmeldesache.

Michael Kühnen und rechts neben ihm mit langen Haaren Lisa W. auf dem Grün-
dungsparteitag der »Deutschen Alternative«, Sektion Ost, am 7. Juli 1990 in Kieke-
busch bei Cottbus

Kühnen, Lisa W. und andere Neonazis bei der Ankunft auf dem Dresdner Hauptbahnhof zu einem gemeinsamen Marsch durch die Innenstadt (20. Oktober 1990).
Kühnen verhandelt mit einem Polizeioffizier.

Fotos: Gust/ZENIT

Michael hat nur politisch gearbeitet, denn kein Arbeitsamt der Welt konnte ihn vermitteln. Das war der eine Faktor, und der andere war, daß es politisch ein Vollzeitjob war, rund um die Uhr. Es war viel zu wenig Zeit, um noch einer anderen täglichen Arbeit nachkommen zu können.

Ein paar ältere Leute, die finanziell ganz gut dastanden, die haben ihm durch private Spenden unter die Arme gegriffen. Da wurde natürlich strikt differenziert, was politisch und was privat ist. So hat er sich finanziell über Wasser gehalten. Ich hatte mir Sozialhilfe geholt, denn von irgend etwas muß man ja leben. Es ist natürlich zu wenig zum Leben, zu wenig zum Sterben.

Ich kann eigentlich sehr gut wirtschaften, aber da hörte das dann innerhalb der dritten Woche auch auf. Insofern haben wir uns immer wieder ergänzt.

Diese Lehre als Kinderpflegerin, die ich 1992 angefangen hatte, habe ich eigentlich nur aus psychologischen Gründen begonnen, weil ich was fürs Herz brauchte. Ich mußte mich irgendwie seelisch aufbauen. Ich wußte, so komme ich nicht voran, und irgendwo mußt du ja auftanken können. Da fiel mir die Arbeit mit Kindern ein. Ich hatte mal ein Praktikum im Kindergarten gemacht. Die Erzieherinnen waren absolut begeistert von mir und hatten gesagt, ich solle unbedingt Kindergärtnerin werden.

Ich hatte von damals noch in Erinnerung, daß das sehr aufbauend war und daß es mir wirklich Kraft gegeben hatte. Obwohl es ein Beruf ist, der auch Kraft kostet. Aber im psychologischen Sinne hielt ich es für das beste, ich habe mich sozusagen selbst therapiert.

Dann kam der Knick. Dadurch habe ich jetzt wieder ein Jahr verloren und hänge bis August rum. In meiner Klasse war eine Kommunistin oder Anarchistin. Sie selbst konnte sich politisch gar nicht richtig definieren, weil sie das Grundwissen dazu gar nicht hatte. Sie selbst meinte zwar, es zu haben, aber laut ihren Äußerungen konnte sie sich gar nicht definieren. Ich habe sie nämlich mal darauf angesprochen: »Was bist'de denn nun?«, weil da das Anarchiezeichen war und da

»Es lebe der Kommunismus«. »Bist'de nun beides, oder was bist du denn nun?«

Die hatte mich dummerweise am ersten Tag schon am Gesicht erkannt. Ich habe ein Gesicht, dummerweise merkt man sich das schnell. Kein alltägliches Gesicht, habe ich mir sagen lassen. Sie hat mich am Gesicht erkannt, und das nächste war der Name, da klingelte es. Bei den Linken ist es ja so, wenn die unterwegs sind auf 'ner Aktion, dann tun die die Fahrt dazu nutzen, Aufklärung zu betreiben. Dann gehen des öfteren so 'ne Steckplakate rum mit Gesicht, Name und Adresse, je nachdem, was sie für Infos haben. Darauf war ich auch schon, auf Fahndungsplakaten, Steckbriefen oder wie auch immer man das nennen mag. Dadurch kannte mich dieses Mädel. Politisch gesehen war sie gar nicht so weit vertraut mit der ganzen Szenerie, weder mit links, geschweige denn mit rechts.

Sie hatte von Anfang an großen Respekt vor mir, ohne daß ich jetzt irgendwelche dummen Sprüche gebracht habe. Sie hat durchaus gekuscht in der Zeit, in der ich da war.

Zwischendurch hat sie mal den Ruf reingebracht: »Nazi.« Ich hatte sie dann ziemlich schnell mundtot gemacht, weil sie überhaupt nicht logisch argumentieren konnte.

Dann hatte ich das Pech, daß ich dreimal hintereinander im Krankenhaus gelandet bin. Zuerst war ich Sturmopfer. Da fehlte ich vier Wochen. Da hat sie meine Abwesenheit genutzt, um erst mal einige Schüler andeutungsweise über mich aufzuklären, mehr hatte sie sich noch nicht getraut. Als ich das drittemal fehlte, das drittemal im Krankenhaus war, das war im zweiten Halbjahr, da hat sie's dann voll angepackt.

Sie hat die Lehrer aufgeklärt. Ich war in der ganzen Schule Gesprächsthema Nummer eins, die Attraktion schlechthin. Ich wußte von allem nichts, sondern bin in die Schule gegangen und wunderte mich: Was gucken mich die Leute so an? Hast'de jetzt 'ne Paranoia oder was?

Ich meine, wenn du jahrelang bei uns in der radikalen Szene tätig bist, kriegst du schon ab und zu so einen Anfall von Paranoia. Ich habe natürlich auch erst gedacht, es wäre Paranoia, war aber keine, wie sich dann herausstellte. Eine *gute Freundin aus der Klasse erzählte mir, was hinter meinem Rücken alles lief. Die hatte mich als Schlägerweib hingestellt und schlimmste, übelste Nazi. Am besten, ich gehöre noch dazu und zünde irgendwelche Asylantenheime an.*

Ich selbst habe erst mal eine Klassendiskussion durchgeführt, habe Fragen an mich richten lassen. Die Möglichkeit hat mir mein Lehrer gegeben. Ich habe auch ausländische Mitschülerinnen gehabt, und die hatten jetzt Panik vor mir. Da mußte ich die erst mal aufklären. Nach diesen Diskussionen hatte ich eigentlich wieder Fuß gefaßt in der Klasse. Die fanden das auch alle toll, daß ich offen damit umgehe, daß ich keine Mitläuferin bin und daß ich mich politisch definieren kann. Gut, das meiste haben die meisten so und so nicht verstanden, aber was soll's.

Dann hatte ich natürlich, war ja nicht zu umgehen, einige Diskussionen mit meinem Direktor, absolut kontrovers. Der war sehr von mir beeindruckt, dadurch auch, daß ich mich eben politisch definieren konnte, keine Mitläuferin bin. Bei den Lehrern hatte ich eigentlich wenig Abneigung gespürt. Die Lehrer waren von mir angetan, weil ich eine der Klassenbesten war.

Ich habe durch meine Anwesenheit auch viele mitgezogen im Unterricht.

Meine Politiklehrerin ist natürlich ins Kreuzfeuer gekommen. Sie hat mir in Politik immer eine Eins gegeben. Das ging gar nicht anders, das hatte sie selbst gesagt. Die sagten sich natürlich: »Moment mal! Die hat von Anfang an eine Eins gekriegt in Politik? Das ist doch 'ne Rechte. Wie kann das denn angehen?« Dann kam also die Lehrerin noch ins Kreuzfeuer, das fand ich natürlich sehr unangenehm, denn diese Frau habe ich sehr geschätzt.

Der Direktor hat gesagt, er sehe eigentlich keine Probleme. Ich habe ihn aber von vorneherein aufgeklärt, daß er mir, rein juristisch, gar nichts kann. Er kann mich nicht von der Schule oder von der Arbeit fernhalten.

Dann wollten sie mich unter Druck setzen. Das war Mobbing, Psychoterror. Damals habe ich mir sogar noch ein Buch über Mobbing gekauft.

Das sah so aus, nach dem Motto: Wenn du nicht freiwillig gehst ... Das haben sie mir durch die Blume gesagt und nie direkt ausgesprochen. Konnten sie, durften sie, wollten sie nicht. Sie haben auch gemeint, ich würde einige Probleme im Kindergarten kriegen. Zumal die stellvertretende Kindergartenleiterin war Jüdin. Der Heimleiter wußte, wer ich bin, der kannte mich durchs Fernsehen, aber hat mich nie drauf angesprochen.

Ich bin stur geradeaus. Ich habe mir gesagt, das lasse ich mir nicht gefallen, denn wenn ich's mir gefallen lasse, machen sie's mit allen anderen auch.

Dann hatte ich das große Pech, daß ich mir die Tonsillitis habe entfernen lassen müssen – oh, Enschuldigung, das sind Mandeln – wegen akutem Drüsenfieber. Man sagt auch Studentenfieber. Das konnte sich nicht aufschieben lassen, ich mußte sofort wieder ins Krankenhaus. Diese acht Tage Krankenhausaufenthalt haben mir das Genick gebrochen. Das war das, worauf sie gewartet haben, der i-Punkt. Damit konnten sie mir vorhalten, daß ich in den Unterrichtsfächern 50 Prozent gefehlt habe. Ich war entschuldigt, aber das zählte nicht.

Von dem, was ich geleistet habe, hätten sie mich durchgehen lassen müssen. Ich hatte ja keine Probleme. Ich hatte zwar gefehlt, aber ich stand immer noch ganz oben.

Die haben auch gesehen, daß ich, was ich verpaßt oder nicht gewußt habe, daß ich mir dazu die Infos eingeholt habe, auch als ich im Krankenhaus war.

Erst hintenherum erfuhr ich, daß mein lieber Direktor Kommunist war, und zwar überzeugter, jahrelang. Deswegen mußte er mich natürlich auch abschießen. Er hat auch Druck von oben bekommen. Es waren noch ein paar andere Punkte. Die wußten zum Beispiel, daß ich die Verlobte von Michael Kühnen und daß ich DFF-Führerin war. Dazu habe ich mich auch bekannt.

Die Spaltung der FAP war 1986. Das ganze Thema habe ich schon so oft durchgekaut. Die Broschüre »Nationalsozialismus und Homosexualität« habe ich u.a. da. Ich habe sie selbst

auch gelesen, versteht sich. Das wahre Problem bestand darin,
daß die relevanten Aussagen der Broschüre zweideutig waren.
Die meisten Aussagen in dieser blöden Broschüre, was habe
ich sie gehaßt, die waren vieldeutig. Die konntest du so oder so
auslegen. Wenn du voreingenommen bist gegenüber dem
Thema Homosexualität, ist es überhaupt keine Frage. Und
wenn du irgendwelchen Neid oder sonstiges gegen diesen
Autor hast, dann ist es natürlich keine Frage, daß du das
falsch interpretierst.

Genau das war's auch. Ich hatte einige private Diskussio-
nen unter vier Augen mit Michael gehabt. Er hat es auch ein-
gesehen. Diese Broschüre war aus einer Trotzphase heraus
entstanden. Es war ja auch ziemlich hinterlistig. Er saß im
Gefängnis, konnte praktisch nichts machen, und draußen fin-
gen auf einmal Möchtegerne wie Mosler, Heidel, Swierczek
und Busse an, wollten die Führung übernehmen, alles andere
absetzen, putschen. Sie brauchten ein Machtwerkzeug.

Das ganze Thema Homosexualität fing mit Thomas Brehl
an. Der Mann ist ja wirklich homosexuell, und dazu war er
der Stellvertreter von Michael. Michael tolerierte das. Toleranz
war das, was diese Personen, die sogenannten Putschisten in
meinen Augen, gegenüber Homosexuellen nicht aufbringen
konnten. Zuerst ging es nur gegen Thomas. Michael hat sich
dann schützend vor Thomas gestellt, weil er es nicht eingese-
hen hat, weder politisch noch menschlich.

Daraufhin hieß es natürlich, wenn er sich vor Thomas stellt,
muß er auch schwul sein. Außerdem hatte er auch Kontakt zu
Michael Caignet, keine Freundin, nicht verheiratet, das paßte
alles wunderbar ins Bild. Damals hatte er in der Haft diese
Broschüre geschrieben. Das war mehr oder minder aus Trotz.

Sie müssen sich das vorstellen: Ihnen sind die Hände ge-
bunden, und Sie werden attackiert und können in dem Mo-
ment gar nicht so, wie Sie wollen. Wenn er draußen gewesen
wäre, wäre das nicht passiert, dann wäre es so weit gar nicht
gekommen. Davon bin ich überzeugt.

Nichtsdestotrotz denke ich natürlich, daß sie trotzdem ver-
sucht hätten zu putschen.

Wir haben offen darüber gesprochen. Ich habe ihn auch ge-
fragt, bevor wir zusammen waren, ob er homosexuell sei. Da
hat er nein gesagt. Das hatte sich ja auch in dem Moment be-
stätigt, als er mit mir eine Partnerschaft anfing. Er konnte
gar nicht homosexuell sein.

Die haben natürlich alle gedacht, das wäre eine Scheinliai-
son, das ist klar. Als Außenstehende, wenn du das von -zig
Seiten hörst, dann habe ich es manchmal ziemlich schwer, da-
gegen anzuhalten, zumal jetzt Michael nicht mehr da ist. Jetzt
bin ich nur noch da. So war das auch im nachhinein.

Die Krankheit war schlechthin der Beweis. Homosexualität
und AIDS, das ist leicht in Verbindung zu bringen. Mittler-
weile ist alles ein bißchen besser aufgeklärt. Die Medien haben
vorher gut dafür gesorgt, daß diese Krankheit nur den Ho-
mosexuellen zugeschrieben wurde. Als ob das eine Krankheit
ist, für die Homosexuelle geradezu prädestiniert gewesen
wären.

Die Deutsche Frauenfront hatte einen Vorläufer, das war ein
Mädelbund. Der hieß Deutscher Mädelbund. Michael hatte
1977 angefangen, Politik zu betreiben. Ende der 70er oder An-
fang der 80er wollte Michael unbedingt, daß wir auch einen
Mädelbund haben.

Daraufhin wurde dann der Mädelbund gegründet.

Vom Mädelbund kam die Deutsche Frauenfront, die DFF.
Die DFF fing an, »Die Kampfgefährtin« herauszubringen.
Das ist eine Monatszeitschrift gewesen, aber die gibt's nicht
mehr. Die letzte habe ich gemacht.

Ich war NS-Mitglied. Zu der NS-Zeit, da gab's in Hessen
überhaupt nichts, keine Frauenpartei, keine autonome. Ur-
sula Worch hatte dann auch das Amt der DFF-Führerin nie-
dergelegt. Das hatte zum einen private Gründe und zum an-
deren auch berufliche. Sie hat ständig die Jobs gekündigt
gekriegt, weil sie zu bekannt war.

Danach ruhte die DFF. 1989 fing Michael schon an, mir
ans Herz zu legen, ich solle doch die DFF übernehmen. Ich
hatte aber überhaupt kein Interesse. Ich habe gesagt, in der po-

litischen Phase, in der wir uns damals befunden haben – in der heutigen Zeit gilt das übrigens auch noch, von meiner Betrachtung aus –, fand ich es verfrüht, mit diesen wenigen Frauen eine Opposition, eine deutsch-alternative Opposition darzustellen. Ich habe mir gesagt, in dieser Phase ist es uninteressant, da braucht man nicht zu differenzieren, Männlein oder Weiblein. Da ist jede Unterscheidung überflüssig, weil es sowieso ein Kampf ist, der zusammen geführt wird. Das Potential, was wir an vorhandenen Frauen haben, das ist mir auch zu gering.

Ich biß da erst mal überhaupt nicht an. Und er, zäh, wie er war, hat stets wieder nachgebohrt. Nach Geralds Tod mußte irgend jemand seine Arbeit übernehmen, das machte ich.

Dann ging das nach dem Motto: Wenn ich das schon mache, dann kann ich das auch noch machen. Vorweg ging noch ein Gespräch mit Kameradinnen. Ich habe gesagt, ich erkläre mich nur dazu bereit, wenn ich genug Kameradinnen um mich scharen kann, wenn ich genug Ansprechpartnerinnen in unseren Kreisen finde. Ganz verwundert war ich, denn da habe ich bei uns in Hessen die Kameradinnen gefragt, und alle wollten es. Ich habe vielleicht so was von blöde in die Wäsche geschaut. Jede wollte es, da fing ich dann an, das war 1990 gewesen. Ich hatte ein Zeltlager gemacht, bin nach Berlin gereist und ähnliches. Allerdings hielt das alles nicht lange an.

Ich legte die erste Pause zwangsläufig in Thüringen ein. Danach war so und so alles egal. Es hat mich alles nicht mehr interessiert. Ich habe auch keine Kontakte mehr gepflegt. In den ersten eineinhalb Jahren bin ich fast nirgends zu sehen gewesen. Dann bin ich nach Hamburg gezogen und in die Nationale Liste von Christian Worch eingetreten.

Politisch war Christian Worch für mich schon immer relevant, und privat ist er es dann geworden. Er und seine Frau, allerdings leben sie mittlerweile in Scheidung, haben sich nach dem Ableben von Michael wirklich rührend um mich gekümmert.

Ich habe ihn eigentlich erst richtig kennengelernt nach Michaels Tod. Vorher kannte ich ihn nur vom Sehen und

Hören, förmliche Begrüßung und ein paar nette Worte, aber ansonsten kannte ich ihn eigentlich nicht.

Ich habe mir auch immer gesagt, dieser Mann hält sich gut auf Distanz. Meine Erfahrung ist, um so härter die Schale, um so weicher der Kern. Das ist kein leerer Spruch. Es trifft auf ihn zu. Er ist ein absolut liebenswürdiger Mensch. Da könnten sich einige eine Scheibe abschneiden. Er ist nicht chauvinistisch. Er ist ein absoluter Intellektueller. Er ist sehr bewundernswert. Der hat ein Know-how! Er belehrt mich fast immer wieder. Irgendwie kommt immer wieder was dazu, was ich noch nicht wußte. Ich partizipiere natürlich auch davon. So war es früher bei Michael, und so ist es bei ihm.

Michael war auch ein Intellektueller, kein Zweifel. Christian ist auf dem besten Weg dorthin.

Man muß sich nur mal einige Gerüchte anhören oder einige Zitate von Polizeibeamten oder Urlau[39], wie er über Christian Worch spricht. Die haben schon Respekt vor ihm.

Und sein Auftreten nach außen hin: distanziert, absolut selbstsicher und autoritär, das ist genau das Richtige. Es ist auch ein Muß, politisch gesehen. Du mußt dich durchsetzen können.

Es ist ein Kampf. Es ist ein wirklicher Kampf, den wir führen. Man muß sich nur mal reinziehen, zum Beispiel Christian oder vorher Michael – insofern spreche ich von beiden, denn es sind beides Führungspersonen –, deren Leben, deren Alltag ist ein wirklicher Überlebenskampf. Er ist auch schon überfallen worden. Er muß ja jeden Tag damit rechnen, überfallen zu werden. Jedesmal, wenn wir auf 'ne Demo gehen, muß er mit dem Schlimmsten rechnen.

Die Linken sind ja ziemlich phantasievoll. Die lassen sich schon einiges einfallen, so ist es ja nicht. Es fängt damit an, daß vor kurzem irgendein Linker in der AOK war und mitbekommen hat, daß Christian dort versichert ist, daraufhin den Ärzten eine Notiz zukommen ließ, wer er überhaupt ist. Daraufhin mußte er den Arzt wechseln.

Mit den kleinen Dingen des Alltags fangen die an. Das ist Psychoterror.

Ich sehe mich als Nationale Sozialistin. Ich bin aber auch gleichzeitig, was manchmal nicht so zu vereinbaren ist für manche Leute, durchaus emanzipiert, allerdings nicht radikal emanzipiert. Ich versuche das für mich, privat, in Einklang zu bringen. Es ist klar, jeder hat irgendwo ein ganz individuelles Weltbild, und du kannst nie mit allen Programmpunkten konform gehen. Das ist immer so.

Da habe ich einige Probleme manchmal, weil wir durchaus Chauvinisten bei uns rumrennen haben. Die sind der Meinung, unsere Ideologie vertritt gleichzeitig den Chauvinismus. Dadurch reiben wir manchmal aneinander mit diversen Kameraden. Auf der anderen Seite, was mich eben tröstet, egal, in welche politische Richtung es geht, man findet in jedem Verein Chauvinisten.

Wir haben derzeit keine politische Opposition, also mir ist keine bekannt – ich rede jetzt nicht von uns als Rechte –, die emanzipiert ist, die aber auch die Möglichkeit hätte, durchzukommen mit diesem Harte-Fronten-Kurs. Wir leben nun mal im Patriarchat, und da geht es nicht von heute auf morgen. So was kann man nicht ändern. Man sehe sich die 68er Welle an. Ich meine, es ist für uns durchaus positiv, wir profitieren, partizipieren davon. Ich muß zum Beispiel nicht, wenn ich mit einem Mann liiert bin, eine Beziehung haben, verlobt, verheiratet sein. Die 68er haben schon was gebracht, es war ein radikaler Einschnitt. Aber du kannst jetzt nicht, wie einige radikale Emanzen es sich vorstellen möchten, dich der Illusion hingeben, daß du das Patriarchat stürzen könntest in den nächsten Jahren. Das dauert Tausende von Jahren.

Dieser Illusion gebe ich mich gar nicht erst hin. Sonst wäre es früher für mich auch möglich gewesen, in so einer Gruppierung zu landen. Das wäre durchaus möglich gewesen. Nur, dieser Illusion habe ich mich nie hingegeben. Ich weiß auch nicht, ob das das Wahre ist, das Matriarchat. Ich bin mir da nicht so sicher. Ausprobieren würde ich es, wenn ich die Möglichkeit sehen würde, es selbst mitzuerleben.

Ich bin sogar davon überzeugt, wenn die Frauen das politische Weltbild prägen würden, daß wir viel umweltbewußter le-

Lisa W. und Peter Hübner (Bruder von Frank Hübner) tragen beim Marsch durch die Innenstadt Dresdens (20. Oktober 1990) eine Reichskriegsflagge

Ursula Worch, Anführerin der »Deutschen Frauenfront«, »Nero« Heinz Reisz, Anführer von »Deutsches Hessen«, und Thomas Hanke, Anführer der »Halleschen Deutschen Jugend«, bei einer Neonazidemonstration am 9. November 1991 in Halle/Saale

Fotos: Gust/ZENIT

221

ben würden, eine soziale Gerechtigkeit herrschen würde. Wenn die Geschichte umgekehrt gewesen wäre – es herrschte ja überwiegend Patriarchat –, wäre unsere Gesellschaft heute mit Sicherheit nicht so dekadent, nicht so umweltfeindlich.

Dieses Bild, daß der Mensch sich über alles stellt, hat der Mann geschaffen, geprägt – und nicht die Frau. Ich bin davon überzeugt, wir hätten einige Kriege auslassen können, wenn Frauen an der Macht gewesen wären. Das ist alles geschichtlich, und man kann nichts mehr dran rütteln und nichts mehr ändern. Ich will auch keine Männerhasserin werden. Auf der anderen Seite sage ich mir, bis zu einem gewissen Grad trägt die Frau ihren Anteil daran. Es wurden ja auch Kriege wegen Frauen geführt.

Ich bin frauenbewußt, sehr selbstbewußt, unabhängig. Ich bin dafür, daß die Frau jederzeit das Recht auf Unabhängigkeit hat. Ich bin für Gleichberechtigung, für die totale Gleichberechtigung, auch im Beruf. Nicht so, wie es heute ist und wie es immer, fast immer war, sondern auch in beruflicher Hinsicht.

Ich bin zum Beispiel auch, was wieder in meine politische Richtung paßt, dafür, daß Hausfrau, ein knochenharter Job, wieder als ein Beruf, eine Arbeit anerkannt wird, daß Hausfrauen dafür vom Staat bezahlt werden. Früher war Hausfrau zu sein auch anerkannt. Wenn du Kinder hast, hast du gar keine Zeit, einer geregelten Arbeit nachzugehen, weil du eine geregelte Arbeit zu Hause hast.

Wir leben auch, was ich mit Dekadenz meine, in einer Klassengesellschaft. Wenn du jetzt sagst, du bist Hausfrau, was meine Mutter z.B. ihr Leben lang war, dann bist du gleich unterste Rangstufe, dann wirst du gleich abgewertet. Wenn du aber herkommst als Direktorin oder Doktorin, dann bist du schon eine Kategorie weiter oben.

Ich bin totaler Kindernarr. Aber bevor ich Kinder in die Welt setze, möchte ich beruflich ganz weit hinaus, studieren und mich weitmöglichst qualifizieren. Wenn natürlich zwischendurch ein Kind kommt, dann würde ich erst mal zurückstecken beruflich, aber ich könnte das dann im nach-

hinein sicher aufarbeiten. Es würde mich nicht von meinem beruflichen Weg abbringen. Ich brauche Herausforderungen, auch auf der mentalen Ebene, und ich bin ehrgeizig. Ich habe das langsam wiedergewonnen. Irgendwas muß dich ja voran- treiben.

Bei mir ist es mittlerweile so, daß ich einen gewissen Ehr- geiz wiederentwickelt habe, den ich eine Zeit lang verloren hatte und der sich jetzt hauptsächlich auf das Berufliche kon- zentriert.

Was frustrierend war, das war das mit dem Kindergarten. Daß ich ein Jahr nichts gemacht habe, das war ziemlich ab- bauend, aber im August fange ich wieder an.

Eine Nationale Sozialistin im politischen Sinne heißt: An er- ster Stelle steht die eigene Nation. Das ist, glaube ich, absolut treffend ausgedrückt. Daß ich zuerst mein Volk vor Augen habe, bevor ich mich um irgend etwas in politischer oder so- zialer Hinsicht bemühe.

Ich bin der Meinung, wir haben in Deutschland genug eigene Probleme. Bei uns gibt es Hungersnot, es gibt Obdach- losigkeit, die Kriminalität wächst. Dieser ganze Drogenkon- sum, der bei uns einbricht. Wir haben so viele Probleme, auch multikulturell bedingt. Da sehe ich es nicht ein, daß wir noch hergeben sollen und uns um andere Nationen, um Probleme von anderen Nationalitäten kümmern.

Wir haben politische Probleme bis oben noch. Ich bin der Meinung, daß man in erster Linie die deutschen, die eigenen Interessen verfolgt. Wenn ich imstande war oder bin, die In- teressen meines Volkes voll und ganz zu vertreten, also daß al- les läuft in meinem Land, dann bin ich durchaus bereit, auch in anderen Ländern zu helfen, in denen Hungersnot herrscht.

Ich bin der Meinung, die Demokratie macht das falsch. Sie läßt sozial schwache Menschen rein, hilft aber in dem Moment gar nicht dem Land und dem Volk. Es sind einzelne, die es ge- schafft haben, die das Privileg haben, nach Deutschland kom- men zu können, überhaupt so weit zu kommen.

Wenn jetzt ein Pole herkommt, helfe ich diesem einzelnen

Individuum, diesem Polen, dann ist ja klar, daß einige andere auch versuchen werden, diesen Weg zu gehen, anstatt sich aber zu überlegen, warum in Polen Wirtschaftskrise, Hungersnot, Gewalt- und Drogenprobleme, Kriminalitätsprobleme herrschen. Es herrscht praktisch Anarchie. Was mache ich denn, um wirklich zu helfen?

Wenn ich dem Individuum helfe, locke ich die anderen rein, dann helfe ich einigen wenigen. Die anderen, die's nicht schaffen, bis hierher zu kommen, die verhungern. Also will ich doch, wenn schon, denn schon, das Richtige machen und helfe dem Volk. Diesen Leuten kannst du letztendlich nur helfen, wenn du hilfst, eine Wirtschaft aufzubauen. Du mußt diesen Leuten schnell beibringen, daß es nichts bringt, zu flüchten, denn es sind immer welche, die hinten auf der Strecke bleiben.

Man muß die Ursache bearbeiten und nicht alle Kränkeleien drumrum. Das machen wir nämlich nicht in dem Moment, wenn wir sie reinlassen. Wir müßten von uns gelehrte Leute rüberschicken, um denen zu zeigen, wo es langgeht, auf deutsch gesagt. Nicht, um sie zu unterdrücken, sondern um ihnen zu helfen. Wenn die sich dann stabilisiert haben, brauchen sie unsere Leute nicht mehr.

Wenn man im eigenen Land immer noch gut steht, kann man sich dann wieder einem anderen Land zuwenden. So stelle ich mir das politisch vor. Das nenne ich ein nationales Bewußtsein. Ganz oben stehen unsere eigenen Bedürfnisse und Belange. Die stehen im Vordergrund, und alles andere muß im Hintergrund stehen. Danach können wir darüber reden, wem wir helfen, wo wir helfen, wie wir helfen. Vorher sehe ich das nicht ein.

Ich meine, das sind nicht wir, das ist nicht das Volk, die diese Leute holen, sondern die Regierung. Die legen uns ins Wort, daß wir, das gesamte Volk, daß wir die geholt hätten. Das stimmt gar nicht. Schon wenn man sich anschaut, wie viele Nichtwähler wir prozentual haben. Jeder Dritte z.B. wird doch überhaupt nicht gefragt. Wir sind überlastet.

Der Drogenkonsum, die Kriminalität, die nimmt überhand, die überläuft uns. Der ganze Drogenkonsum, die ganzen Drogen sind vom Ausland hier reingekommen. Es ist nun mal so. Diese Leute bringen Probleme mit rein.

Ich halte diese Regierung, die Demokratie überhaupt nicht für fähig, das zu ändern. In dem Moment, wo sie anfangen würden, den Zuzugsstopp oder die Zurückführung der hier lebenden Asylanten, Ausländer voranzutreiben – man kann ja differenzieren und kann sagen: nur die Asylanten –, wäre das ein Schuß nach hinten. Ihre eigenen Paragraphen, ihre eigenen Gesetze hindern sie daran. Wenn sie daran rumdoktern, was sie seit einem halben Jahrzehnt aktiv tun, um so mehr Gummiparagraphen entstehen daraus, um so mehr Widersprüche findest du im eigenen Gesetzbuch. Sie würden das, rein juristisch, gar nicht schaffen. Sie müßten jeden Tag ein neues Gesetz einführen, um das auch nach außen vertreten zu können.

Sie tun das auch ständig durch die Medien – die Medien sind das Machtwerkzeug, das Werkzeug der Politik, der Demokratie, in dem Sinne, weil sie derzeit hier herrscht –, sie geben sich, sie präsentieren sich stets als die humanitären Leute, die für Mischkultur sind. Sie sind dafür. Sie sind für Humanität, damit preisen sie sich seit 45 Jahren.

Für mich sollte ein nationales und sozialistisches Regime an die Macht. Regime, durchaus, das ist gar keine Frage, aber nicht diktatorisch. Das müßte man, wenn der Zeitpunkt ist, noch detaillierter ausarbeiten. Ich kann jetzt nur grobe Richtlinien angeben. Ich stelle mir das nicht totalitär vor, sondern – ich hasse dieses Wort – in gewissem Sinne hätte es einiges Demokratisches an sich. Es wäre schon mit Abstimmung.

Wir wollen keine Gewaltherrschaft, sondern wir wollen durch Überzeugung an die Macht kommen. Wir wollen die Leute nicht überrumpeln, sondern wir wollen gewählt werden aus Überzeugung heraus. Das wäre keine Diktatur, keine Gewaltherrschaft.

Das ist für mich Revisionismus: Hitler wird als diktatorisch deklariert. Dieser Mann war kein wirklicher Diktator. Da er gewählt worden ist, handelte und regierte er im Sinne des

*Volkes. Er hat sich politische Macht gesichert, um Gegner aus-
zuschalten. Das ist doch natürlich, das ist der Selbsterhal-
tungstrieb. Den braucht die Politik, ein Regime, eine Regierung, egal welche Staatsform jetzt, jede Staatsform muß sich
sichern nach außen hin.*

*Ich hasse diesen Begriff Diktatur aus dem einfachen
Grund, weil man ihn sich so schön zurechtlegen kann. Er ist
negativ besetzt von vorneherein.*

*Was ist eine Diktatur? Jeder kann das anders definieren,
natürlich auch negativ.*

*Ich will ein Gegenbeispiel bringen. Sie verfolgen uns poli-
tisch, sie observieren uns. Ihrer eigenen Artikel, Meinungs-
freiheit, Versammlungsfreiheit berauben sie uns. Was machen
sie denn in dem Moment? Wir sind doch auch Volk. Sie handeln also wider den Gedanken eines Teils vom Volk.*

*Das Parlament, der Bundestag, das sind ja alles Diktato-
ren. Sie diktieren, wo's lang geht. Ich habe keine Meinungs-
freiheit, keine wirkliche.*

*Natürlich hängt das mit der deutschen Vergangenheit zu-
sammen. Und es hängt auch damit zusammen, daß sich in
unseren Büchern 'ne Menge Geschichtsfälschung befindet. Sie
haben bestimmt schon mal was von Revisionismus gehört.
Durch diesen Prozeß müssen wir erst mal durch.*

*Da muß einiges in der Geschichte neu geschrieben werden.
Da die Geschichte aber im Moment so ist, wie sie ist, wie sie
geschrieben ist, ist natürlich das Problem, daß Deutschland
nach außen hin seine Schuld stets bezeugen, stets repräsentie-
ren muß. Wir verstricken uns darin. Seit 45 Jahren ducken
sich die Deutschen nur noch, sagen zu allem ja und amen.
Das gehört zu ihrer Schuld. Aber zum einen möchte ich doch
mal feststellen: Der dritte Weltkrieg oder jeder Krieg, da ist
nicht nur eine Partei dran schuld. Da muß es immer mehrere
Parteien geben, sonst gibt's keinen Krieg.*

*Besonders der dritte Weltkrieg, da waren genug Länder
drin verzapft ... der zweite Weltkrieg. Ich habe Nostradamus
gelesen, deswegen fange ich schon mit dem dritten an. Der hat
uns einen dritten Weltkrieg prophezeit. Im zweiten Weltkrieg*

gab's genug Parteien. *Die einzig wirklichen Schuldigen über 45 Jahre hinweg sind aber immer die Deutschen. Das ist doch seltsam. In Wirklichkeit sind alle anderen genauso dran schuld. Krieg. Wenn ich als Nationalsozialistin im Dritten Reich jemanden erschieße, ist es doch, menschlich gesehen, genauso schlimm, als wenn der Franzose hergeht und einen Deutschen erschießt. Das ist in dem Moment auch ein Kriegsverbrecher.*

Haben Sie schon von Bomberharris[40] gehört? Das ist der Flugzeugführer, der ganz Dresden in einer Nacht vernichtet hat, ohne Rücksicht auf irgendwelche Verluste. Das ist doch ein Massenmörder gewesen. Da waren Kinder und alles dabei. In England findet man sogar noch 'ne Statue von Bomber-Harris. Ein Massenmörder wird da drüben gepriesen! Deutschland hat England angegriffen, so weit sind wir leider mit dem Revisionismus noch nicht, daß wir auch da einiges aufgeklärt haben.

Das Problem ist auch, daß der Deutsche das zuläßt. Irgendwann muß doch jede Schuld mal abgetragen sein. Du kannst doch nicht Jahrzehnte, womöglich Jahrhunderte jemand für etwas bestrafen. Du kannst doch nicht mich dafür bestrafen, was irgendwelche Großväter von mir getan haben. Das ist ein Unding. Kein Volk würde das tun, aber die Deutschen tun's. Das schreit doch schon nach Krankheit. Die Deutschen sollen sich aus dieser trostlosen Situation rausheben. Sie müssen sich dazu bekennen und frei heraus sagen: Leute, nun ist es genug. Sie müssen einen Strich ziehen.

Es wird der Tag kommen, da können es die Deutschen. Bis jetzt haben sie's noch nicht geschafft. Das ist ganz einfach zu erklären. Solange die Masse das Volk ist und genug zu essen hat … Ich sprach von gesellschaftlicher Dekadenz. In dieser Gesellschaft, in der wir leben, ist der Egoismus, das Finanzielle, das Materielle, das alles hat derzeit Hochkonjunktur. Jeder denkt nur noch an sich selbst und ja nicht an den Nächsten, das könnte was kosten – so ungefähr. Solange die Leute vollgestopft sind, genug bekommen, den Hals gefüllt kriegen, schreien sie nicht auf. So lange kannst du sie treten, schlagen, was du willst.

Glücklicherweise für mich, aus meiner politischen Sicht, befinden wir uns im Anfangsstadium einer Wirtschaftskrise. Wir nähern uns der 6 Mill. Arbeitslosengrenze. Wobei ich jetzt nicht unbedingt an '33 anknüpfen möchte. Das ist nicht mehr aufzuhalten. Die Demokratie wird nicht imstande sein, das aufzuhalten. Sie ist dem Untergang geweiht, früher oder später. Es kann natürlich sein, daß sie sich noch 50 Jahre hält, es kann auch sein, daß es von heute auf morgen aus ist.

Der Unmut, der sich in der Bevölkerung, bei den sozial schwachen Schichten bemerkbar macht, der wird die Leute so weit bringen, daß sie auf die Straße gehen. Sie werden anfangen mit Demonstrationen. Die werden immer größer, größer, größer, bis eine Revolution geschieht, oder es bricht der Bürgerkrieg aus. Es gibt mehrere Varianten, die ich mir vorstellen kann.

Schauen wir doch bloß mal nach Berlin. Da gibt's Stadtteile, da herrscht schon regelrechter Bürgerkrieg. Das ist nicht nur in Berlin so, sondern es breitet sich aus. Man muß sich das so vorstellen: Wenn man hier die Deutschlandkarte hat, hat man in jedem unserer Bundesländer ungefähr vier, fünf Flecken, da sind die sozialen Spannungen so groß, daß sie eigentlich nur noch auf den großen Knall warten. Das summiert sich, und irgendwann macht es dann einen großen Knall.

Natürlich ist das die Chance, auf die wir warten. Seitdem die Grenzen teilweise gefallen sind, seitdem wir Mitteldeutschland, das sogenannte DDR-Gebiet, zurück haben, fing die Wirtschaftskrise eigentlich erst richtig an. Dadurch haben wir, in unserer Szene, den totalen Aufschwung. Je mehr die abfallen, um so mehr wird's bei uns.

Bei denen da drüben war alles vorgezeichnet, es war alles gesichert. Sie mußten sich nicht groß engagieren, um ihre Existenz aufzubauen. Jeder da drüben hatte z.B. einen Kindergartenplatz, eine Wohnung. Da gab's keine Obdachlosigkeit. In der DDR gab es einiges, was ich achte und schätze, was ich durchaus genauso tun würde. Es gibt einige Anknüpfungs-

Beisetzung der Urne des an AIDS verstorbenen Michael Kühnen am 3. Januar 1992. Anwesend sind u.a.: Lisa W. (Langen), Roman Dannenberg (Hoyerswerda), Otto Riehs (Hessen), Curt Müller (Mainz), Günter Reinthaler (Salzburg), Christian Worch, Ursula Worch (Hamburg)

Fotos: Gust/ZENIT

punkte, die der Kommunismus und der Nationalsozialismus gemeinsam haben, einige Parallelen. Wenngleich es auch viele nicht wissen, aber das ist ein anderes Blatt.

Den Menschen in der DDR wurde eigentlich alles in den Schoß gelegt. Ihnen wurde vorgelegt, wie man zu leben hat. Wieso soll es sich der Mensch kompliziert machen, wenn er's bequem haben kann? Sie waren sehr unselbständig. Sie sind so gemacht worden durch dieses Regime.

Jetzt fallen die Grenzen, und es kommt der totale Schock: Sozialamt, Arbeitsamt, die Bürokratie. Die Bürokratie ist das, was sie umwirft. Das ist für sie der totale Schlag ins Gesicht. Damit werden sie nicht fertig. Es sind ja schon zwei Generationssprünge seit der Kriegszeit vergangen. Das sitzt ziemlich tief drin. Es gibt mindestens zwei Generationen, die es gar nicht mehr anders kannten.

Was ich hasse, diese Wessi-Ossi Sprüche. Sie kommen sich dann minderbemittelt vor, und das ist traurig. Für die Wessis ist es kein Problem, aufs Arbeitsamt zu gehen. Ihnen wurde beigebracht, im bürokratischen System zu leben und sich da durchzuhauen. Nun forderte man von denen natürlich dasselbe Pensum. Ihre eigenen Belange konnten sie gar nicht ausüben. Wie denn? Es war keiner da, der es ihnen gesagt hat. Dann werden sie noch von den BRD-Deutschen als dumm deklariert und Tunichtgute und so. Ich könnte geradezu explodieren. Die Leute machen sich einfach keinen Kopf darüber, in welchem Bewußtsein die drüben aufgewachsen sind. Ist doch klar, daß die überfordert sind. Bei uns sind auch viele überfordert, nur daß du davon nicht viel hörst. Du siehst die dann letztendlich als Obdachlose. Das finde ich frustrierend.

Die meisten sind zwar Antikommunisten, so was prägt, aber nichtsdestotrotz, wenn sie die Wahl hätten, würden sie wahrscheinlich zum größten Teil die DDR wiederhaben wollen. Es war auch einiges beneidenswert. Wenn wir uns nur mal anschauen, was wir die ganze Zeit für Probleme hatten. Nur, wir haben uns dran gewöhnt.

Einen Kindergartenplatz zu kriegen, das war schon immer unmöglich gewesen in den letzten Jahren, und eine Arbeits-

Lisa W., die »trauernde Witwe«, am Grab von Michael Kühnen.
Foto: Gust/ZENIT

stelle. Da drüben hast du das gehabt. Das bräuchten wir auch. Wir müßten das unserem Nachwuchs auch zugestehen können, aber hier läuft einiges falsch. Die da drüben waren kinderfreundlich, bei uns ist es das genaue Gegenteil.

Wenn die Demokratie weiterexistiert, dann ist es auch so, daß ein Volk aussterben kann, weil bei uns alles so kinderfeindlich ist. Ich habe mich sehr intensiv damit auseinandergesetzt.

Besonders »Der Spiegel« hat einige schöne Berichte über den signifikanten Geburtenrückgang gebracht. Die haben ausgerechnet, daß im Jahre 2030, das ist in 37 Jahren, da können wir noch leben, daß im Jahre 2030 auf drei Rentner ein Arbeiter kommt. Wie soll das zu bewerkstelligen sein? Warum ist es so weit gekommen? Wegen dieser Kinderfeindlichkeit, wegen dieser Klassengesellschaft, diesem Egoismus, dieser verdammten Dekadenz. Ich bin ein Kindernarr, aber ich bin nicht wild darauf, in diese umweltfeindliche Gesellschaft Kinder zu setzen.

Ist doch auch so ein Ding: Wenn du umweltfreundlich denken und handeln willst, zahlst du das Doppelte. Das ist doch absoluter Wahnwitz. Wie viele würden umdenken, würden sich wirklich aktiv am Umweltschutz beteiligen, wenn sie's sich finanziell leisten könnten? Das sind alles so'ne Sachen, darüber machen sich die meisten überhaupt keinen Kopf, weil sie in erster Linie an sich denken. Man schaue sich mal die ganzen Naturkatastrophen in letzter Zeit an, wie sich das summiert. Mir kommt das mehr vor als früher.

Ich sage mir, die Natur rächt sich. Es ist einfach traurig. Der Mensch muß doch, verflucht noch mal, einsehen, daß wir von der Natur abhängig sind. Wir sind gegenseitig voneinander abhängig, aber wir mehr von der Natur. Aber nein, sie müssen sich über die Natur stellen, über die Umwelt. Wenn sie die Umwelt zerstören, zerstören sie sich auch selbst.

Jedes Kind, das gerade ein bißchen logisches Denken angefangen hat, kann das nachvollziehen. Ich könnte mich darüber nächtelang auslassen. Das ist Wahnsinn.

Da habe ich manchmal das Gefühl, das Volk kann über-

haupt nicht denken. Wenn ich jetzt sage, die Masse des Volkes ist dumm, dann ist das nicht gelogen. Es ist ein sehr harter Spruch, aber es wurde zum Beispiel mal eine Skala aufgestellt und eine Umfrage gemacht, wie viele Zuschauer der Tagesschau auch wirklich die Tagesschau verstehen. Das war eine traurig verschwindende Minderheit, die sie wirklich von Anfang an bis zum Ende nachvollziehen konnte. Als ich das das erstemal gehört habe, dachte ich, das sei ein Witz. Das war aber kein Witz, das war trauriger Ernst.

Man schaue sich doch nur mal das Schulsystem an! Die Bildungsform geht doch flöten. Das Volk wird doch bewußt verdummt. Wenn man einen Menschen verdummt, dann strebt man gleichzeitig zielbewußt an, diesen Menschen auch zu entmündigen.

Wenn ein Mensch bis zu einem gewissen Grad dumm ist – ein blöder Ausdruck, aber mir fällt nichts Besseres ein –, ruft es auch Unselbständigkeit hervor. Man wird heute in der Schule kaum noch auf der geistigen Ebene gefordert. Die geistigen Kapazitäten, die vorhanden sind bei vielen, die werden gar nicht mehr genutzt, gar nicht mehr herangezogen.

Statt daß die jungen Leute Bücher lesen, sich bilden, da geht's doch lieber vor die Glotze. Wer liest denn heute noch ein Buch in jungen Jahren? Das ist alles gesellschaftlich bedingt.

Politik ist das Leben, das alltägliche Leben. Wenn man sich nicht für Politik interessiert, dann darf man auch kein Mitspracherecht haben. Politik ist z.B. der Verkehr, das Wirtschaftliche, Ökonomie, alles, Natur- und Umweltschutz, Kindergärten, Arbeitsplätze, Schule, Soziales, die ganzen Institutionen. Dein ganzes Leben ist von der Politik bestimmt.

Wieviel dein Brot morgen kostet, das ist die Lenkung der Politik. Politik ist umfassend.

Ohne Politik, ohne ein Regime hätten wir Anarchie, und dann hätten wir kein geordnetes Leben. Dann könnten wir nicht einfach morgen in den Supermarkt gehen und einkaufen, dann würde alles drunter und drüber laufen, ohne Politik.

Anarchisten sind für mich die größten Idioten, die es gibt, schon rein vom Politischen gesehen. Da brauche ich überhaupt kein großes politisches Bewußtsein zu haben. Ich könnte irgend so 'ne etablierte Partei wählen, SPD oder so was, aber Anarchisten, da kann ich mir nur an den Kopf greifen. Wie stellen die sich das vor? Haben die zu viele Westernfilme gesehen oder was? Das ist absolut absurd. Wie kann ein Mensch für Anarchie stimmen? Der Mensch muß doch psychologisch total gestört sein, verhaltensgestört, im psychologischen Sinne verhaltensgestört, absolut. Das geht gar nicht anders.

Wenn wir vielleicht ein Viertel der Weltbevölkerung hätten, dann könnte man eventuell darüber reden, aber ansonsten doch nicht. Wir sind sowieso überbevölkert. Wie willst du da noch irgendwas groß aufteilen? Die hauen sich doch die Köpfe ein. Die würden sich doch erschießen oder erschlagen für einen Laib Brot. Oder wehe, einer tritt aufs Terrain vom anderen, weil er sich da gerade einen Garten angelegt hat und einen Zaun drum rum gezogen hat.

Bei einer solchen Masse von Menschen ist das nicht möglich. Schon gar nicht in unserer heutigen Zeit, in der wir absolut überbevölkert sind. Man schaue sich nur mal im asiatischen Bereich um. Die Chinesen oder die Inder, die explodieren doch. Das muß man sich mal reinziehen: ein Viertel Chinesen. Da fallen mir gleich einige Horrorszenarien ein. Die Chinesen könnten ganz Europa überrennen, ohne daß sie groß darunter leiden würden, im Ernst. Oder die Chinesen und die Inder zusammen, was zwar nie passieren würde, aber die Inder allein würden auch schon reichen. Die überrennen uns, das kriegen wir überhaupt nicht mit. Selbst wenn von denen die Hälfte stirbt, die sind doch schnellstens wieder regeneriert. Ich weiß nicht, wie die das fertigbringen. Damit habe ich Probleme.

Die Geburtenrate bei uns geht weiter zurück. Es gibt keinerlei Anzeichen dafür, daß sich das wieder bessern oder wenigstens teilweise in die richtige Richtung schlagen würde.

Wie denn auch bei dieser Gesellschaft, bei diesem Existenzkampf, der hier ständig herrscht. Dann haben wir die ganzen Ausländer und Asylanten hier, und die vermehren sich ohne Ende. Tüchtig sind die, ganz tüchtig sind die. Amore! Amore!

Hamburg, den 4.07.1994

Liebe Frau Jennet!

Mir ist ein kleines Mißgeschick passiert, dummerweise habe ich die Unterlagen in die falsche Stadt gesendet. Anstatt die Unterlagen nach Berlin zu senden, habe ich die Unterlagen nach Bergen geschickt! Warum – das Wissen nur die Götter. Deswegen nutzte ich nochmal die Gelegenheit, beim erneuten Durchlesen der Unterlagen, zwei größere Textstücke (Seite 11 u. 13) zu streichen. Da mir wiedermal ins Bewußtsein kam, daß die Linken u.a. auch deswegen so erfolgreich agieren konnten, weil sie stets darauf bedacht waren ihr Privatleben, sowie die privaten Einbußen durch den politischen Kampf, vor den allgemeinen Medien zu verschweigen.

Anfangs gab ich mich der Illusion hin, daß wenn ich mal die private / menschliche Seite meiner Person darstelle, ich damit der gesamten Leserschaft mal vor Augen führen kann, daß auch wir ·Neomazis· letztendlich nur Menschen sind wie "Du und Ich". Jedoch war dies nur ein Wunschgedanke meiner Person. Denn die gesamte Medienlandschaft darf diese Tat-sache, daß auch die sog. Neonazis nur Menschen sind, nicht gewahr werden lassen. Denn wenn die Medien uns dies zugestehen würden, würde das alte Feind-bild vom Neonazi verschwinden und wir wären schon Morgen an der Macht!

Mit freundlichen Grüßen
Lisa W▮▮▮▮▮

Brief von Lisa W. an die Autorin (4. Juli 1994)

235

Wir Deutschen haben schon aus psychosomatischen Gründen Probleme, überhaupt Kinder zu zeugen. Aber bei denen funktioniert das phantastisch. Gesundes Volk. Gesunde Völker.

Wir sind heute noch knapp 80 Millionen. Wie schnell sind 80 Millionen Ausländer hier? Es kommen stets neue rein, und die hier drin sind, vermehren sich rasant. Die haben uns doch Null Komma nichts eingeholt.

Wir sind zum Beispiel auch gegen Mischehen. Warum sind wir gegen Mischehen? Das ist ganz einfach. Ein Türke und eine Deutsche, das sind ganz verschiedene Kulturen, ganz verschiedene Mentalitäten, vom Biologischen jetzt mal abgesehen. Wenn man das jetzt mischt, wenn man das ganze Volk mischt, dann verliert ein Volk seine eigene Identität, weil es sich ja mit einer anderen Identität vermischt. Da sehe ich die Gefahr, allerdings nur theoretisch. Ich glaube nicht, daß es praktisch jemals so weit kommen wird, bzw. ich hoffe, daß es niemals so weit kommen wird, daß ein Volk wirklich aussterben kann. Wenn die Identität weg ist, dann ist auch das Volk weg. Da nützt es dir nichts, daß das noch ein halber Deutscher war oder so. Wir können durchaus einen gewissen Anteil an Ausländern ertragen, ohne daß die irgendwie in unser Leben eingreifen würden, ohne daß sie uns schädlich wären. Nur, die Massen, die hier reinkommen, das nimmt ja auch kein Ende.

Auch diese Paragraphenreiterei, das sind doch alles Gummiparagraphen. Selbst ein Ausländerzuzugsstopp, und zwar nicht nur für Ausländer im allgemeinen, sondern auch für Asylanten, weil Asylanten sind ja die meisten, würde nichts bringen. Sie schwimmen dann durchs Meer. Sie schmuggeln sich anders rein. So geht das nicht.

Wenn man von einer Sache überzeugt ist, dann lohnt sich das durchaus. Es wird früher oder später Verluste geben, das ist nicht zu umgehen.

Ich weiß zum Beispiel auch, daß ich zwar einen geringen, aber daß ich durchaus einen Bekanntheitsgrad habe. Ich will das im Moment nicht fördern. So lange, wie ich noch in der beruflichen Fortbildung bin, so lange bin ich abhängig von an-

deren, von Institutionen oder sonstigen Leuten. So lange, wie ich abhängig bin, muß ich ein gewisses Stillschweigen haben, deshalb auch Lisa W. Muß ja nur per Zufall jemand lesen, der in kürzester Zeit wieder mit mir in Verbindung steht.

Das ist es nicht allein. Aber das ist natürlich auch ein Faktor, den man berücksichtigt und hinzuzieht: daß ich mich selbständig machen muß. Zum Beispiel. Ursula Worch, die hat schon so oft gekündigt bekommen, allein wegen des Namens: Ursula Worch, Christian Worch, Ursula Worch. Deswegen habe ich mir gesagt, es ist nur eins drin: totale Selbständigkeit.

Ich habe nicht dieses Denkschema: Kind, Mann, und Mann ernährt mich. Das sehe ich überhaupt nicht ein. Es könnte ja was schiefgehen. Und erst mal muß ich dazu den Richtigen haben bzw. mich entschließen, mir einen zu suchen. In ein Abhängigkeitsverhältnis möchte ich nie kommen, egal, welchem Mann gegenüber. Insofern natürlich emanzipiert, Selbständigkeit, stets die Kontrolle über alle behalten, weitmöglichst.

Beim zweiten Interviewtermin mit Lisa W. hatte sie sich einiges anders überlegt. Wollte sie zuerst eine sehr persönliche Schilderung ihrer Entwicklung, so distanzierte sie sich nun davon. Sie strich aus der bereits vorliegenden Textfassung heraus, wie und wann sie und Michael Kühnen sich näher gekommen waren. Das war Ende 1988, als er angeblich an einer Lungenentzündung erkrankt war. Sie mußte oder wollte ihn pflegen. Aber Kühnen hatte keine Lungenentzündung, wie bisher immer verkündet wurde, besonders von Lisa W. Es war der Herbst, als bei Kühnen AIDS ausgebrochen war. Natürlich will Lisa W. nicht, daß das jemand erfährt, schon gar nicht die »Kameraden«!

Die Erklärung, wie Kühnen sich mit AIDS infiziert haben soll, strich sie ebenfalls wieder.

Vielleicht hatte Lisa W. selbst bemerkt, wie mysteriös die Geschichte klang.

Danach hätte der französische Geheimdienst Kühnen während seines Aufenthalts in Paris überwältigt und mit einer Spritze betäubt. Anschließend lieferten die Franzosen Kühnen an Deutschland aus.

Kühnen hielt sich 1984 in Frankreich auf, um sich dem Zugriff durch die deutschen Behörden zu entziehen, das stimmt wirklich. Nach dieser Auslieferung folgte Kühnens Verurteilung, von der Lisa W. im Januar 1985 im Fernsehen hörte.

Die Spritze vom französischen Geheimdienst soll, laut Lisa W., mit AIDS infiziert gewesen sein. Noch besser als dieses Phantasiegebilde klang die Geschichte, wie man AIDS bei Kühnen festgestellt hatte. Das war schon während seiner Haftzeit in Deutschland.

Lisa W. meinte, Kühnen hatte sich mit Erdbeeren überfressen, weswegen er zum Haftarzt mußte. Dort wollte man ihm Blut abnehmen, was er zuerst verweigerte. Die Beamten setzten sich schließlich durch. Daraufhin wurde festgestellt, daß Kühnen HIV-positiv sei.

Lisa W. dazu: »Wie geht denn das? Erst mal schon die Story, wie er hier rüberkam. Das nächste ist, daß sie ihm Blut abgenommen haben, einen HIV-Test gemacht haben ohne sein Einverständnis, was überhaupt nicht machbar ist. Das durften sie gar nicht. Da ist Michael natürlich erst mal abgedreht und hat gesagt: ›Ich verlasse dieses Büro nicht, bevor sie mir eine Bescheinigung geben, daß ich nicht mit AIDS infiziert bin, daß ich HIV-negativ bin.‹«

Und weil Kühnen wußte, daß man in Deutschland (besonders in den Kreisen seiner »Kameraden«!) dachte, AIDS wäre eine ausschließliche Homosexuellenkrankheit, tat Kühnen von nun an alles, um seine Krankheit zu verheimlichen.

Nein, Kühnen war nicht schwul, behauptete Lisa W. Um das zu bekräftigen, erzählte sie mir, daß sie Gummis verwendet hätten. Ein- bis zweimal habe sie es verhindert, denn sie wollte eigentlich mit ihm sterben. Auch diese Geschichte hat sie gestrichen.

Merkwürdig ist ja, daß sich hier etwas verdreht. Die Frage der Homosexualität Kühnens ist ja nicht interessant im Sinne eines Outings. Nein, ein schwuler Nazi, das ist es, was so makaber und interessant ist. Diese beiden Tatsachen, Homosexualität und Nationalsozialismus, sind unvereinbar, das weiß auch Lisa W.

Als Lisa W. mir bei diesem zweiten Gespräch erzählt, was sie streichen möchte und warum, höre ich auf einmal laute Soldatenmusik. Kenne ich doch, denke ich und frage, woher die denn komme. Vom alten Kroatienkämpfer Hainke, antwortet sie mir. Ich war überrascht, denn ich hatte gedacht, der wäre längst tot.

Hainke kommt aus Bielefelder Nazikreisen. Berühmt-berüchtigt wurde er durch einen Spiegel-TV-Beitrag, in dem er sich als kroatischer Ustascha-Kämpfer präsentierte. Nach diesem Beitrag ging er wieder an die Front. Lange hörte man nichts von ihm. Selbst in Nazi-Kreisen hieß es, daß er von dort nicht mehr zurückgekehrt sei. Nun also wohnt er zwei Stockwerke über Lisa W. im Hamburger Süden. Hainke war dabei, seine Ausbildung, die er unterbrochen hatte, als er sich freiwillig nach Kroatien gemeldet hatte, zu beenden.

Übrigens hat sich auch Christian Worch nicht weiter in die Gespräche zwischen Lisa W. und mir eingemischt. Die vorliegende Textfassung gab Lisa W. ihm nicht zu lesen. Wieder habe ich gestaunt. Und ich kann nur noch einmal, wie schon bei Anka Hübner, sagen: Das habe ich nicht erwartet. Ich dachte, daß Worch den Text liest, um ihn juristisch abzusegnen. Mit seinen Rechtskenntnissen glaubt er Lisa W. vor eventuellen Fehlern zu bewahren. Vielleicht liegt der Grund für sein scheinbares Desinteresse in ihrer Trennung, denn mit der Begründung, es wäre für beide nur eine Ersatzbeziehung, hatte Lisa W. die Verbindung zu Worch im Mai 1994 gelöst.

Seit der Arbeit an diesem Buch wagen es die Menschen, mit denen ich zusammen wohne, nicht mehr, Post von unbekannten Absendern zu öffnen. Der Schreck über die Briefbombenattentate in Österreich und das versuchte

Briefbombenattentat auf die Mutter Ingo Hasselbachs sitzt ihnen tief in den Knochen.

Erst in dieser Woche erhielt ich einen Brief von einer Freundin, die sich gerade in Polen aufhielt. Ich erkannte ihre Schrift schon auf dem Umschlag. All meine Beteuerungen, ich wüßte ganz sicher, von wem der Brief sei, halfen nichts. Ich durfte den Brief nicht in der Wohnung öffnen. Er war auch dicker, weil sich noch irgend etwas anderes, außer dem Briefpapier, in ihm befand. Vor dem Haus öffnete ich den Brief, während meine Mitbewohner gespannt aus dem Fenster sahen. Als ich den Brief aufgemacht hatte und dessen Inhalt in den Händen hielt, mußte ich lachen. Das war keine Briefbombe, sondern ein polnischer Dauerlutscher, den ich als Urlaubsgruß geschickt bekommen hatte. Eine lustige Auflösung der gespannten Situation.

Wie reagieren die Nazifrauen, mit denen ich für dieses Buch sprach, was tun ihre »Kameraden«, wenn sie es sich doch noch anders überlegen oder wenn sie mir gegenüber plötzlich mißtrauisch werden? Was passiert, wenn die beteiligten Nazifrauen nach der Veröffentlichung dieses Buches schwarz auf weiß sehen und erkennen können, wer ihnen wirklich gegenübergesessen hat. Die Befürchtungen sind nicht unreal.

Noch während des Druckes wird meine Telefonnummer geändert werden. Meine richtige Adresse mußte ich zum Glück nie preisgeben, da mir für diese Arbeit tote Briefkästen zur Verfügung standen. Normalerweise habe ich alle Telefongespräche bei Arbeiten in der Naziszene immer über Dienstapparate abgewickelt. Das ist bei allen Kollegen, die sich mit diesem Thema befassen, üblich. Seit Anfang dieses Jahres bin ich als freie Journalistin tätig und mußte den Frauen deshalb meine Privatnummer für Rückrufe zur Verfügung stellen.

Daß alle Daten und Anhaltspunkte über betreffende Journalisten gesammelt werden, ist inzwischen allgemein bekannt. Wenn Neonazis es für »nötig« erachten, werden die

Informationen dann in ihren Abschußlisten wie dem »Einblick« oder der »Anti-Antifa« von Christian Worch veröffentlicht. Ingo Hasselbach erzählte mir, daß schon 1992 eine szeneinterne Beurteilung über mich samt Foto nach Hamburg zur »Registrierung« geschickt wurde. Ein Jahr später erschien ich nicht zu einem Treffen mit Oliver Schweigert, dem ehemaligen NA-Vorsitzenden, in seiner Privatwohnung. Sofort versuchte er durchzusetzen, daß ich auf eine der Feindlisten gesetzt werde. Warum das nicht passierte, weiß ich bis heute nicht.

Wieder eine Radiomeldung am heutigen 25. Juni 1994. Berlins Innensenator Heckelmann hat Schwierigkeiten wegen seines Pressesprechers. Dem wurden Verbindungen zur rechten Szene nachgewiesen. Die rechts-konservative Zeitung »Junge Freiheit« spielt dabei eine große Rolle. Sie erscheint wöchentlich und wird, außer an Kiosken, an Unis und Hochschulen vertrieben. Die »Junge Freiheit« sucht ihr Publikum vor allem unter Studenten und dem Bildungsbürgertum. Der elitäre Anspruch ist charakteristisch für das Wochenblatt.

Im Wintersemester 1993/94 hatte ich mich als Gasthörerin an der Humboldt-Uni in Berlin eingeschrieben. Dort erlebte ich die Aufregung, als wieder einmal Exemplare der »Jungen Freiheit« aufgetaucht waren. Sofort mobilisierte man die Studenten und versuchte, sie über die Zeitung aufzuklären. Das ist bei diesem, sich einfach als »Konservative Wochenzeitung« bezeichnenden Blatt, nicht so einfach. Sie bietet Pauschalisierungen und einfacher Analyse kaum eine Chance. Mit ihr muß man sich, will man ihr beikommen, intensiver auseinandersetzen.

Ich würde die »Junge Freiheit« nicht als Nazi-Zeitung bezeichnen. Sie bewegt sich auf dem schmalen Grad zwischen Rechtskonservativismus und Rechtsradikalismus. Sie ist nicht zu vergleichen mit den Partei-Hetzschriften eines Michael Kühnen, Christian Worch oder Frank Hübner. Ihr Konzept ist viel subtiler, viel intelligenter und intellektueller sowieso. Sie spricht nicht das »Volk« an, nicht dessen ein-fache Bedürfnisse nach simplen Lösungen oder Erklärun-gen.

Hier geht es um den pseudophilosophischen Größen-wahn, mit dem auch Hitler schon Nietzsche mißbrauchte. Ernst Jünger ist ebenfalls eine Ikone in diesen Kreisen. Mit seiner These von den Handarbeitern, die folgen, und den geistigen Arbeitern, die denken und führen, gilt er als einer der geistigen Väter des Nationalsozialismus.

Die Säulen der Demokratie, geboren in der fanzösischen Revolution: Freiheit, Gleichheit, Brüderlichkeit, werden von diesen intellektuellen Rechten bewußt abgelehnt. »Gleichheit für Gleiche« heißt ihre Devise. Das Gesetz des Stärkeren soll gelten.

In »Gleichheit für Gleiche« könnte man den Ursprung der Rassentheorien des Dritten Reiches sehen. Wer ist gleich? Was passiert mit den Ungleichen? Wer entscheidet darüber? Fragen, die sich unweigerlich aufdrängen.

Bevor ich mich bei der »Jungen Freiheit« in Potsdam mel-dete, hatte ich einige Gespräche mit dem Redaktionsleiter Dieter Stein gehabt. Ausführlich ließ er sich erklären, was das für ein Buch werden solle. Dann machte er mir ziemlich schnell klar, daß er nicht zulassen werde, daß eine seiner Redakteurinnen ein Interview für ein Buch über rechte Frauen gebe. In diese Ecke gestellt zu werden, wollte er tunlichst vermeiden.

Ich erzählte ihm, daß ich ein Buch über politisch aktive Frauen zwischen 20 und 30 machen wolle und damit angeb-lich der These begegne, daß heute gerade junge Menschen, insbesondere Frauen, politisch desinteressiert wären.

Stein fragte mich, was für Frauen ich denn schon ge-sprochen habe. Er war wirklich vorsichtig. Namen wollte ich ihm nicht nennen, und begründete das mit dem Recht auf Anonymität. Stein glaubte mir und nannte die Telefon-nummer einer seiner Redaktionsmitarbeiterinnen in Ham-burg. Sie ist 20 Jahre alt und wollte in den Pfingstferien nach Potsdam kommen, um das erstemal direkt in der Redaktion zu arbeiten.

Ich telefonierte mit ihr. Sie erbat sich Bedenkzeit. Bei unserem nächsten Telefonat wollte auch sie noch einmal genau wissen, was für ein Buch ich schreiben wolle. Schließlich sagte sie zu. Wir trafen uns in Potsdam.

Das erste Gespräch dauerte nur eine Stunde. Sie war derart zurückhaltend und vorsichtig, daß ich schließlich abbrach. Der Umstand, daß wir uns überhaupt nicht kannten, machte das Interview ungemein schwierig. Einige Wochen später trafen wir uns in Hamburg wieder. Sie war wesentlich aufgeschlossener. Sie erzählte mir, daß sie nach Berlin ziehen wolle. Irgendwie schien sie unter Druck. Ich fragte sie, ob etwas passiert wäre. Daraufhin erklärte sie, daß sie Probleme in ihrer WG habe. Während sie zum »Praktikum« in Potsdam war, seien die Wände ihres Zimmers mit Sprüchen wie »Nazis raus« beschmiert und ihr Zimmer völlig durchwühlt worden. In diesem Zusammenhang bat sie mich, in dem Buch nicht zu erwähnen, daß sie bei der »Jungen Freiheit« tätig sei. Es würde doch reichen, wenn man wüßte, daß sie bei einer Zeitung im allgemeinen arbeite. Ich beruhigte sie damit, daß ich ihr erklärte, sie könne den Text autorisieren.

Während wir uns unterhielten, fragte sie mich, ob ich wirklich in der Dimitroffstraße in Berlin wohne. Sie hatte mir eine Zeitung an diese Adresse geschickt, weil sie mir eine ihrer früheren Arbeiten zur Verfügung stellen wollte. Bekommen habe ich ihre hochprofessionelle Zeitschrift. Es ist mir ein Rätsel, wie man mit 20 Jahren Mittel und Möglichkeiten zur Verfügung haben kann, die eine derartige Arbeit gestatten.

Ich bejahte ihre Frage nach meiner Adresse. Sie erzählte mir dann, daß das Redaktionsteam der »Jungen Freiheit« in der Nähe eine Stammkneipe habe. Schockiert fragte ich, welche das sei. Sie antwortete: »Titanic« in der Winsstraße. Diese Gaststätte liegt mitten im Berliner Prenzlauer Berg. Diese junge Redakteurin fällt dort nicht auf. Sie trägt schwarze Kleidung. Ihre blonden Haare sind kurz und seitlich gescheitelt, gehalten mit Gel. Man könnte sie auch für eine Szenefrau aus dem Prenzlauer Berg halten. Für mich war das wieder ein Zeichen dafür, daß man mit Klischees nicht weit kommt, auch nicht bei den Rechten. Sie sind inzwischen durchaus gesellschaftsfähig, nicht nur äußerlich. Da die Redakteurin der «Jungen Freiheit» ihre zunächst nach drei längeren, auf Tonband dokumentierten Gesprächen mündlich erteilte Genehmigung zum Abdruck zurückzog, ist es mir und dem Verlag gerichtlich untersagt worden, dieses Gespräch weiterhin zu verbreiten.

Die Redakteurin der «Jungen Freiheit» war die letzte Frau, mit der ich für dieses Buch sprach. Ich freute mich auf den Abschluß der Arbeiten. Wenn das Buch erscheint, bin ich nicht mehr gezwungen, irgendwohin zurückzukehren oder mir Türen offenzuhalten, z.B. nach Hoyerswerda.

Im März 1993 war ich zum erstenmal in Hoyerswerda gewesen. Eine Horde Skinheads hatte den Club »Nachtasyl«, nachdem man ihnen den Zutritt verweigert hatte, brutal überfallen. Dabei war ein Techniker der dort spielenden Metal-Band unter ein umstürzendes Auto geraten. Mike Z. starb kurz darauf an den Folgen seiner Verletzungen.

Fünf oder sechs Skinheads wurden kurze Zeit danach verhaftet. Hoyerswerda konnte sich, nach den neofaschistischen Pogromen von 1991, keine Patzer leisten. Man wollte und mußte schnell handeln und so guten Willen zeigen. Einer der verhafteten Skinheads, Peter A., erhängte sich noch vor der Vorführung beim Haftrichter: Hoyerswerda und kein Ende!

Diese Stadt erlebte ich wie eine Mauer. Es schien, als hielten alle, nicht nur die Skinheads oder Nazis, zusammen. Niemand wollte mit uns reden. Die Berichterstattung zu den Vorfällen von 1991 schien alle abgeschreckt zu haben. Mit den Medien wollte keiner mehr in Berührung kommen. Die Hoyerswerdaer fühlten sich mißverstanden und auch alleingelassen. Manchmal reichten schon Blicke für mich, um nicht weiterzufragen. In dieser verlorenen, kaputten Stadt, die abends so gespenstisch leer ist, kam ich den Vorfällen und den Menschen, die daran beteiligt waren, nur mühsam näher. In Hoyerswerda halfen keine Tricks, kein Charme, kein »Ich weiß doch, wie ihr seid, ich bin genauso alt wie ihr.« Wochenlang fuhr ich zu den Leuten dort, um sie zum Reden zu bewegen.

Zeitweise hatte ich die Hoffnung schon aufgegeben, daß ich es jemals schaffen würde.

Irgendwann klappte es doch, und danach war ich einfach nur froh, als ich nicht mehr in diese Stadt mußte. Immer, wenn ich in Hoyerswerda war, hatte ich das Gefühl, diese Stadt und ihre Bewohner hätten sich selbst schon aufgegeben.

In allem und jedem, das von draußen kam, sahen die Leute etwas, das ihnen schaden wollte. Es schien, als würde sich die Stadt gegenüber Außenstehenden immer mehr verschließen. Das machte traurig und hilflos.

Anfang 1993 »kam« dann Victor. Mitschüler der Köpenicker Gesamtschule hatten nach einer Sportstunde versucht, den 15jährigen aufzuhängen. Keiner, auch er selbst nicht, wußte warum.

Es gab keinen Streit, keine Anmache, keine offene Rechnung, die als Erklärung für diesen Vorfall hätten herhalten können. Einfach so! Auch hier stand ich wieder vor einer Mauer des Schweigens, diesesmal errichtet durch die Schule. Die Direktorin ließ sich verleugnen und verbot unserem Team, den Schulhof zu betreten. Geschah das aus Angst oder aus Unfähigkeit? Diese Frage kann ich bis heute nicht beantworten. Ich halte es immer noch für das beste, über alles zu reden, anstatt auch nur das geringste totzuschweigen.

Victor redete. Er mußte es tun, so schockiert war er selbst. Ich hatte das Gefühl, daß er mit seinem Reden über diesen Mordversuch an ihm Antworten zu finden hoffte. Wer könnte sie ihm geben? Ich begriff so wenig wie er selbst. Schulalltag 1993?

Menschen versuchen, einen anderen zu töten, einen, den

sie kennen. Im ehemaligen Jugoslawien passiert Ähnliches Tag für Tag. In Deutschland trainieren Menschen das Töten: im Wald, mit scharfen Waffen. Sie denken, sie werden es für eine gerechte Sache tun. Gerecht im Sinne des deutschen Neofaschismus? Dann gehen sie nach Jugoslawien und töten für die Kroaten oder Serben. Manchmal denke ich, daß Jugoslawien verdammt nah ist. So nah wie Hoyerswerda?

Als ich 1992 in Kroatien war, saß ich in einem Flüchtlingsdorf in der einzigen Kneipe, die es noch gab. Sie war Anlaufpunkt für Vertriebene, die auf ihrer Flucht durch diesen Ort kamen, oder für Soldaten, die verletzt waren und nun nach ihren Familien suchten, für Frauen mit Kindern, die vorläufig bleiben wollten und auf Angehörige warteten. Der kleine Dorfgasthof spiegelte das ganze Elend dieses Krieges wider. Nur eines erinnerte hier daran, wie nah, wie europäisch und wie wahr diese Szenerie war: Aus den Lautsprechern des Radios plärrte englische Popmusik. Nicht etwa irgendwelche veralteten Songs. Nein. Es waren genau dieselben, die zu jener Zeit auch in Deutschland, in Berlin, in Hoyerswerda gespielt wurden.

Die Frage nach der Präsentation der Interviews für dieses Buch nahm von Anfang an die meisten Überlegungen in Anspruch, war sie doch von Diskussionen um Winfried Bonengels Film »Beruf Neonazi« begleitet. Immer wieder zogen Freunde und Kollegen Parallelen, wurde zum vorsichtigen Umgang mit dem Material geraten. Die aggressive Art, mit der die Diskussion um den Film geführt wurde, schockierte mich. Zeitweise legte ich die Arbeit beiseite und war mir nicht sicher, ob ich sie überhaupt beenden will. Ich fragte mich, ob sich jemals einer der Kritiker Gedanken darüber gemacht hat, welchen Einsatz und welche Überwindung es gekostet hat, diesen Film gemacht zu haben.

Ich habe Bonengel bei jener Veranstaltung in Cottbus erlebt, die die Schlußszene des Films darstellt. Er hatte versucht, nach dem offiziellen Teil mit einigen Nazis zu sprechen. Monika Baginski schlug dabei Bonengels Kamera beinahe zu Boden. Sie war betrunken und wütend wegen seiner Fragen.

Sie hatte einfach keine Lust und fühlte sich, umgeben von ihresgleichen, unheimlich sicher. Außerdem wollte sie nicht gedreht werden. Das zu artikulieren schien sie mehr Überwindung zu kosten, als einfach zuzuschlagen. Während dieser kurzen Auseinandersetzung, nach der sich Bonengel zurückzog, waren Monikas »Kameraden« herbeigeeilt. Man sah ihnen an, wozu sie in diesem Moment Lust hatten. Nüchtern war keiner von ihnen, und Journalisten mögen sie alle nicht. Dieses Erlebnis hat sich mir eingeprägt, und ich erinnerte mich während der Diskussion um den Film oft daran.

Aber was heißt in diesem Fall »Vorsicht«? Weglassen, interpretieren und kommentieren, ohne den Anlaß darzustellen? Ich bin dagegen, weil ich glaube, daß Mündigkeit das erste Prinzip ist, auf dessen Grundlage man sich mit dieser deutschen Realität auseinandersetzen kann und muß.

Es ist das einfachste, Menschen, die zeigen, was es in unserem Lande gibt, dafür zu verurteilen, daß sie das eigentlich Unglaubliche benennen. Die Verantwortung wird einfach den Journalisten zugeschoben. Jeder Betroffene, und wir sind alle betroffen, kann sich zurücklehnen und beruhigt sein: Der Schuldige wurde »entlarvt«.

Die, um die es aber eigentlich geht, die deutschen Neonazis, laufen weiter unbehelligt herum. So funktioniert es immer wieder. Viel zu selten werden Reden, Aktionen und Motivationen von Alt- und Neonazis emotionslos analysiert. Nur wenn das geschieht, kann man wirkungsvoll gegen sie vorgehen. Sie selbst, so bitter es klingt, handeln nach der Direktive: von seinen Feinden lernen und sie dann an ihren schwächsten Stellen treffen.

An diesen Satz muß ich denken, wenn der Mainzer Neonazi Michael Petri, ehemaliges DA-Mitglied und Gründer der DN, der Deutschen Nationalisten, im Mai 1994 in Wiesbaden eine Demonstration unter dem Motto: »Gegen Kindesmißbrauch« organisiert. Ich denke an diesen Satz, wenn Frank Hübner mir erzählt, daß er der einzige (Nazi-)Parteiführer ist, der sich für die Streichung des Paragraphen 218 ausspricht. Und dieser Satz fällt mir ein, wenn Lisa W.

über die 68er Bewegung und deren Vorbildwirkung und Nutzen für ihre eigenen politischen Bestrebungen spricht.

Ich habe von Mystifizierung geschrieben, die alle Frauen in diesem Buch praktizieren. In diesem Zusammenhang fällt mir immer wieder eine Passage aus dem Buch »LTI« von Victor Klemperer ein. LTI steht für Lingua Tertii Imperii, Sprache des Dritten Reiches. Das Buch begleitete mich während dieser Arbeit. Immer wieder nahm ich es zur Hand, suchte darin nach Erklärungen und Parallelen zwischen den Frauen in der heutigen Zeit und dem, was Klemperer an Beobachtungen und Erkenntnissen aus der damaligen Zeit, der Zeit des Dritten Reiches, zu Protokoll gab. Klemperer, gelehrt in Germanistik, Romanistik und vergleichender Literaturwissenschaft, veröffentlichte sein Buch 1946, kurz nach dem Ende des II. Weltkrieges, den er als Jude nur knapp überlebte. Er schreibt: Mein Kollege Spamer, der so gut über Entstehen und Weiterleben von Legenden Bescheid weiß, sagte mir einmal im ersten Jahr des Hitlertums, als ich mich über den Geisteszustand des deutschen Volkes entsetzte: »Wenn es möglich wäre – (er hielt das damals noch für einen irrealen Konditionalsatz) –, die gesamte Presse, die gesamte Publikation und Lehre auf einen einzigen Ton festzulegen, und wenn dann überall doziert würde, es habe keinen Weltkrieg zwischen 1914 und 1918 gegeben, so würde nach drei Jahren alle Welt glauben, es habe ihn wirklich nicht gegeben.« Als ich Spamer bei unserem ersten ausführlichen Wiederbeisammensein hieran erinnerte, da verbesserte er mich: »Ja, ich weiß noch; Sie haben nur eines falsch behalten; ich sagte damals und meine das heute erst recht: nach einem Jahr!«

Neonazis und Altnazis berufen sich immer wieder auf angebliche Augenzeugenberichte, auf pseudowissenschaftliche Untersuchungen wie die eines Herrn Leuchter, der in seinem »Leuchter-Report« die Auschwitzlüge, angeblich wissenschaftlich, begründet. Bei den Versuchen, die Geschichte, besonders die Geschichte des Dritten Reiches, neu zu schreiben, wurde eine Methode der Nazis für mich sehr deutlich. Als Folge einer ungenügenden und unvollständigen Geschichtsaufarbeitung, wegen der unehrlichen Auseinandersetzung mit dem deutschen Faschismus, nehmen die Nazis heute für sich in Anspruch, an allen existierenden Geschichtsdarstellungen zweifeln zu können.

Ein wichtiges Beispiel für ungenügende Geschichtsaufarbeitung, besonders was die Zeit zwischen 1933 und 1945 betrifft, ist Katyn. Lange Zeit hieß es, die SS hätte das Verbrechen an polnischen Offizieren in diesem weißrussischen Ort begangen, bis sich herausstellte, daß es die russische, die Rote Armee gewesen war. Aus dieser Lüge von damals leiten die Nazis heute ab, daß noch mehr an historischer Falschdarstellung existieren muß. Und sie bauen ihr eigenes (Gegen-) Geschichtsbild auf, und das erscheint Unwissenden und Suchenden nicht selten glaubhaft. Die Nazis machen sich das Sprichwort zunutze: Wer einmal lügt, dem glaubt man nicht, und wenn er auch die Wahrheit spricht.

Genauso verhalten sie sich im Falle der Zahl der Ermordeten im Konzentrationslager Auschwitz. Lange Zeit stand dort eine Gedenktafel, auf der zu lesen war, daß allein in Auschwitz vier Millionen Menschen ermordet worden seien. Im Juli 1990 korrigierte die Gedenkstätte Auschwitz die Zahl auf eine Million. Alt- und Neonazis fragen heute dreist und unüberhörbar: Wenn es erst sechs Millionen Tote waren, jetzt noch viereinhalb Millionen Tote sind, wie viele bzw. wie wenige werden es in ein paar Jahren sein? Was sie zugeben, sind die 75 000 Seuchen- und Epidemietoten, die es in Auschwitz auch noch gab. Aber die systematische Massenvernichtung, geplant und durchgeführt von Deutschen, wird von allen Rechtsextremen in Deutschland und Europa geleugnet, auch von den Frauen.

Geschichtsaufarbeitung heißt immer auch Auseinandersetzung mit Sprache. Klemperer spricht in seinem Buch von Formulierungen und Begriffen, die, in der Nazizeit entstanden, nach 1945 fester Bestandteil der deutschen Sprache blieben. Über deren Bedeutung wird schon gar nicht mehr nachgedacht. Mancher Satz, mancher Ausdruck hat sich bis in die heutige Zeit erhalten. Wer kennt nicht den Spruch: Bis zur Vergasung? Was ist mit dem Begriff »Revisionismus«? Revisionismus bedeutet einmal: streben nach Änderung eines bestehenden (völkerrechtlichen) Zustandes. Als revisionistisch können zweitens alle Bestrebungen bezeichnet werden, die auf eine Veränderung (Revision) des jeweiligen Wissensstandes abzielen. Zu erwähnen sind der sogenannte Revisionismusstreit innerhalb der Sozialdemokratie vor dem Ersten Weltkrieg oder der Streit zwischen sogenannten «Traditionalisten« und «Revisionisten« über die Ursachen des kalten Krieges. Unter Revisionismus versteht man drittens alle Bestrebungen, die Verbrechen des Dritten Reiches zu verharmlosen oder gar völlig zu leugnen. Dies gilt insbesondere für die Leugnung der deutschen Kriegsschuld und des Holocaust. Dieser Revisionismus ist zu einem konstitutiven Teil der Ideologie der Nazis geworden. Was bedeutet dieses Wort im Zusammenhang mit der Auschwitzlüge? Leuchter wird heute »Revisionist« genannt, ebenso Irving. Es wird in den Medien von einer Revisionismusbewegung gesprochen, ohne daß klar zu sein scheint, was dieser Begriff im Zusammenhang mit den Bestrebungen der heutigen Alt- und Neonazis bedeutet. Die (Neo-)Nazis selbst benutzen diesen Begriff nach ihrem Gutdünken, und die Medien übernehmen ihn, ohne jemals dessen Bedeutung zu prüfen. Dabei sagt doch »Streben nach Änderung eines völkerrechtlichen Zustandes« genug über die neuen, alten Ziele der Nazis aus.

Was Spamer und Klemperer in »LTI« behaupten, liest sich heute wie ein böses Omen für das, was auf uns zukommen kann. Der Eindruck wird sich verstärken, wenn man die Bestrebungen und Ziele, die die hier zitierten Frauen formulieren, vergleicht. Dann erklärt sich auch der Satz auf der ersten Seite: »Wollt ihr den totalen Krieg?«

Nicht weniger und nicht mehr, als was dieser Satz beinhaltet, gilt es zu verhindern. Bewahren wir uns unsere geistige Gesundheit und erhalten uns damit die Kraft zum Widerstand. Wir Deutschen im Jahre 1994.

Eigentlich habe ich noch viel zu sagen. Wenn ich mir das Geschriebene durchlese, dann habe ich das Gefühl, alles hört sich sehr einfach an. Ich meine das im Sinne von: So leicht, wie es aufgeschrieben erscheint, so leicht scheint es sich gelebt zu haben. Ich muß zugeben, daß ich manche Erlebnisse, manche Begegnungen nur schwer verkraftet habe.

Es gab Nächte, in denen ich von Recherchen oder Drehs zurückkam und das Erlebte nicht loswurde. Immer wieder mußte ich daran denken, träumte sogar davon. Ich hatte Herzschmerzen und wollte nur meine Ruhe haben.

Zum Schluß, im Jahr 1993, habe ich die Angst wirklich nicht mehr gespürt. Ich glaubte, ich hätte sie einfach verloren.

Es gibt Journalisten, die kommen damit besser klar, haben sich Beruhigungs- und Ablenkungsstrategien erarbeitet, um Privat- und Arbeitsleben zu trennen. Sie können scheinbar einfach abschalten, wenn sie ihren Dienst beendet haben. Meistens sind das Journalisten mit größeren Erfahrungen. Und wahrscheinlich wissen sie auch genau, warum sie ausgerechnet diesen Job wollten. Ich weiß es nicht. Natürlich interessieren mich bestimmte Menschen, ihre Geschichten, die Beweggründe für Verhaltensweisen und Situationen, in denen sie sich befinden oder einmal befanden. Diese »Geschichten« nahmen mich gefangen. Andererseits konnte ich mich nicht vor ihnen schützen. Es schien, als bestimmten sie in jener Zeit, in der ich an ihnen arbeitete, mein Leben, vor allem meine Gedanken. Solange die Kraft reichte, hat das funktioniert. Ich habe nicht probiert, was würde, wenn ich noch weiter ginge. Ich lebe wieder in meiner eigenen »Geschichte«, jedenfalls versuche ich es.

Wenn das Buch erscheint, dann ist es fast genau ein Jahr her, daß ich gekündigt habe.

Ich arbeite mit diesem Buch auch meine eigene Geschichte auf. Ich habe mich seit langem nicht mehr so sehr für eine Arbeit engagiert. Ich habe Zeit und Raum für eigene Gedanken, die diesmal nicht in ein Zeitraster, wie bei einem Fernsehbeitrag, gepreßt werden müssen. Vielleicht ist dieses Buch deshalb das Konkreteste, was ich jemals über Rechte gemacht habe.

Die seit meiner Kündigung vergangenen zwölf Monate nenne ich mein »Besinnungsjahr«.

Ich habe Freunde wiedergetroffen, zu denen der Kontakt abgebrochen war, und es hat einige Zeit gedauert, bevor ihr Mißtrauen mir gegenüber abgebaut war.

Immer wieder wurden Fragen gestellt: Warum hast du das getan? Wofür? Hat es sich gelohnt? Als mir diese Fragen gestellt wurden, fühlte ich mich gezwungen, endlich wirklich darüber nachzudenken, den Fragen nicht mehr auszuweichen.

Es hat weh getan, denn nicht alles, was ich antwortete, schien einleuchtend, war plausibel. Manchmal mußte ich auch Fehler erkennen, obwohl ich es doch ehrlich gemeint hatte mit dem, was ich versucht habe. Würde ich alles noch einmal und genauso machen? Ich glaube, ja, aber überlegter, rationaler, distanzierter.

Ich habe im vergangenen Jahr Menschen kennengelernt, über die ich froh bin, daß es sie gibt.

Nicht nur Journalisten haben sich die neue deutsche Realität zu Herzen genommen, das habe ich erfahren. Ich habe Filme gesehen, die sich mit Neonazis beschäftigen, habe deutsche Hip Hop Musik gehört, die sich konsequent und deutlich mit Rechtsradikalismus auseinandersetzt. Ganz junge Leute unterschiedlicher Nationalitäten, die meisten mit deutscher Staatsbürgerschaft, wehren sich mit ihrer eigenen Sprache, mit eigenen Ausdrucksformen gegen die immer bedrohlicher werdende Ausländerfeindlichkeit.

Zum Beispiel hat mich die Hip Hop Band »Rödelheim Hartreim Projekt« auf die Überschrift »Wollt ihr den totalen Krieg?« gebracht. Sie verwenden dieses Originalzitat von Goebbels in ihrem Lied »Krieg«. Darin heißt es:

WER SAGT, ER WOLLE DEN KRIEG, IST EIN NARR UND GEBLENDET VON DER
HOFFNUNG AUF SIEG. ER WIRD DEN SIEG UND DEN TÖRICHTEN KRIEG NUR
WOLLEN, SOLANGE ER SICH IN SICHERHEIT WIEGT. WIE AUCH IMMER, NIEMAND
WIRD DEN KRIEG WOLLEN, WENN ER SELBST ERST AM BODEN LIEGT, WEIL, WIE
ER SELBST, SEINE HOFFNUNG AUF SIEG GETÖTET WIRD, IM KRIEG.
WOLLT IHR DEN TOTALEN KRIEG?

Franziska Tenner
Berlin, 1. August 1994

Dank an alle Menschen, die mir durch ihre Unterstützung diese Arbeit erleichtert haben. Besonders danken möchte ich meinen Freunden, die mir mit ihrer Hilfe, ihrer Kritik und ihrem liebevollen Beistand ermöglicht haben, dieses Buch zu schreiben.

Herzlichen Dank an Birgit W., Jana und Holger, Dietmar, Peter, Margitta, Cousine Birgit und Ralf.

Franziska Tenner als Franziska Tenner
Foto: Gust/ZENIT

Auszüge aus dem Verfassungsschutzbericht der Bundesrepublik Deutschland, 1993. Rechtsextremistische Bestrebungen

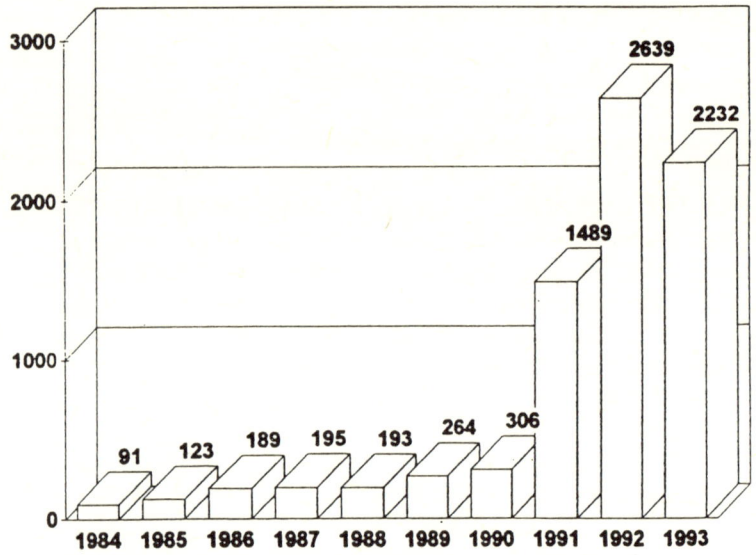

Anzahl der Straftaten mit rechtsextremistischem Hintergrund

Gewalttaten gegen politische Gegner und deren Trefforte

Der Kampf gegen den politischen Gegner gewinnt im rechtsextremistischen Lager immer größere Bedeutung. Unter dem Schlagwort »Anti-Antifa« begann eine informationelle Vernetzung von Neonazis, die zu einer neuen Qualität rechtsextremistischer Anschlagsplanungen führen könnte.

Ende 1993 erschien eine Schrift mit dem Titel »DER EINBLICK – Die nationalistische Widerstandszeitschrift gegen zunehmenden Rotfront- u. Anarchoterror«. Sie enthält eine ausführliche und nach Regionalbereichen gegliederte Sammlung von Namen, Adressen und Anlaufstellen von politischen Gegnern, so u. a. von Angehörigen der »Antifa«-Szene, der Gewerkschaften, der Partei »Die Grünen« und der SPD. Hierzu schreiben die Verfasser u. a.: »(...) Es nützt uns nichts, wenn wir uns an den vielen Adressen erfreuen, die wir hier veröffentlichen. Diese Veröffentlichungen müssen entsprechende Konsequenzen für unsere Gegner haben. (...) Wir dürfen nie vergessen, daß wir ALLE vereint bedroht, angegriffen, verletzt und ermordet werden. Laßt uns deshalb auch ALLE gemeinsam – jeder nach seiner eigenen persönlichen Kraft – die kriminellen Gegner entlarven und sie mit den uns zur Verfügung stehenden Mitteln bestrafen.«
Ungewöhnlich sind vor allem der Umfang der Datensammlung sowie die Tatsache, daß die Schrift der Presse zugespielt wurde und damit große Publizität erlangte. ...

Das Erstellen von Listen über politische Gegner durch Rechtsextremisten ist nichts Neues. Regelmäßig wurden solche Datensammlungen in der Öffentlichkeit als »Todeslisten« hochstilisiert.

Übersicht

Die Zahl der militanten Rechtsextremisten wurde Ende 1993 auf rund 5.600 Personen (neue Bundesländer: 2.600, alte Bundesländer: 3.000) geschätzt. Charakteristisch für die militante rechtsextremistische Szene waren wie in den Vorjahren strukturlose bzw. -arme Zusammenschlüsse von Jugendlichen, darunter vorwiegend Skinheads.

Größere Tätergruppen waren bei weitem seltener als in den Vorjahren. In insgesamt 29 (1992: 208) Fällen waren jeweils mehr als 20 Personen an einzelnen Gewalttaten beteiligt. Die Mehrzahl dieser Taten (22) ereignete sich wie bereits 1992 (159) in den neuen Ländern.

In einigen Fällen konnten Anhaltspunkte für eine stärkere Organisierung der militanten Szene festgestellt werden. So wurde auch 1993 gegen einige kleinere Gruppierungen von Rechtsextremisten wegen des Verdachts der Bildung von terroristischen oder kriminellen Vereinigungen ermittelt. In einem Fall wurde Anklage erhoben. Angehörige der verbotenen »Nationalen Offensive« (NO) im Raum Witten werden beschuldigt, eine kriminelle Vereinigung gegründet zu haben. Zweck der Vereinigung sei die Durchführung von zahlreichen fremdenfeidlichen Schmieraktionen gewesen. Einige der Beschuldigten sind auch verdächtig, weitere Straftaten, wie z. B. einen Angriff auf ein Asylbewerberheim, verübt zu haben.

Künftig könnte der Aktionismus des »Anti-Antifa-Kampfes« die militante Neonaziszene in stärkerem Maße als bisher strukturell festigen.

Analyse der mutmaßlichen Gewalttäter

1993 wurden dem Bundesamt für Verfassungsschutz 763 mutmaßliche Tatbeteiligte an Gewalttaten mit erwiesener oder zu vermutender rechtsextremistischer Motivation bekannt.

Ihre Altersstruktur ergibt folgendes Bild:

	1993	1992	1991
unter 18 Jahren	16,8 %	23,9 %	21,2 %
18–20 Jahre	39,1 %	43,3 %	47,8 %
21–30 Jahre	36,5 %	29,9 %	28,3 %
31–40 Jahre	4,9 %	2,5 %	2,2 %
41 Jahre und älter	2,7 %	0,4 %	0,5 %

Der Anteil der Jugendlichen und Heranwachsenden ging um fast 10% zurück und betrug 1993 rund 56%. Dagegen stieg der Anteil der 21 bis 30jährigen um etwa 6,5% auf rund 36,5%. Über 30 Jahre alt waren rund 7,5% (1992: 2,9%).

Ursächlich für den Rückgang bei Jugendlichen und Heranwachsenden könnte sein, daß 1993 keine größeren Ausschreitungen des Ausmaßes von Hoyerswerda (1991) und Rostock (1992) Jugendliche zum Mitmachen oder Nachahmen animierten.

Der Anteil der Frauen unter den mutmaßlichen Gewalttätern ging um rund 1% zurück.

	1993	1992	1991
männlich	96,4 %	95,3 %	97 %
weiblich	3,6 %	4,7 %	3 %

Die in Neonazikreisen verbreitete uneingeschränkte Übernahme der Vorstellungen der Nazidiktatur wird von einigen Gruppierungen, die sich als »Nationalrevolutionäre« sehen, abgelehnt. Seit Beginn der 80er Jahre fordern diese Neonazis eine »Abkehr vom Hitlerismus«. Sie sprechen sich für einen antiimperialistischen und befreiungsnationalistischen Kampf aus, sympathisieren mit dem palästinensischen Befreiungskampf gegen Israel und wenden sich gegen jede kapitalistische Staatsdoktrin. Ihr Vorbild sind die Vorstellungen eines »sozialrevolutionären« Nationalsozialismus, wie er in der Frühphase der NSDAP von dem Nationalbolschewisten Ernst Niekisch, dem SA-Stabschef Ernst Röhm sowie den Brüdern Dr. Otto und Gregor Strasser vertreten wurde. Nationalrevolutionäre Ideen, die in den 80er Jahren den Neonazismus in der Bundesrepublik Deutschland partiell prägten, verblaßten seit der Wende zunehmend in dem Maße, in dem die Revisionisten offensiv wurden und in der Szene Gehör fanden.

Wirkungen der Verbote und Folgeaktivitäten

Neonazistische Kreise sind erheblich verunsichert durch die in den beiden letzten Jahren ausgesprochenen Verbote von sieben rechtsextremistischen Vereinigungen, die Einleitung zahlreicher strafrechtlicher Ermittlungsverfahren wegen Verdachts des Verstoßes gegen die Verbote und aufgrund der vielen Durchsuchungen im Zuge der Verbots- und Ermittlungsverfahren. Bemühungen, neue Strukturen aufzubauen, wurden nur vereinzelt festgestellt. So hatten einige ehemalige Anhänger der 1992 verbotenen »Deutschen Alternative« (DA) versucht, unter den Bezeichnungen »Brandenburgische Volkspartei« (BVP) und »Deutsche Nationalisten« (DN) neue Vereinigungen aufzubauen. Während die Bemühungen um die BVP erfolglos blieben, gelang es Anhängern der DN, die sich selbst als politische Partei ansehen, zunächst in Rheinland-Pfalz Fuß zu fassen. Ob die Aktivisten dieser neugegründeten Vereinigung die verfassungswidrigen Bestrebungen der verbotenen DA als Ersatzorganisation weiter verfolgen, wird von den Sicherheitsbehörden ständig beobachtet. Einzelne Aktivisten der DA orientierten sich auch zu anderen rechtsextremistischen Organisationen hin. So kandidierte der ehemalige DA-Bundesvorsitzende Frank HÜBNER (27) bei den Kommunalwahlen im Land Brandenburg am 5. Dezember für das Amt des Oberbürgermeisters in Cottbus auf einer Liste der »Deutschen Liga für Volk und Heimat« (DLVH).

Der ehemalige Vorsitzende der 1992 verbotenen » Nationalistischen Front« (NF), Meinolf SCHÖNBORN (38), versuchte durch Rundschreiben und »Berichte zur Lage«, seine Anhänger zusammenzuhalten und zu Spenden zu veranlassen. Dieser Umstand und sein Bestreben, den vom NF-Verbot miterfaßten »Klartext-Verlag« fortzuführen, haben zu strafrechtlichen Ermittlungen, weiteren Durchsuchungen und der Beschlagnahme beweiserheblichen Materials geführt.

Der frühere Vorsitzende der 1992 verbotenen »Nationalen Offensive« (NO), Michael SWIERCZEK (32), gab nach dem Verbot die monatliche Publikation »Rechtskampf« heraus, angeblich um über den Stand der gerichtlichen Auseinandersetzung der verbotenen Organisationen zu berichten. Die zuständige Staatsanwaltschaft ermittelt allerdings unter dem Gesichtspunkt des Verstoßes gegen das Verbot der NO.

»Freiheitliche Deutsche Arbeiterpartei« (FAP)

Die dem Nationalsozialismus verhaftete und – gemessen an ihrer Agitation und ihren programmatischen Forderungen – vor allem fremdenfeindlich ausgerichtete FAP wurde im Jahre 1979 gegründet. Seit 1984 wurde sie von Aktivisten der 1983 verbotenen »Aktionsfront Nationaler Sozialisten/Nationale Aktivisten« (ANS/NA) unterwandert. Geleitet wird die FAP seit 1988 von Friedhelm BUSSE (64). Die Zahl der Mitglieder stieg nach früheren Mißerfolgen und internen Streitigkeiten auf rund 430 (1992: rund 220). Wachsende Aktivitäten entfaltete die FAP vor allem im Großraum Berlin-Brandenburg und den östlichen Bundesländern. Daneben ist der mitgliederstärkste Landesverband Nordrhein-Westfalen einer der aktivsten. Bemühungen zum Aufbau breiterer Strukturen brachten nicht den erhofften Erfolg. Die Agitation der FAP richtet sich vor allem gegen auf Scheinasylanten reduzierte Asylbewerber, sonstige häufig pauschal als kriminell und dauerarbeitslos titulierte Ausländer sowie als »Chaoten« bezeichnete politische Gegner.

In den Äußerungen führender Funktionäre der FAP wird dem Sprachgebrauch der Nationalsozialisten entsprechend eine »Machtübernahme« angekündigt. Politisch Andersdenkende werden als »Feinde« der FAP bezeichnet, die nach der »Machtübernahme« zu erschießen seien. Auf diese Weise werden bei Mitgliedern und Anhängern der FAP Ressentiments erzeugt und Haßgefühle aufgebaut. Bundesregierung und Bundesrat beantragten im September beim Bundesverfassungsgericht das Verbot der FAP wegen der verfassungswidrigen Agitation der Partei, die diese in aggressiver kämpferischer Weise betrieb. Da die Partei mit einem Verbot rechnete, hielt sie sich 1993 mit schriftlichen Verlautbarungen merklich zurück.

»Nationale Liste« (NL)

Die 1989 von Anhängern des im April 1991 verstorbenen Neonazi-Führers Michael KÜHNEN gegründete Hamburger Landespartei wird von Thomas WULFF (30) und Christian WORCH (37) geleitet. In ihrem Programm bezeichnet sich die NL als »Partei des neuen Nationalismus«. ... Ihre Vorstellungen zur Sozialpolitik artikulierte die NL u. a. mit der Forderung: »Deutsches Geld für deutsche Aufgaben«.

Im August beantragte der Hamburger Senat beim Bundesverfassungsgericht das Verbot der NL wegen verfassungswidriger Betätigung.

Die Publikation »INDEX«, das Parteiorgan der NL, veröffentlichte im Rahmen einer breit angelegten und mit großem Nachdruck betriebenen »Anti-Antifa«-Kampagne Namen, Einrichtungen, Trefforte etc. von politischen Gegnern. Diese von WORCH veranlaßte Aktion versteht sich als Reaktion auf die linke »Antifa«-Bewegung. Nach deren Vorbild sollen Gegner aus dem »Antifa«-Lager durch öffentliche Bekanntmachung unter Druck gesetzt und von Aktivitäten abgehalten werden. Gleichzeitig soll diese Kampagne durch die »informationelle Vernetzung« unterschiedlicher Gruppen des rechtsextremistischen Spektrums die Voraussetung für eine organisationsübergreifende Aktionsgemeinschaft schaffen. Es zeigten sich bereits erste deutliche Ansätze zu einer Verflechtung rechtsextremistischer Gruppierungen durch moderne Informationstechnik (»informationelle Vernetzung«). Neonazistische Gruppierungen arbeiten im Rahmen eines gemeinsamen Aktionskonzepts zusammen, ohne ihre organisatorische Selbständigkeit aufzugeben.

WORCH war einer der Organisatoren des »Rudolf-Heß-Gedenkmarsches« am 14. August in Fulda. In einer gemeinsamen Aktion gelang es ihm und seinen Mitstreitern, trotz z. T. landesweiter Verbote, rund 500 Aktivisten auf dem Domplatz in Fulda zu versammeln. Neben Neonazis – vor allem aus Kreisen der FAP – nahmen auch Anhänger der »Jungen Nationaldemokraten« (JN) und der »Nationaldemokratischen Partei Deutschlands« (NPD) sowie Abordnungen aus dem Ausland teil, mithin ein signifikantes Beispiel für eine organisationsübergreifende Gemeinschaftsaktion verschiedener rechtsextremistischer Organisationen.

»Direkte Aktion/Mitteldeutschland« (JF)

Die seit Spätsommer 1993 unter dem Namen »Direkte Aktion/Mitteldeutschland« (JF) auftretende Gruppierung ist die Nachfolgerin des »Förderwerks Mitteldeutscher Jugend« (FMJ). Diese Vereinigung und die eng mit ihr kooperierende »Sozialrevolutionäre Arbeiterfront« (SrA) waren 1992 von ehemaligen

Anhängern der NF noch vor deren Verbot gegründet worden. Vorausgegangen war eine Spaltung innerhalb der NF-Anhängerschaft. FMJ und SrA lösten sich – um einem Verbot zuvorzukommen – formell auf, so daß anschließend die »Direkte Aktion/Mitteldeutschland« (JF) neu gebildet werden konnte. Die JF ist überwiegend in Brandenburg und Berlin aktiv.

Im JF-Mitteilungsblatt »Angriff« werden in aggressiver Form neonazistische Forderungen propagiert. In einer Kampfanleitung für »Die politische Tat«, die mit dem Goebbels-Zitat »Rache muß kalt genossen werden« unterstrichen wird, heißt es: »Wenn wir kämpfen, dann richtig. (...) Deshalb sind Aktionen (die Rede ist hier von Verteil- und Flugblattaktionen) vorher generalstabsmäßig zu planen und nur mit dafür fähigen Leuten durchzuführen.«

Eine ausgeprägte antisemitische Grundhaltung zeigt sich u. a. in einem Artikel »Kapitalismus und auserwähltes Volk«, in dem es heißt: »(...) Dieser durch die parasitäre Ausnutzung der Völker hervorgebrachte Reichtum ermöglicht es den Juden in einem Zeitalter wie dem unseren, wo Geldreichtum entscheidet, einen außergewöhnlich weitreichenden Einfluß auszuüben. So baut sich auf den jüdischen Kapitalismus ein jüdischer Imperialismus auf (...).«

»Hilfsorganisationen für nationale politische Gefangene und deren Angehörige e.V.« (HNG)

Die 1979 gegründete HNG stellt ein Sammelbecken für Neonazis dar. Mit rund 220 Mitgliedern ist die von der NS-Aktivistin Ursula MÜLLER (60, Mainz) geleitete Organisation einer der mitgliederstärksten Neonazizusammenschlüsse. Neben ihrem satzungsgemäßen Ziel, »nationale politische Gefangene« zu betreuen, ist die HNG bestrebt, aus der Haft entlassene Gesinnungsgenossen wieder in die neonazistische Szene zurückzuführen. Regelmäßig veröffentlicht sie in ihrer Publikation »Nachrichten der HNG« eine »Gefangenenliste«, die der Kontaktvermittlung zu Inhaftierten dient. Eine weitere Aufgabe sieht die HNG in der Aufklärung über die »wachsende Repression des herrschenden Systems gegen volkstreue Kräfte des rechten ultra-militanten Lagers« und Information über andere neonazistische Vereinigungen.

In Berichten über inhaftierte Neonazis werden regelmäßig staatliche Institutionen diffamiert. So heißt es in einem Artikcl über den verurteilten Neonazi Thomas DIENEL (32):»Die

augenblickliche Haftsituation unseres Kameraden Dienel sollte
uns zu denken geben dahin, daß einerseits dieser Staat selbst das
Widerwärtigste des Widerwärtigen gegen unsere Gemeinschaft
zum Einsatz bringt, um das endgültige Scheitern seiner derzeiti-
gen Chaospolitik noch ein wenig zu verzögern.« ...

Die HNG forderte ihre Anhänger auch zur Sammlung von Namen und Adressen von »Schergen des herrschenden Systems«
auf, um diesen Personenkreis öffentlich anzuprangern: »Wir bitten alle unsere Leser, uns die Privatadressen von Schergen des
herrschenden Systems (Kripo- und Vollzugsbeamte, Richter etc.)
mitzuteilen (...) Wir werden sie dann zu gegebener Zeit publik
machen, wenn unsere Leute durch etwaige rechtswidrige Übergriffe in Mitleidenschaft gezogen werden.«

In den neuen Bundesländern konnte die HNG ihr Ziel, verstärkt
Mitglieder zu gewinnen, nicht erreichen. Bei der Vorstandswahl
im September etablierten sich neben der wiedergewählten Ursula
MÜLLER insbesondere Neonazis aus FAP-Kreisen. Damit ist der
Einfluß der FAP auf die HNG spürbar gewachsen.

»Nationalsozialistische Deutsche Arbeiterpartei – Auslands- und Aufbauorganisation« (NSDAP-AO)

Die NSDAP-AO verfügt in Deutschland weiterhin über »Stütz-
punkte«, die auch 1993 von der »Auslandszentrale« in Lin-
coln/Nebraska (USA) mit umfangreichem neonazistischem Propagandamaterial versogt wurden. Diese in den USA straffrei
hergestellten Schriften, Aufkleber und Handzettel werden von
den deutschen Gesinnungsgenossen bei ihren Schmier-, Klebe-
und Verteilaktionen verwendet. Der US-Bürger Gary Rex
LAUCK (40), der seit Jahren als »Propagandaleiter« der NSDAP-
AO auftritt, gibt auch das alle zwei Monate erscheinende NSDAP-
AO-Organ »NS Kampfruf« heraus, in dessen Mai/Juni-Ausgabe
es heißt: »Es erscheint den meisten Deutschen heute noch un-
denkbar, doch muß es gedacht werden: der bewaffnete Widerstand, der Aufstand unterdrückter Völker gegen die Absichten
und die Verherrlichung – neudeutsch: Glorifizierung – eines angeblich (...) auserwählten Volkes«.

1995 wurde Gary Lauck endlich in Haft genommen.

Das Blatt dient deutschen Neonazis als wichtiges Propaganda-
mittel. Es veröffentlicht u. a. antisemitische und ausländerfeindliche

Artikel: »Der verderbliche Einbruch in unser arteigenes Fühlen kam von dem Bringer allen Verderbens – vom Juden. Mit ihm bricht das jüdische Ideal, die Fratze dieser Rasse, in deutsche Bezirke der Seele ein. Unverschämt stellt er die Machwerke jüdischer Phantasie in Malerei, Büchern und auf dem Theater zur Schau, und nicht zufrieden, daß sie öffentlich dastehen dürfen, verlangt er sogar, daß sie als gültige Norm für das deutsche Volk anerkannt werden.«

»Wir sind die Träger des schönsten Ideals, das es gibt: Des Rassenideals! Der Überlegenheit unseres Blutes, unserer Völker und Kulturen bewußt, können wir nicht stillschweigend ihrem endgültigen Dahinsiechen beiwohnen.«

Jugend- und Studentenorganisationen

Den sechs rechtsextremistischen Jugend- und Studentenorganisationen gehörten wie 1992 rund 700 Mitglieder an. Die in der Regel erwachsenen Führer der Jugendgruppen sind überzeugte demagogische Rechtsextremisten. Dies gilt jedoch – von den JN als Parteijugend abgesehen – nicht für alle Mitglieder. Halbwüchsige dürften sich regelmäßig weniger von der rechtsextremistischen Ideologie und Propaganda dieser Gruppen als vielmehr von der praktizierten Kameradschaft, den jugendgemäßen Sport- und Freizeitgestaltungen wie Zelt- und Lagerfeuerangeboten angezogen fühlen. Die Führer setzen diese Mittel bewußt ein, um junge Menschen als Mitglieder zu gewinnen und politisch zu indoktrinieren. Neben den JN entfaltete die »Wiking-Jugend« (WJ) erwähnenswerte Aktivitäten.

»Wiking-Jugend« (WJ)

1. Organisation

Die WJ ist eine nach dem autoritär-elitären Führerprinzip ausgerichtete, in »Gaue« und »Horste« gegliederte Organisation mit rund 400 Mitgliedern. In den neuen Ländern gelang es der WJ mit ihrem Bundesführer Wolfram NAHRATH (30), die Organisationsstrukturen weiter auszubauen. Neben den bereits bestehenden Gauen Preußen, Sachsen und Thüringen konnte die WJ nach eigenen Angaben in Sachsen-Anhalt einen weiteren Gau gründen.

2. Zielsetzung

Die einer rassistisch geprägten »Nordland-Ideologie« huldigende WJ hat die »Erziehung zur gemeinschaftsgebundenen Persönlichkeit« zum »wichtigsten Ziel« erklärt und propagiert: Die höchste Gemeinschaft ist das Volk. Die WJ kämpft für den »Erhalt unseres Volkes und unserer Art« und will diese »vor den Mächten, die Europa in zwei Weltkriege trieben und an der Vernichtung der Völker, besonders aber des deutschen, arbeiten, verteidigen.« Sie besteht auf einer Völkergemeinschaft »unter Wahrung aller Grenzen und Eigenarten«.

Scharfe Vorwürfe richtet die WJ gegen »unfähige und auch willkürliche Machthaber aus Deutschland (...), Fanatiker der selbstzerstörerischen Wahnidee einer völkervernichtenden Bastardo-Multi-Kultur. (...) (Z)ur eigenen Machtentfaltungf läßt die Siegermachtsdemokratie ihre dürftige Maske fallen und zeigt das häßliche Gesicht der Diktatur der Parteien (...)«.

3. Aktivitäten

Die WJ stellte das Fahrtenjahr 1993 unter das Leitwort »Wir ziehn nach Nordlands Winden«. Ihren Mitgliedern und Freunden bot sie Heimabende, Wochenendfahrten, Ferienlager, körperliche Ertüchtigung sowie Geländespiele an. Sie wolle damit in einer »Zeit des steigenden Verbrechertums und der Zerstörung aller sittlichen Werte den Wehrwillen wecken«. Im Mittelpunkt der Aktivitäten standen die »39. Tage volkstreuer Jugend« vom 28. Mai bis 1. Juni in Hetendorf (Kreis Celle).

Darüber hinaus beteiligte sich die WJ an der Organisation der »Heldengedenkfeier« am 14. November (Volkstrauertag) in Halbe (Brandenburg). Sie stilisierte Halbe als Symbol des verzweifelten deutsch-europäischen Abwehrkampfes gegen die »bolschewistische Soldateska« und hatte – wie auch andere rechtsextremistische, insbesondere neonazistische Organisationen – ihre Mitglieder zur Beteiligung in Halbe aufgerufen.

Mit der Teilnahme an der von Neonazis organisierten Kundgebung anläßlich des 6. Todestages von Rudolf Heß am 14. August in Fulda dokumentierte die WJ ihre schon seit Jahren währende Verwobenheit mit der neonazistischen Szene. Die seit einigen Jahren zu beobachtende Annäherung zwischen der WJ und der NPD wurde durch die Wahl des »Altwikingers« und langjährigen WJ-

Bundesführers Wolfgang NAHRATH (64) in den Vorstand des NPD-Landesverbandes Nordrhein-Westfalen bekräftigt.

Internationaler Revisionismus

Die aus dem Ausland betriebene revisionistische Agitation in Deutschland wurde 1993 durch Gerichtsentscheidungen und behördliche Maßnahmen erheblich eingeschränkt. Sie beruhen vor allem auf Anwendung der rechtlichen Bestimmungen zu den Tatbeständen «Volksverhetzung» (§ 130 StGB), «Beleidigung» (§ 185), «Verunglimpfung des Andenkens Verstorbener» (§ 189 StGB). Seit 1985 ist dies auch auf die Auschwitzlüge anwendbar, was 1995 durch höchstrichterliche Entscheidungen präzisiert wurde. 1994 hat der Bundestag ein Gesetz beschlossen, durch das jegliche «Leugnung» und «Verharmlosung» der an den Juden verübten Verbrechen unter Strafe gestellt wird.

Irving

Gegen den führenden Anti-Holocaust-Redner auf deutschem Boden, den Briten David IRVING (55), setzte das Landgericht München I am 13. Januar die Geldstrafe, die das Amtsgericht München 1992 verhängt hatte, von 10.000 auf 30.000 DM hinauf.

IRVING erhielt wiederholt die Auflage, bei seinen Vorträgen nicht über den Holocaust zu reden, so am 14. Januar in München und am 3. Juli in Mainburg (Kreis Kelheim). Das Oberverwaltungsgericht Schleswig entschied am 5. Oktober, der Kreis Segeberg habe ihm vor seiner Rede vom 8. November 1991 in Lentföhrden zu Recht auferlegt, nicht über den Nationalsozialismus und den Zweiten Weltkrieg zu referieren.

Am 5. Juli wurden IRVING und seine Zuhörer schon vor dem Vortrag vom Wirt aus einer Münchener Gaststätte gewiesen.

IRVING konnte seine revisionistischen Thesen nur zweimal in Deutschland vortragen: am 26. Juni in Gülden (Kreis Lüchow-Dannenberg) und am 27. Juni in Hamburg. Kurz vor Antritt einer neuen Vortragsserie, die am 9. November, dem Jahrestag der »Reichskristallnacht«, beginnen sollte, wurde er von der Stadtverwaltung München als unerwünschter Ausländer aus Deutschland ausgewiesen.

Ochsenberger

Der Österreicher Walter OCHSENBERGER (52), der nach seiner durch den Obersten Gerichtshof in Wien erfolgten Verurteilung zu einer Freiheitsstrafe von zwei Jahren ohne Bewährung nach Spanien geflohen war, wurde am 19. Februar in Kiel festgenommen und am 3. Mai an Österreich ausgeliefert. Seine Monatsschrift »Sieg« erscheint seitdem nicht mehr.

Christophersen

Der in Dänemark lebende Deutsche Thies CHRISTOPHERSEN (75), der die Vierteljahresschrift »Die Bauernschaft« herausgibt, wollte das alljährliche Treffen seiner Anhänger vom 17. bis 22. Mai in Dänemark unter der Bezeichnung »Nordische Dichtertage« durchführen. Die Veranstaltung wurde angesichts der Androhnung gewaltsamer Demonstrationen durch antifaschistische Gruppen abgesagt.

Honsik

Der Österreicher Gerd HONSIK (52), der nach seiner Verurteilung zu einer Freiheitsstrafe von rund anderthalb Jahren ohne Bewährung nach Spanien geflohen war und seine Monatsschrift »Halt« seitdem in unregelmäßigen Abständen von dort verbreitet, muß mit der Unterbindung dieser Aktivitäten rechnen. Der spanische Innenminister erklärte am 29. September im Parlament, er werde ein Gesetz vorschlagen, das es ermögliche, den Druck deutscher Neonaziblätter in Spanien zu verbieten.

Leuchter

Der Amerikaner Fred A. LEUCHTER (50), Verfasser des »Leuchter Reports«, der am 10. November 1991 in einem Vortrag in Weinheim an der Bergstraße den Holocaust als wissenschaftlich widerlegt bezeichnet hatte, wurde am 28. Oktober 1993 kurz vor seinem geplanten Auftritt in einer Fernsehsendung in Köln festgenommen. Am 30. November wurde er allerdings gegen eine Kaution von 20.000 DM aus der Untersuchungshaft entlassen. Er reiste sofort aus Deutschland aus.

Wahl

Die von dem Schweizer Dr. Max WAHL (70) herausgegebene Monatszeitschrift »Eidgenoss« erscheint nur noch alle zwei bis drei Monate.

Zündel

Die Berufung des in Kanada lebenden Deutschen Ernst ZÜNDEL (54) gegen das Urteil des Amtsgerichts München vom 16. Dezember 1991 wurde am 23. November vom Landgericht München I abgewiesen. Es bleibt daher bei der Geldstrafe in Höhe von 12.600 DM. ZÜNDEL ließ in der Zeit vom April bis September eine wöchentliche halbstündige Propagandasendung in deutscher Sprache mit dem Titel »Die Stimme der Freiheit« über wechselnde private Kurzwellensender in den Vereinigten Staaten von Amerika ausstrahlen. In seinem Rundbrief vom 27. August beklagte er sich, die Sender hätten »auf Druck des Gegners« die Verträge mit ihm auslaufen lassen.

Sonstige rechtsextremistische Propaganda aus dem Ausland

Hauptproduzent des NS-Propagandamaterials, das aus dem Ausland nach Deutschland geschleust wird, ist nach wie vor der Amerikaner Gary R. LAUCK (40), der unter der Bezeichnung »Nationalsozialistische Deutsche Arbeiterpartei – Auslands- und Aufbauorganisation« (NSDAP-AO) firmiert und als Adresse ein Postfach in Lincoln in Nebraska angibt. Er enthebt seine deutschen Gesinnungsgenossen des Risikos mehrjähriger Strafen, die ihnen drohen würden, wenn sie diese Materialien in Deutschland selbst herstellen würden. Nun allerdings sitzt er selbst in Haft.

Mehrere deutsche Herausgeber rechtsextremistischer Schriften haben aus Kostengründen und um behördlichen Verboten und Strafen in Deutschland zu entgehen, den Druck ihrer Zeitungen, Flugblätter und Bücher ins Ausland verlegt. So wurden z. B. die Monatsschrift »Nation«, die »Deutsche Stimme« (Organ der NPD) und die »Deutsche Rundschau« (Sprachrohr der DLVH) monatelang in Litauen gedruckt, die beiden letzteren zeitweise auch in Weißrußland.

Verurteilung des KÜHNEN-Nachfolgers KÜSSEL

Der österreichische Neonaziführer Gottfried KÜSSEL (35), der zeitweise als Nachfolger des verstorbenen deutschen Neonaziführers Michael KÜHNEN galt, wurde am 29. September vom Landesgericht Wien wegen »Wiederbetätigung im nationalsozialistischen Sinne« zu einer Freiheitsstrafe von zehn Jahren ohne Bewährung verurteilt. KÜSSEL befindet sich seit dem 7. Januar 1992 in Haft.

Verbindungen zum »Ku Klux Klan« (KKK)

Einige deutsche Rechtsextremisten standen 1993 in brieflichem Kontakt mit amerikanischen KKK-Gruppierungen. Der rassistische KKK stellt in den Vereinigten Staaten keine einheitliche Organisation dar. Es gibt etwa 20 voneinander unabhängige Gruppen, die sich so nennen.
Die geheimnisumwitterten Rituale des KKK stoßen insbesondere in der neonazistischen Skinheadszene auf Sympathien. Skinheads ahmen diese Rituale gelegentlich nach, was in der Öffentlichkeit den Eindruck erweckt, der KKK habe in Deutschland organisatorische Strukturen geschaffen. Hinweise auf angebliche KKK-Gruppen in Deutschland haben sich auch 1993 nicht bestätigt. Sie beruhen wahrscheinlich auf einer Fälschung eines Journalisten.

Anmerkungen

1 Renee
  Bezeichnung für Frauen und Mädchen in der Skinhead-Szene

2 Nationale Alternative (NA)
  Erste legal in der DDR arbeitende rechtsextreme Partei, gegründet am 31. 1. 1990 in Berlin; die NA wurde von der Rechts-
  abteilung der Volkskammer der DDR als Wahlpartei unter der Nr.
  43 ins Parteienregister der DDR eingetragen; Beteiligung an
  der Wahl zum Berliner Abgeordnetenhaus am 2. 12. 1990; seit
  Ende 1991 ist die NA inaktiv

3 Deutsche Alternative (DA)
  Die DA wurde auf Initiative von Michael Kühnen am 5. 5. 1989 in
  Bremen gegründet. Vorsitzender der rechtsextremen Partei war
  Walter Matthaei, während des 3. Reiches Referent in Rosenbergs
  Reichsministerium für die besetzten Ostgebiete, 1952 gründete
  er die neonazistische Wiking Jugend in der BRD und Spanien, die
  er bis zu seinem Tod 1991 publizistisch und organisatorisch unterstützte; die DA expandierte noch im Dezember 1989 in die
  DDR mit Ortsverbänden in Dresden und Cottbus, die ihrerseits
  die »mitteldeutsche SA« bildeten; seit 1991 war Frank Hübner
  Bundesvorsitzender der DA. Die mitgliederstärkste neonazistische Organisation der Bundesrepublik wurde am 10. 12. 1992
  vom Bundesinnenminister verboten.

4 Nationaldemokratische Partei Deutschlands (NPD)
  Die rechtsextreme NPD wurde 1964 als Versuch einer Samm-
  lungsbewegung durch Zusammenlegung verschiedener rechtsex-
  tremer Gruppierungen gegründet. Zu den Gründungsmitglie-
  dern gehörten auch Vertreter der 1952 verbotenen
  Sozialistischen Reichspartei (SRP). Schon im Februar 1969 erklärte das Oberlandesgericht Celle die NPD für »arbeitnehmer-
  feindlich, antidemokratisch, neonazistisch und rechtsradikal«.
  Ende der 60er Jahre war die NPD in sieben Landtagen präsent.
  Derzeitiger Bundesvorsitzender ist Günter Deckert, Sitz des
  Parteivorstandes ist Stuttgart. Die NPD verfügt über eine mili-

tant-rechtsextreme Jugendorganisation, die Jungen Nationaldemokraten (NJ).

5 Freiheitliche Deutsche Arbeiterpartei (FAP)
Die neonazistische FAP wurde im März 1978 von dem ehemaligen HJ-Führer und NPD-Funktionär Martin Pape gergündet. Die Struktur der Partei orientierte sich am Führerprinzip. Politisch bedeutsam wurde die FAP jedoch erst nach dem Verbot der ANS/NA 1983, als deren Mitglieder unter Anleitung von Michael Kühnen gezielt in die FAP eintraten, um innerhalb der Partei legal weiterarbeiten zu können. Die Arbeit der FAP wurde nach Bekanntwerden der Homosexualität von Michael Kühnen empfindlich gestört, es kam 1986 zur Abspaltung des »Kühnen-treuen Flügels«.
Die FAP verfügte seit Mitte der 80er Jahre über funktionierende Kontakte in die DDR, zum Beispiel nach (Ost-)Berlin, Chemnitz, Leipzig, Halle, Erfurt, Frankfurt an der Oder, Rostock und Schwerin.

6 Nationale Sammlung (NS)
Im April 1988 gründete Michael Kühnen mit den Anhängern des sogenannten »Kühnen-Flügels« in der FAP die Nationale Sammlung. Damit sollte die Organisationsstruktur im Falle eines Verbotes der FAP bewahrt werden. Die NS verlangte die Wiederzulassung der NSDAP. Aufgrund der neo-nationalsozialistischen Ausrichtung der NS wurde diese im Februar 1989 vom Bundesinnenminister verboten.

7 Nationale Liste
Die NL wurde im März 1989 von Thomas Wulff (»Steiner«) in Hamburg gegründet. Die NL arbeitet als Regionalpartei in Hamburg und im Umland, ihr Hauptziel ist der Kampf gegen »die Überfremdung unseres Vaterlandes«. Eigentlicher Führer der NL ist der Neo-Nationalsozialist Christian Worch. Die NL hat eine Schlüsselfunktion innerhalb der rechtsextremen Bewegung in Deutschland und innerhalb der Gesinnungsgemeinschaft der Neuen Front (GdNF). Die Minipartei (ca. 30 Mitglieder) nimmt an Kommunal- und Bürgerschaftswahlen teil.

8 Volkstreue Außerparlamentarische Opposition (VAPO)
Die österreichische rechtsextreme VAPO ist im Sommer 1986 gegründet worden. Sie ist keine Partei im üblichen Sinne, sondern definiert sich als lose Arbeits- und Kampfgemeinschaft. Spitzenfunktionäre sind Gottfried Küssel und Günter Reinthaler (»Gau Wien und Salzburg«). Die VAPO konzentriert ihre Aktivitäten vorwiegend auf die sogenannte »Ostmark« und Bayern. 1990 wurden

enge Kontakte zur Nationalen Alternative (NA) geknüpft, die VAPO unterstützte die NA organisatorisch und finanziell. Über die VAPO lief die Rekrutierung von deutschen und österreichischen Söldnern für den Bürgerkrieg im ehemaligen Jugoslawien.

9 Bündische Jugend
Der Begriff »Bündische Jugend« wird seit 1923 für die politisch und konfessionell nicht festgelegten Bünde der freien Jugendbewegung verwendet. 1933 wurde die Bündische Jugend von den Nazis verboten. So wurde beispielsweise schon am 17. 6. 1933 der »Großdeutsche Bund mit seinen Teil- und Unterorganisationen« verboten. Die vorwiegend nationalen Pfadfindergruppen und Freischaren waren mit ihren Idealen bündischer Jugendarbeit scharfe Konkurrenten der HJ geworden. Die von Dr. Schaffer so bezeichnete »Überführung der bündischen Jugend« in Jungvolk, BDM und HJ verklausuliert geschickt die Zwangseingliederung der Mitglieder der verbotenen Jugendorganisationen in die gleichgeschaltete nationalsozialistische Jugendbewegung.

10 Wolfsangel
Die »Wolfsangel« war während des 3. Reiches das Symbol des Adjutanten des Deutschen Jungvolkes. Entsprechend den Urteilen im Nürnberger Prozeß 1946 ist das Symbol in der Bundesrepublik verboten (§ 86a StGB). Der Begriff taucht im Verbandsleben der neonazistischen Wiking Jugend wieder auf. Ihre Mitglieder absolvieren im Rahmen der militärischen Ausbildung den sogenannten »Wolfsangellauf«.

11 Versailler Vertrag, Young-Plan
Am 28.6.1919 wurde der Versailler Vertrag von den Siegermächten des Ersten Weltkrieges und der Weimarer Republik unterzeichnet. Der von der Pariser Friedenskonferenz ausgehandelte Vertrag fixierte das Kriegsergebnis, beschränkte die Souveränität des Deutschen Reiches, legte Gebietsabtretungen fest, begrenzte Deutschlands militärische Stärke und forderte Kontributionen. Der Young-Plan erhielt seinen Namen von dem amerikanischen Finanzier Owen D. Young, der 1923/24 Mitglied des Alliierten Reparationsausschusses zur Untersuchung der deutschen Finanzen war. 1929 stellte die Pariser Sachverständigenkonferenz unter seinem Vorsitz den Young-Plan auf, der Reparationen in Höhe von 34, 05 Milliarden Reichsmark vorsah, zahlbar bis 1987/88 bei einem Zinssatz von 5, 5 Prozent.

12 »Jüdische Kriegserklärung«
Am 24. 3. 1933, nicht am 23., erschien im britischen »Daily Ex-

press« ein Aufruf britischer jüdischer Kaufleute unter der reiße-
rischen Überschrift »Judea declares war on Germany«. Dieser Artikel wird heute in der rechten Szene als »Kriegserklärung des
Weltjudentums an Deutschland« kolportiert. Im Text geht es allerdings lediglich um einen Boykottaufruf gegen deutsche Waren
wegen des deutschen Antisemitismus. Der Artikel wurde in
Deutschland offiziell zum Anlaß für den landesweiten Boykott jüdischer Geschäfte und die Pogrome am 1. 4. 1933 genommen. Die
Authentizität des Artikels im »Daily Express« ist umstritten.
Doch gemeint ist nicht nur der Boykottaufruf von 1933, sondern
auch der Brief des damaligen Vorsitzenden des Zionistischen
Weltkongresses, Chaim Weizmann, an den britischen Pemiermi-
nister Neville Chamberlain vom 29.08.1939, in dem Weizmann
versicherte, daß die von ihm repräsentierten Juden (etwa 6 % der
gesamten jüdischen Bevölkerung auf der Welt) »an der Seite der
Demokratien kämpfen werden«. Die nationalsozialistischen Propagandisten und die revisionistischen Historiker haben darin
eine »Kriegserklärung« sehen wollen.

13 B'nai B'rith
    hebräisch: »Söhne des Bundes«, weltweit tätiger jüdischer Or-
    den mit karitativer und ethischer Grundausrichtung; gegründet
    1843 in New York; seit 1882 arbeitete B'nai B'rith auch in
    Deutschland; um die Jahrhundertwende waren etwa 38 Logen
    mit über 5000 Mitgliedern aktiv.
    International bekannt ist die amerikanische »Anti-Defamation
    League of B'nai B'rith«, die sich besonders um die Geschichte
    des Holocaust und des Neonazismus verdient gemacht hat.

14 Innsbrucker Platz
    Gemeint ist wahrscheinlich die kinetische Stahlskulptur »Quin-
    cunx« des Berliner Bildhauers Bernd Wilhelm Blank, die am 9. 3.
    1994 aufgestellt wurde.

15 Ribbentrop
    Joachim von Ribbentrop war seit dem 4. 2. 1937 Reichsminister
    des Auswärtigen

16 »Historische Tatsachen«
    Die »Historischen Tatsachen« werden vom Herausgeber Udo
    Walendy (NPD-Mitglied, Bundestagskandidat 1964) als »Wissen-
    schaftliche Zeitschrift« deklariert. Sie erscheinen seit 1975 im
    Verlag für Volkstum und Zeitgeschichtsforschung in Vlotho. Die
    »Historischen Tatsachen« sind geprägt von der Leugnung der
    deutschen Kriegsschuld und des Holocaust. Autor von Heft 1 war

der britische Revisionist Richard Harwood, es handelte sich dabei um den Nachdruck seiner Schrift »Starben wirklich sechs Millionen?«. Immer wieder wurden die Hefte von der Bundesprüfstelle für jugendgefährdende Schriften indiziert. 1978 edierte Walendy auch das Buch »Die Auschwitz-Lüge« von Thies Christophersen. Walendy trat 1986 dem Herausgeberkomitee des revisionistischen »Journal of Historical Review« bei.

17 Ministerium für Raumplanung
Ein Ministerium für Raumplanung hat es in dieser Form nicht gegeben. Raumordnungspläne waren namentlich eng verbunden mit Professor Konrad Meyer, Hauptabteilungsleiter im Stabshauptamt des Reichskommissars für die Festigung des deutschen Volkstums und Direktor des Instituts für Agrarwesens und Agrarpolitik der Berliner Universität. 1940 verfaßte Meyer den »Generalplan Ost« (GPO). Weil er die rassenpolitischen Theorien in bevölkerungspolitische Praxis umsetzte, kommt dem GPO eine Schlüsselfunktion in der Geopolitik des 3. Reiches zu. Vorläufer des GPO war die Denkschrift »Behandlung der Bevölkerung der ehemaligen polnischen Gebiete nach rassenpolitischen Gesichtspunkten« des »Rassenpolitischen Amtes der NSDAP« vom 25. 11. 1939.
Für diese Pläne, deren Grundtenor sich in den Begriffen »Eindeutschung, Abschiebung und Neubesiedelung« zusammenfassen läßt, dürfte Dr. Schaffer mit ihrer Dissertation wesentliche Zuarbeiten geleistet haben.

18 Henleinbewegung
Konrad Henlein betrieb mit der 1933 als Sudetendeutsche Heimatfront gegründeten Sudetendeutschen Partei die Zerschlagung der CSR. Henlein trat offen für den Anschluß der sudetendeutschen Gebiete an das Deutsche Reich ein. Seit Oktober 1938 war er Reichskommissar im Sudetenland, seit Mai 1939 Gauleiter der NSDAP und Reichsstatthalter.

19 Deutsche Frauenschaft
1931 wurde die Gemeinschaft der nationalsozialistischen Frauen in der NS-Frauenschaft gegründet. Die Organisation war in 36 Gaue aufgegliedert. Nach eigenen Angaben hatte die Frauenschaft in der sogenannten »Kampfzeit« die Aufgabe, den Kampf der Bewegung zu unterstützen. D.h. Versorgung der SA (Unterhaltung von Küchen), Unterstützung bedürftiger Parteigenossen ...
Reichsleiterin der NSF war Gertrud Scholtz-Klink

20 Reichsarbeitsführer
Dr. Wilhelm Decker, seit 1929 Reichsredner der NSDAP, 1920

Reichstagsmitglied, Obergeneralarbeitsführer und Chef des Stabes in der Reichsleitung des Reichsarbeitsdienstes; Verfasser von »Der Deutsche Weg« (1933), »Kreuze am Wege zur Freiheit« (1935), »Die politische Aufgabe des Arbeitsdienstes« (1935), »Der Deutsche Arbeitsdienst« (1937) und »Mit dem Spaten durch Polen« (1939). »Reichsarbeitsdienstführer« war allerdings nicht Decker, sondern Konstantin Hierl. »Reichsarbeitsführer« ist eine Rangbezeichnung innerhalb des Reichsarbeitsdienstes.

21 Bromberg
poln. Bydgoszcz, galt vor dem 1. Weltkrieg als »geistiger Vorposten des posenschen Deutschtums«
Bromberger Blutsonntag:
Eine große Zahl deutsche Opfer der nie ganz geklärten Vorgänge in Polen im August/September 1939 (meist wurde die überhöhte Zahl 5 000 genannt) dienten der deutschen Propaganda für eine rücksichtslose Polenpolitik (auf Weisung Hitlers begann im Winter 1939/40 die Ausrottung der polnischen Führungselite).

22 Dieses Attentat...
Dr. Schaffer meint das Attentat auf Adolf Hitler am 20. 7. 1944.

23 »Spion Sorge«
Dr. Richard Sorge, kommunistischer deutscher Journalist und Kundschafter der Roten Armee.
Sorge ging 1924 als Mitarbeiter der Kommunistischen Internationale (KI) nach Moskau und wurde 1925 sowjetischer Staatsbürger. Nach 1929 baute er in seiner Funktion als Korrespondent für Fernost der Frankfurter Zeitung in Japan und China ein sowjetisches Agentennetz auf. Sorge warnte Stalin vor dem unmittelbar bevorstehenden Angriff der deutsche Truppen auf die UdSSR, warnte vor dem Überfall auf Pearl Harbour und informierte darüber, daß Japan die fernöstlichen Regionen der UdSSR nicht angreifen würde. Alle Meldungen blieben von Stalin unbeachtet, Sorge wurde 1941 verhaftet und 1944 zum Tode verurteilt.

24 »Wilhelm Gustloff«
Passagierschiff der Deutschen Arbeitsfront, benannt nach dem 1936 ermordeten Schweizer NSDAP-Funktionär W. Gustloff. Das Schiff wurde zu Kriegsbeginn zum Hilfsbeischiff der Kriegsmarine deklariert und diente in Gotenhafen (Gdynia) als Lazarett- und Kasernenschiff. Nach Bombentreffern und notdürftiger Reparatur stach sie am 30. 1. 1945 mit 6600 Menschen an Bord bei -18° in See. Vor Stolpmünde wurde sie von einem sowjetischen

U-Boot torpediert und sank innerhalb einer Stunde. 5348 Menschen ertranken in der eisigen Ostsee.

25 »amerikanische Vergasungsfachleute«
Gemeint ist Fred Leuchter, der im Auftrag des deutsch-kanadischen Neonazis Ernest Zündel den sogenannten »Leuchter-Report« erstellt hat. Darin versucht Leuchter auf pseudowissenschaftlicher Basis zu beweisen, daß es in Auschwitz niemals Gaskammern gegeben hat. Leuchter verdient seinen Lebensunterhalt in den USA mit der Konstruktion von Hinrichtungsmaschinen.

26 »Wiener Konvention«
Hier können nur die Ergebnisse des Wiener Kongresses von 1815 gemeint sein. Die nach dem Grundgesetz der »Legitimität« beschlossenen territorialen Veränderungen, wurden in der Wiener Kongreßakte mit den Unterschriften der fünf Großmächte (Rußland, Großbritannien, Österreich, Preußen und Frankreich) niedergelegt. U.a. wurde Polen erneut zwischen Rußland, Preußen und Österreich aufgeteilt und Südtirol (Oberitalien) wieder von Österreich annektiert..

27 Franz Schönhuber
Geboren 1923. Wurde 1942 als Freiwilliger Angehöriger der »Leibstandarte Adolf Hitler«. Nach seinen Memoiren »Ich war dabei« (München 1981) nahm er 1945 »mit Tränen in den Augen« vom Tod Adolf Hitlers Kenntnis.
Nach dem Krieg betätigte sich Schönhuber in allen politischen Lagern als Journalist. Anfangs versuchte er, bei den Linken Karriere zu machen. Später gehörte er zu den Anhängern der CSU. Die Veröffentlichung seiner Biographie löste einen politischen Skandal aus. Mit einer Abfindung von 290 000 DM und einer monatlichen Pension von 7000 DM wurde er als stellvertretender Chefredakteur des Bayrischen Rundfunks entlassen.
1983 gehörte er zu den Mitbegründern der REPUBLIKANER. Seit 1985 fungiert er als deren Parteivorsitzender.
Schönhuber ist seit 1989 Abgeordneter im Europa-Parlament in Straßburg.

28 Dr. Gerhard Frey
Geboren 1933. 1951 freier Mitarbeiter der Deutschen Soldaten Zeitung und anderer rechtsextremistischer Zeitungen, die er z.T. später aufkaufte. 1956 Promotion in München und 1960 in Graz. in den 60er Jahren war Frey zeitweilig Mitglied der NPD. Seit 1971 Vorsitzender der DVU.
Frey ist finanziell über die eigenen Verlage hinaus auch an ande-

ren rechtsextremen Verlagen beteiligt. Bekannt wurde er auch als ein rabiater Spekulant mit Miethäusern.

29 Denis Sefton Delmer
Der 1904 geborene britische Journalist avancierte nach 1928 zum bekanntesten Korrespondenten des »Daily Express«. Er berichtete über den Polen- und Frankreichfeldzug Hitlerdeutschlands und leitete ab 1941 im Auftrag des Foreign Office die Organisation der sogenannten »schwarzen Propaganda« von Rundfunk und Flugblattaktionen. Damit steuerte er faktisch die britische Kriegspropaganda. Delmer gilt als Meister der Desinformation. Sein Geheimsender »Gustav Siegfried 1« und der Soldatensender Calais bereiteten dem deutschen Nachrichten- und Propagandawesen erhebliche Schwierigkeiten. Nach dem Krieg arbeitete Delmer u.a. für den »Daily Express« und den »Spiegel«.

30 Lamsdorf
poln. Lambinovice; Ort in Oberschlesien mit mehreren Kriegsgefangenenstammlagern (STALAG), in denen russische, polnische und westeuropäische Gefangene getrennt untergebracht waren. Nach dem 2. Weltkrieg wurde auf dem Gelände eines STALAGS ein Sammellager eingerichtet, in dem über 8000 Deutsche aus der Umgebung interniert wurden. (Nach poln. Angaben etwa die Hälfte) Deutschen Lagerinsassen zufolge starben im Lager bis zu 6000 Personen.

31 Dr. Jörg Haider
Der 1950 geborene Kärntner gehörte bereits als Schüler dem rechtslastigen Österreichischen Turnerbund (ÖTB) und der Pennälerverbindung Albia an. Bereits 1966 erlangte er in Deutschland publizistische Öffentlichkeit mit dem Siegerbeitrag im Redewettbewerb des ÖTB in der Nationalzeitung von Gerhard Frey. 1976 erfolgte sein Beitritt zur FPÖ, von 1979-83 war er Abgeordneter des Nationalrates. 1983 avancierte Haider zum Landesobmann der FPÖ. Im September 1986 wurde Jörg Haider auf dem Innsbrucker Parteitag der Freiheitlichen Partei Österreichs (FPÖ) als Exponent des traditionalistischen rechtsnationalen Flügels an die Spitze der Partei gehievt. 1989 wurde Haider zum Landesobmann von Kärnten gewählt.

32 PA
»Produktive Arbeit«, Nachfolger des »Unterrichtstages in der Produktion«; Regelunterricht an allen Polytechnischen Oberschulen der DDR ab der 7. Klasse. Dabei sollten die Schüler einen Einblick in sozialistische Produktionsverhältnisse bekommen.

33 »Werner Holt«

Das Buch »Die Abenteuer des W.H.« (1960) wurde 1965 unter der Regie von Joachim Kunert verfilmt und entwickelte sich zwanzig Jahre später zum Kultfilm rechtsorientierter Jugendlicher in der DDR. Das Buch zählte zur Pflichtlektüre im Deutschunterricht. Beschrieben wird darin die Geschichte eines Oberschülers während des 3. Reiches, der zu Kriegsende noch eingezogen wird. Der Autor, Dieter Noll, erhielt dafür den Nationalpreis der DDR.

34 »Nackt unter Wölfen«

Der Autor, Bruno Apitz, erzählt in seinem 1958 erschienen und 1963 verfilmten Buch die Geschichte von Rettung eines jüdischen Kindes im Konzentrationslager Buchenwald. An diesem Beispiel zeigt er die Solidarität der Lagerinsassen und ihren Kampf gegen die SS-Wachmannschaften bis zur Selbstbefreiung des Lagers. Mitte der 60er Jahre konnte das gerettete Kind in Polen ausfindig gemacht werden.

35 Ewald Béla Althans

Althans galt als Newcomer der rechtsextremen deutschen Szene. Bis Ende 1992 betrieb er in München das Deutsche Jugendbildungswerk (DJB) und die Firma AVÖ (Althans Vertriebswege und Öffentlichkeitsarbeit). Er arbeitete für den deutsch-kanadischen Neonazi Ernest Zündel und versuchte, die rechte Szene europaweit zu koordinieren. Ziel war die Wiederzulassung der NSDAP. Aufgrund finanzieller Unregelmäßigkeiten im Zusammenhang mit seinem aufwendigen Lebensstil rückten seine Sympathisanten von ihm ab.
Neuerdings distanziert sich Althans von der militant-rechtsextremen Szene und versucht ein politisches Comeback auf offenen Wahllisten der NPD in Bayern.

36 »Krach-Truppe«

M. Baginski meint die militante jüdische Organisation KACH in Israel. KACH steht für KAHANE CHAI (hebr. Kahane lebt), d.h. die rechtsterroristischen Siedler berufen sich auf den in New York ermordeten extremistischen, palästinenserfeindlichen Rabbi Kahane. KACH lehnt jede Verhandlungen mit den Palästinensern kategorisch ab.

37 »Asen-Glaube«

In der germanischen Götterlehre sind die Asen das jüngere Göttergeschlecht gegenüber den Wanen. Die bekanntesten Vertreter der Asen sind der Göttervater Odin/Wotan, der Donnergott Thor/Donar und der Kriegsgott Tyr/Ziu. Die Asen kämpfen gegen die Wanen, ihr Sitz ist in Walhall, wo auch alle gefallenen Helden ihre endgültige Heimstatt gefunden haben.

Obwohl die Macht der Asen scheinbar endlos ist, steht ihnen der Untergang in der Götterdämmerung bevor.

38 Frank Rennicke

NPDler und Spitzenfunktionär der ultrarechten Wiking-Jugend (»Jugenführer«) aus dem baden-württembergischen Ehningen, ist seit 1984 in »volkstreuen« Kreisen aktiv. In den letzten Jahren stieg der Liedermacher zu einer Kultfigur rechtsorientierter Jugendlicher auf.

Er unterhält u.a. enge Kontakte zur Deutschen Liga für Volk und Heimat, zu Vertretern der verbotenen Nationalistischen Front, der ebenfalls verbotenen Deutschen Alternative, der FAP, der Nationalen Liste, der Jungen Nationaldemokraten; für seine Auftritte werben rechtsextreme Publikationen, wie »Nation + Europa«, die »Deutsche Rundschau«, die »Junge Freiheit«, »Europa vorn«, einschlägige Fanzines usw.

Seine Tonträger werden auch von den (eigentlich verbotenen) Nachfolgeorganisationen der Nationalistischen Front, zum Beispiel vom Förderkreis »Junges Deutschland« von EX-NF-Generalsekretär Meinolf Schönborn, vertrieben.

Die Titel seiner vier bisher erschienenen Musikkassetten

1. »Unterm Schutt der Zeit« (4/1989)
2. »Sehnsucht nach Deutschland« (10/1990),
3. »An Deutschland« (11/1990) und
4. »Mein Kamerad« (10/1992)
5. »Ich fühle deutsch« (1993)
6. »Frank Rennicke - Auslese« (1993)

Die Produktionen 1 – 4 sind von der Bundesprüfstelle für jugendgefährdende Schriften indiziert worden.

39 Urlau

Ernst Urlau ist Präsident des Landesamtes für Verfassungsschutz Hamburg.

40 »Bomber-Harris«

Sir Arthur Travers Harris, britischer Luftmarschall; Harris entwickelte mit den Flächenbombardements den Luftkrieg gegen die deutsche Zivilbevölkerung nach dem verheerenden, vor allem unter der Zivilbevölkerung zahllose Opfer fordernden Angriff der deutschen Luftwaffe auf Coventry. Unter seiner Führung perfektionierte das Bomber Command die Taktik der Nachtangriffe, der nach Köln und Hamburg im Februar 1945 in dem Angriff auf Dresden gipfelte.